让课堂绽放幸福

——我的教学风格案例集锦

熊盛才◎主编

黄祖庆◎副主编

中山大学出版社
SUN YAT-SEN UNIVERSITY PRESS

·广州·

图书在版编目（CIP）数据

让课堂绽放幸福：我的教学风格案例集锦/熊盛才主编，黄祖庆副主编. —广州：中山大学出版社，2024.10

（东莞市第一中学教育集团幸福教育丛书）

ISBN 978 - 7 - 306 - 08071 - 4

Ⅰ.①让… Ⅱ.①熊… Ⅲ.①课堂研究—教学研究—中学 Ⅳ.①G632.421

中国国家版本馆 CIP 数据核字（2024）第 072634 号

RANG KETANG ZHANFANG XINGFU

出　版　人：王天琪
策划编辑：张　蕊
责任编辑：赵琳倩
封面设计：曾　婷
责任校对：王百臻
责任技编：靳晓虹
出版发行：中山大学出版社
电　　话：编辑部 020 - 84111997，84113349，84110283，84110779，84110776
　　　　　发行部 020 - 84111998，84111981，84111160
地　　址：广州市新港西路 135 号
邮　　编：510275　　　　传　真：020 - 84036565
网　　址：http://www.zsup.com.cn　　E-mail：zdcbs@ mail. sysu. edu. cn
印　刷　者：广州市友盛彩印有限公司
规　　格：787mm×1092mm　1/16　18 印张　363 千字
版次印次：2024 年 10 月第 1 版　　2024 年 10 月第 1 次印刷
定　　价：58.00 元

编 委 会

主　编：熊盛才

副主编：黄祖庆

编　委：朱艳芳　刘　辉　林　雁　欧品质

凝师风格，铸师境界
——教师职业幸福的必由之路

《让课堂绽放幸福：我的教学风格案例集锦》一书，几经酝酿，多番修改，见证了教师们教学的历练、教学风格的凝练和甘之如饴的反思，如今终于付梓，我心甚慰。

为什么要编辑此书呢？这既与我校"办一所让人幸福成长的学校"的理念息息相关，也因为此书是我校"幸福教育丛书"中重要的组成之一。学校教育有两大基本属性：一是社会属性——立德树人，培养社会劳动者和文明创造者；二是个体属性——成人幸福，引领生命成长，追求生命和谐。这两个属性是一种互为因果、相辅相成的辩证关系，不可偏倚任何一方。在这个问题上，我们的教育，特别是学校教育曾经迷失了"幸福"的方向，要么夸大学校教育的社会属性，忽视个人的幸福欲求；要么夸大个体属性，借口反对应试教育而否定整个社会教育。教育的本质是培养人，只有幸福的学校才能培养幸福的人，好学校应该是一个"教育幸福共同体"，应该是"成就老师，发展学生"。鉴于此，让教师拥有幸福感至关重要！这种幸福感，不只是教师个人生活的幸福，这只是一种"小确幸"；更是一种有自己独特教学风格的事业上的成就感，这才是作为教师的"大确幸"。

因此，我校从2020年至2023年，专门开设了一个"卓越教师班"来探索教育教学的幸福之路。这个班旨在通过各种培训学习、自我修炼使教师能提出自己的教学主张，进而凝练自己的教学风格。一言以蔽之，就是全方位提升教师素养，使之不断超越自我，在教育教学中形成独特风格，获得巨大满足感，以此成就幸福人生。习近平总书记在2016年视察北京八一学校讲话时就提出："鼓励学校办出特色，鼓励教师教出风格。"确实，教无风格，何以立教？何以培养独一无二的学生？何以在教育教学中传递幸福和收获幸福？教师风格的形成不仅要有扎实的专业知识，还要有高超的教育教学艺术，并能将之与人格完美结合，形成独具个性魅力的特色。

席勒曾说："最理想的风格就是最高度的独特性。"为了凝练教师风格，教师们在"卓越教师班"完成了三年的学习、研磨、培育、反思，逐渐从迷雾中突围：首先是打下了学科专业知识和教师专业知识的基石；其次是与时俱进，更新了教育理念，也力求与我校的幸福教育理念相契合；最后是剖析自己的个性与特长，在教育教学中不断融合自身特色，给自己的教学艺术打上独特的印记。三年付出，开花结果，本书的案例由个人简介、我的教学风格解读、我的成长历程、我的教学实例、我的教学主张、他人眼中的我、专家点评七个部分组成，比较完整地梳理了教学风格形成的历程，这个过程也为教师进一步提炼教学风格提供了依据，善莫大焉！

本书成集，要特别感谢广东第二师范学院闫德明教授对"卓越教师班"的悉心指导以及广东省名师孟胜奇老师不遗余力的支持，还有黄祖庆、林雁、刘辉、欧品质、朱艳芳五位编委的细心校对。限于水平，本书难免有不完善之处，敬请同行斧正。

熊盛才

2023 年 6 月 7 日

目　　录

兴趣激励，诗意寻美

陈原（高中语文）

个人简介

陈原，男，高中语文高级教师，东莞市高中语文第一批教学能手，学校先进教师，校科研积极分子，校课程研发积极分子。2016年起每年利用慕课平台和线下校本课堂开展名著阅读整本书课程教学。曾主持市级课题一项，参与市级课题三项。有六篇论文分获东莞市中语会论文评比二等奖、三等奖，并在《语文教学通讯》《语文月刊》《东莞教学研究》等刊物发表论文六篇。

一、我的教学风格解读

我的教学风格是兴趣激励、诗意寻美。

（一）兴趣激励

1. 教师有学问就能讲好课，不拘于教学方法

有的老师讲课没有教学大纲。曾有一位老师讲唐诗，一个学期就讲一两位诗人的几首诗。他把这位诗人的时代背景、诗人的个人生活、诗的意境、诗的创作过程，以及读者该如何欣赏诗词歌令等统统讲出来了。

2. 好的老师让学生提出问题，但十个问题九个是错的

好的老师要想办法让学生提出问题，启发学生思考。杨振宁到美国留学，他的实验物理导师每天给学生提问，但十个问题中有九个是错的。科学家如果每天能提出一个正确的问题就非常了不起了，解决这个问题便能使科学向前发展。

3. 做不出来的题目统统作为学生习题，好老师很坦然

看过一篇关于北京大学一位老师的文章，他把自己做不出来的题目统统作为研究生的习题，并从中得到很多东西，他觉得这样做很坦然。

4. 谈话、授课也是一种创作

要问我心目中的老师是什么样的，我的想法是，至少老师与学生对话时，老师能谈到一些学生想不到的东西，不能稀松平常、照本宣科。谈话、授课也是一种创作。

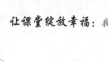

5. 重视情感因素，激发学生学习兴趣

兴趣是学生学习路上最重要的动力。多年的教学经验告诉每一位教师，学生对哪一门学科感兴趣，那么，这名学生在这门学科的课堂教学中就会表现得非常积极。同样，学生的这种兴趣与积极性是会受教师教学风格影响的。而学生对学科产生兴趣，多半也是受自身情感因素的影响。为此，教师在教学过程中应重视学生的情感因素，以此来激发学生的学习兴趣。

（二）诗意寻美

1. 建立情感目标，帮助学生端正态度

作为一名合格的高中语文教师，传道、授业、解惑是其教学的基本内容。除了这些教学内容以外，针对学生开展德育工作，帮助学生端正学习态度、人生态度也同样重要。学校是高中生除了家庭以外待的时间最长的一个地方，教师也是他们接触最多的人。作为学生人生道路上的引路者之一，高中语文教师应该利用自己的教学风格来帮助学生建立情感目标，以此帮助学生端正学习态度。教师若要利用自己的教学风格对学生产生影响，那么就必须有效地利用课堂教学。

2. 语文课不能对着空气讲，"现场感"很重要

自由自在，没有那么多先修课程的限制，也不太讲究循序渐进；专业性不强，缺几节课，也不会衔接不上。这正是高中语文课程特别的地方，往往潜移默化，润物细无声。"语文课影响学生一辈子"，这句话一点儿都不夸张。学语文没什么捷径可走，首先是要有兴趣，然后就是多读书、肯思考、勤写作。这样，语文就一定能学好。说到语文学习的乐趣，一是诉诸直觉，来得快，去得也快；二是含英咀华，来得迟，去得也迟。"经典阅读"与"快乐阅读"，二者并不对立。我只是强调教学中如何培养学生"发现的目光"。发现什么？发现表面上平淡无奇的字里行间所蕴含着的汉语之美、文章之美、人性之美以及大自然之美。这方面，任课教师的"精彩演出"与"因势利导"，都很重要。我从事文学教育多年，深知"面对面"的重要性。

二、我的成长历程

（一）第一阶段：初生牛犊的呐喊

在职业热情建构期，我时刻铭记着"学高为师，身正是范"的训诫，看着台下学生充满求知欲的眼神，决心把自己全部所学都教给他们。每备一节课，我都要查阅大量的资料，做详尽的笔记，加上不算太差的文学功底，课堂上小到名家对一字一词的赏析、作家的生平逸事，大到文学理论、哲学历史，无所不包。因为自己喜欢，讲起来兴致勃勃，慷慨激昂，学生满足了趣味，连连赞叹。

（二）第二阶段：传道授业者的彷徨

相比课堂的热闹、教师的热情、学生的热切，考试的结果总是那么不如人意。一个个惨淡的分数，慢慢冷却了我和学生的心。我痛苦、焦躁，开始质疑自己的教学能力，反思自己的教学方法。"学高为师"，相对于学生需要的一杯水，我还勉强可以说是有半桶水。为什么我的学生没有注满小小的一个杯子？我备课、上课的内容，是否符合学生的需求？即使符合，我直接倾倒的方式，学生小小的容器，到底能留下多少？……在很长一段时间里，我始终被这些问题困扰着。后来，我开始读一些语文教学艺术方面的书籍，也向同行求教、学习。渐渐地，我发现，教学生涯的初始阶段，我并没有真正实现从学生向教师的转型，我沉迷于读书时期导师的授课方式，并将这种方式在中学课堂上沿袭下来。这样的授课方式当然没有错，但导师面对的，是一群相对来说有成熟思维和独立思考能力的成年人，授课的目的是启发，是点燃研究能力，它不适合高中课堂。从本质上说，高中教育依然是基础教育，它以选拔人才为近期目标，以考试为衡量手段，而选拔的对象和考试的主体，是学生。既然如此，我就不能只做一个独自炫技的表演者，听由学生在台下被动观赏和接受。中学语文课堂，就应该如同钱梦龙老先生所言"学生是主体，老师是主导"，只有以学生为主体的教学，才能培养学生的自主学习能力，才能让学生拥有独立解决问题的能力，才会让他们有成就感，这样的成就感，反过来又会催燃学习动力，形成良性循环。

从此以后，教学过程中我不再大包大揽"唱独角戏"，而是注重引导学生反复诵读，通过默读、齐读、配乐读等形式，引导学生一步步深入地领会诗文内容，体会诗人情感。课堂注重学生的自主学习，通过自学质疑来自由疏通诗意，通过小组合作探究来品味语言、把握作者的情感。这样的语文教学，让学生积极参与，引导他们自主学习，学生就容易获得成就感；而成就感又促使他们产生学习的动力，这种具有自觉倾向的认知内驱力，会形成自始至终的学习热情。在这样的转变中，我也由一个课堂的主宰者、一个炫技于人前的"演员"，变成了一个平等的指导者、引领者、幕后服务者，时而启发，时而激励，时而传授，时而倾听。我虽不再备受瞩目地站在台上，学生却实实在在地在进步。这样的转变，让我欣慰，也隐隐存在不安。对于"语文"这个概念，截至目前，还没有一个确切的解释。语，语言；文，文字、文章、文学、文化、文明。语文，就是用语言文字构成的文学，是人类文化与文明的结晶。既然如此，语文就应该是人学，是美学，是生命学。它展现的是美好的事物，传递的是真挚的情感，延续的是善良的人性，这些真、善、美，才是语文的真正内涵。我虽然致力于引领学生自主学习，使他们在学业上游刃有余，应对考试时可以举一反三，却尚未引领他们去发现世界的真、善、美，让他们因此领略到更多的"生命"美景。说到底，高考的指挥棒，对分数的追求，让我在语言艺术、情感陶冶、生命灵气面前让步了。我矫枉过正地把语文教学视作了获取分数的功利性工具，殊不知，丧失了感性和灵性的语文教学，师生都会沦为"物"的奴隶。"语文的外延，就是生活的外延"，让生命——生活的承载者——更美好，这应该是语文教学的"大道"

所在。

（三）第三阶段：在重建的路上摸索

语文教学，既不能忘记"人学"的大方向，又不能完全摆脱考试的枷锁，那么，我的课堂应该教什么？也许需要在带着学生学知识的基础上，将他们的思维引向深处。这些年，我在语文教学的路上摸爬滚打，走了不少弯路，也有了些许心得。传统意义上的"传道、授业、解惑"，已经不足以概括今日教师的职责了。单纯呈现知识学养不再是教育的核心，语文教育更不能简单粗暴地只培养学生应对考试的能力。教学相长，新的形势给教师带来了巨大的挑战，也促使教师不断追求专业上的提升。教的过程，也是教师成长的过程，是不断遭遇瓶颈，又不断突破的过程。想要成为一个有想法的老师，首先应该做一个追求真知的探究者，根据时代的变化和学生的需要，永远行进在路上。

三、我的教学实例

小说类整本书阅读指导策略

（一）从结构上，理清小说的叙事线索

小说情节的发展有不同的线索，帮助学生理清楚这些线索，可以帮助他们对其中情节的发展有清晰的了解。目前，高中生接触的大部分小说著作，是从情节发展和中心人物来进行创作的，当然也有一些特殊的结构，比如倒叙的结构等。教师应该教给学生梳理不同情节的方法。

1. 以事件发展为线索的线状结构

小说情节以事件发展为线索的著作比较多，比如《红楼梦》中是以贾府家族的兴衰为线索来展开整本书的创作的。事件发展为线索的结构是一种线状结构，学生需要将这些事件串联起来，才能发现每件事情对于小说主题的不同影响。要抓住小说的叙事线索，学生可以通过制作列表、绘制情节发展图等方式来为小说的发展梳理情节。

2. 以人物为中心的网状结构

这是一种常见的小说情节结构，一般是以主要人物为中心的一种类似于网状的发散式结构。在这类小说中，作者以主要人物的经历作为小说情节的发展方向，进而将主要人物与其他人物串联起来，形成一个庞大的人物关系网。除此以外，以人物为中心的网状结构，意在强调小说的叙事线索是以主要人物的经历为线索展开的，只要梳理好主要人物的经历，就能基本掌握其他人物的关系。如《堂吉诃德》中，作者是将堂吉诃德的几次出游经历作为线索来设计情节的，其中又串联起了桑丘等人，从而形成了一个大的关系网。

3. 情节上的链式结构

链式结构指的是作品的情节不再按照时间顺序展开，而是像链条一样，一环

扣一环，一个情节缠绕着另一个情节，看似相互独立，实际上又是紧密相连的。这种结构的好处就是可以在格子的环节里表现各自的人物个性，同时又能兼顾其他人的个性特征，起到类似于"互见法"的作用，帮助读者全面而深刻地理解作者笔下的人物形象，使情节的发展在一个圆圈里得到质的提升。如《水浒传》中一个人物出现在几回里，然后又将各个人物关联起来，使他们朝向一个共同的目标——梁山。

（二）从写法上，梳理小说的故事情节

1. 设置悬念的方式

小说情节上悬念的设置可以激发读者阅读的兴趣，使故事情节环环相扣，以达到意想不到的结果。那么，在梳理整本书阅读活动的小说情节的过程中，语文教师应该引导学生关注设置悬念的部分。在整本书阅读前，语文教师可以提前为学生列出问题来，通过问题引导学生关注设置悬念的部分，这样也能解决学生在阅读过程中的很多问题。

2. 前后呼应的方式

这种方式是为了将前后的情节串联起来，是小说类整本书阅读过程中，学生应该重点关注的内容。《红楼梦》中就有很多这样前后呼应的情节，巧姐最后的幸运源于刘姥姥的知恩图报，贾宝玉出家前就有好几回对林黛玉说"你死了，我做和尚去"，这都预示着他最后的结局。前后文联系起来，就使整部小说形成了前后呼应的形式，让读者有了眼前一亮的感觉。

3. 区分不同的叙述方式

小说一般有顺叙、倒叙、插叙和补叙等方式，教师在进行小说类整本书阅读教学时，要引导学生关注书中这些叙述方式，尤其是倒叙、插叙和补叙。《红楼梦》最开始就是在说这是一个石头去人间所经历的一切，是神仙世界里的一场梦，正是应了小说的主题。

（三）从方法上，掌握小说的情节设计

在理解小说的情节设计时，语文教师要教给学生一些关于如何梳理情节的方法，在不同的情节中运用不同的方法，有利于学生深入了解小说的创作特色。

1. 序跋索引法

这种方法包括从整本书的目录、序和跋出发阅读，不用了解全文，就能大概了解整本书的基本内容。在进行整本书阅读教学前，语文教师可以引导学生从书的目录开始梳理故事情节。如《三国演义》中，通过阅读每一章节的标题，可以了解一些情节上的变化。如人物称谓的变化，曹操的称谓从孟德经过一系列的变化演变成奸雄，而刘备的称谓从刘皇叔变化为汉中王。在梳理目录的过程中，我们可以发现在不同的情节中，作者对书中主要人物的称谓发生了不同的变化，对曹操的称呼以贬为主，而对刘备的称呼以褒为主，在这一褒一贬中，可以看出

作者对于书中人物的态度，而这些称谓所经历的不同的情节就这样由作者串联起来，可以发现曹操在这场斗争中的地位开始变得越来越低，甚至能得出他不得民心的原因，而刘备在这场斗争中的地位却越来越高。因而，小说的情节就在采用序跋索引法后，得到了基本框架的梳理。

2. 比较分析法

把不同的情节进行比较阅读，是掌握情节设计的一种方法。通过将书中的主要情节进行不同角度的对比，我们可以发现作者的不同意图。如在《红楼梦》中，地位不同的人吃饭的场景、刘姥姥每次进大观园的不同场景、元妃省亲时的热闹繁华场景，以及后来贾府"树倒猢狲散"的场景，将这些情节进行比较，我们可以发现作者的创作意图——曾经盛极一时的贾府已经日渐衰落了。所以，在整本书阅读教学过程中，语文教师可以引导学生对于同一处的变化进行情节比较分析，从而掌握小说的情节设置。

（四）重析——分析人物形象

1. 梳理经历，理清人物关系，整体性感知

在小说类的整本书阅读中，人物的经历是相当复杂的，尤其是对于长篇小说来说，人物个人的经历变化过程其实暗含了作者对于人物的态度问题，也是在表现小说的主题内容。通过梳理人物的经历，有利于学生对整本书中的主要人物有个基本的了解，这也是分析人物形象的第一步。一般来说，我们可以为小说中的主要人物梳理经历，因为主要人物往往带有作者创作的主要意图。

2. 梳理人物情感变化的线索

情感的变化是人物的经历所导致的，因此，通过分析人物情感变化的线索也是梳理人物经历的一种方式。如《水浒传》中，宋江对于朝廷情感的变化，实际上反映了人是很难跳出时代的局限的，即使刚开始的宋江有违抗朝廷的进步思想，但是最后还是接受了朝廷的封赏。在这一过程中，宋江对于国家的情感也发生了相应的变化。教师引导学生抓住宋江不同时期的情感特征，就会发现，到头来，宋江也不过是一个普通人，也合乎当时传统的价值观，即不可能真正摆脱传统思想的禁锢。

3. 绘制人物关系图谱

人物关系图谱几乎涵盖小说中所有的主次人物，将主次人物的关系串联起来，基本就能掌握整部小说的人物架构。这样做的好处是使人物关系复杂的小说变得简单起来，学生理解人物的个性以及鉴赏人物的性格特征就会容易得多。《红楼梦》中四大家族串联起来的关系网就极其庞大，学生如果理不清人物之间的关系，阅读的过程就会非常困难。有些外国小说除了人物多以外，还因为文化上的差异，小说人物的名字也让人一时之间无法理清。如《傲慢与偏见》中，班内特一家的五个女儿所组成的关系网就很巨大，而且他们的名字记起来也并不容易，如伊丽莎白·班内特、简·班内特、费兹威廉·达西等，除此以外，对于

同一个人物会有不同的称谓，如伊丽莎白还被叫作丽萃，因为名字而造成的阅读困难在外国小说中极为常见。因此，绘制人物关系图谱可以帮助学生较快理清人物关系，减少阅读上的困难。

（五）抓住语言，鉴赏人物特征，个性化阅读

1. 主要人物的语言

分析主要人物的语言是鉴赏人物形象非常重要的方法，语文教师应该引导学生主动去分析这其中所隐含的韵味。《红楼梦》中对于林黛玉这一形象的刻画，就有很多非常个性化的语言，如在故事第八回中林黛玉去探望薛宝钗时遇见贾宝玉所说的话，"嗳哟，我来的不巧了""早知他来，我就不来了""要来时一群来，要不来一个也不来；今儿他来了，明儿我再来，如此错开了来着，岂不天天有人来？也不至于太冷落，也不至于太热闹了"。这席话分明是林妹妹吃醋时说话的风格，也正合了第八回标题中所说的"半含酸"，表现林黛玉的心直口快，有什么就说什么，是一个性格直爽的人。这也从侧面反映了她的聪明，分批来探望可以让薛宝钗这里天天都有"人气"。

2. 次要人物的语言

这种语言通常出自小说中次要人物之口或者心里的想法。通过次要人物的语言可以有力地反映主要人物的性格特征，从不同的人物口中，可以全面、多角度地去理解人物角色的真正妙处。在《红楼梦》中对林黛玉的描写数不胜数，人物语言也是非常多。还是在第八回中，当贾宝玉想喝酒，但是被随行的李嬷嬷所制止时，林黛玉为贾宝玉说话。这时，属于次要人物的李嬷嬷就说了一段这样的话，"真真这林姐儿，说出一句话来，比刀子还尖呢"。这从侧面反映了主要人物林黛玉不仅口齿伶俐，而且心直口快。这些次要人物的语言充实了林黛玉这个主要人物的形象，又一次将她的聪明以及性格上的特立独行表现得淋漓尽致。

3. 分析描写，感受人物性格，细节化阅读

心理描写刻画的是人物的内心想法，表现的是人物不便直接表达给别人的想法，通过心理描写的刻画，可以使人物的形象更加饱满。在《红楼梦》中，作者描写贾宝玉第一次见到秦钟时，就用了心理描写的方式表达了贾宝玉和秦钟内心各自不同的想法。贾宝玉自思道："天下竟有这等人物！如今看来，我就成了泥猪癞狗。可恨我为什么生在侯门公府之中，若也生在寒门薄宦之家……"而此时的秦钟又在想什么呢？秦钟的想法则与贾宝玉的想法完全相反，心中自思道："果然这宝玉怨不得人溺爱他。可恨我偏生于清寒之家……"二人不同的想法反映出两人不同的人生态度，贾宝玉是抵触封建传统的，更加向往自由的生活，而秦钟是顺应封建传统的人，因为出身贫寒，便对那些官宦家庭充满了向往。

总的来说，整本书阅读教学是语文教学中一种重要的教学方式，而且对于学生的培养来说，整本书阅读教学是一个有益的方法。

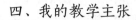

四、我的教学主张

阅读整本书的过程是锻炼学生思维的过程，有利于学生形成系统的逻辑思维体系，也有利于培养学生良好的阅读习惯，寻找适合自己的阅读方法。在进行小说类整本书阅读教学时，我主张语文教师从抓住中心事件、分清故事场面、理清情节线索以及了解人物思想性格变化四个方面入手，指导学生进一步分析小说故事的情节。

梳理小说的情节是高中语文教师在指导学生进行整本书阅读时需要重点关注的部分。梳理情节可以帮助学生了解小说的大体内容，从情节的结构上、写法上以及阅读这些情节设计的方法上找到作者对这些情节安排和设计的依据和原因。深入探讨故事情节是小说阅读的重要环节，提供必要的指导策略是引导学生进行独立阅读的重要一步。

五、他人眼中的我

（一）专家眼中的我

陈原老师的日常教学充分理解和融合幸福一中的教育教学理念，以解决语文学科的教学动机问题。利用学校搭建好的理念框架，为语文校本课程建设注入灵魂，同时以学科建设为幸福一中的理念框架注入血肉，使教育理念和课程建设成为一个有机整体。

正高级教师、广东省特级教师、广东省中学语文教学专业委员会学术委员
李烜

（二）同行眼中的我

有渊博的专业知识和扎实的基本功，能灵活使用教材，解答学生的疑惑，真正做到传道、授业、解惑，并善于用语言表达，灵活变换教姿教态，用优美的语言吸引学生的注意力，使课堂效果更佳。

东莞市第一中学教师　　刘向前

（三）学生眼中的我

有多年教育经验，对学生严慈相济，与学生亦师亦友。陈原老师是一个热爱教育事业、爱岗敬业、将全部精力倾注到教育中去的老师，富有敬业心、责任心、爱心。对本职工作充满责任感与自豪感；对学生的学习负责，恪尽职守。能充分做到尊重学生的爱好与选择，不会过于看重学生一时的表现和成绩，让学生可以施展自己的才华，各施所长。

东莞市第一中学 2023 届高三（7）班　　汪笑寒

点　评

　　陈原老师对中学语文教学"应该如何"和"可以如何"有着深刻的思考，并在教学实践中不断调整和完善教学方法。陈老师的课堂既有理想语文教育的追求，也有现实基础语文的观照。两者完美结合，相得益彰。"兴趣激励，诗意寻美"是陈老师教学风格的生动写照。

广东第二师范学院教授　　闫德明博士

语文浸润人生，教育丰盈生命

林雁（高中语文）

个人简介

　　林雁，女，东莞市第一中学语文教师，中学一级老师，语文科组长。东莞市第四批语文教学能手，校优秀教师，优秀科组长。先后参加市级各项竞赛并获奖十余项；在省部级刊物上发表论文多篇；主持市级立项课题"高中语文精泛结合的阅读课实践研究"并结题，参与多个省、市立项课题研究。

一、我的教学风格解读

　　语文教育是"人"的教育，语文教学在塑造人格上有不可或缺的人文教育作用。我认为语文教师应该高扬语文教育的人文性，还语文课堂以生命的活力与人文的关怀。因此，我的教学风格可概括为明晰、柔和、丰盈。

　　"明晰"是我所追求的语文教学的目标。这里说的明晰，不仅指作为学科知识的讲授者，教师要把授课内容梳理清晰，让学生掌握知识要点，更重要的是教师要明晰学科的知识框架，宏观把握教材内容，精准制定教学策略。

　　"柔和"是我所追求的语文教学的伦理。这里说的柔和，不是指表面的柔软，而是体现在对被教育者的尊重。在教学中，不是明示，不是强加，而是暗示，是激发求教育者的探究热情。"柔和地教"意味着在教学中留白比填色更重要。

　　"丰盈"是我所追求的语文教学的场域。这里说的丰盈，指的是在语文教学中张扬学生的独特个性，让学生置身于生命存在之中去体验世界的活力、丰富多彩，鼓励学生去创造和追求价值多元的人生。学生在长期的文学濡染中，可培养语感和美感，涵养优雅的气质，使人格层次得到提升，生命内涵得到丰富，拥有实现幸福人生的能力和素养。

二、我的成长历程

（一）敬事而为，站稳讲台

"一竿秋水映宝塔，双渚渔歌绕古寺。"岭南高州，千年古郡，历史悠久，底蕴深厚。鉴江碧水孕育了我娴静而稳重的性格，故乡人民认真、朴实、勤劳的处事态度更是深深地影响了我。大学毕业后，我选择了教师职业，满足了身边所有人的期待。

我入职那年，正是学校大规模招聘新教师的时候，陈文清校长在新教师培训会上对我们说："一年站稳讲台，三年独当一面，五年成为优秀教师，十年成为教学名师。"这番话如一记警钟，时时提醒着我，既然选择了做教师，就应该把它做好。还记得我为了上好第一节课而付出的努力，备课本写得密密麻麻，连第一句话、中间的过渡语、最后的结束语是什么都提前写好。当时上的是《师说》，我告诉自己：一定要全文背诵！所以，我一遍又一遍地读，一遍又一遍地背，终于有了课堂上流利背诵《师说》全文的一幕。当时，学生很惊讶：这么长的古文也能背诵下来，老师真厉害啊！从此，我在学生心中树立了威望，并且在我的引领之下，他们也不再认为背篇幅较长的文言文是多么难的事情。已经记不清有多少这样的日子了：为了设计一堂内容充实的课，我绞尽脑汁研究教材、研究学生；为了做出一个精美、完备的课件，我总是在电脑前一坐就是四五个小时；为了演绎一堂精彩、高效的课，我常常废寝忘食、挑灯夜战。就这样，我抱着"敬事而为"的态度努力站稳讲台，让自己成为一名学生喜欢、家长放心的老师。

（二）书里书外，品味幸福

高尔基曾说："书籍是人类进步的阶梯。"一本好书如同长者一般，教会你生活的智慧。在我迷惘的时候，我喜欢在书籍里寻找答案。教师的很多工作是重复的，时间长了易失去新鲜感，随之而来的是职业倦怠。在此过程中，我有幸读到肖川博士的《教师的诗意生活与专业成长》一书。除了作者质朴的语言和豁达的人生态度让我敬佩之外，书中散淡的语言更是把我带进了一个广阔而深邃、诗意而温暖的精神世界。

我想，当我们年复一年地做着同样的工作的时候，我们是否在享受这个过程？工作是一样的，但是每届的学生是不同的。一个班级里几十个学生，各有各的特点。什么是教师的诗意？教师的诗意就在于从平凡的教育生活中看到精彩，看到学生内心深处的感受和需要，看到教师在促进人的成长中所起到的重要作用。为此，教师要以欣赏者的心态看待工作生活中的一切。一个班级就是一块实验田，它承载着你对教育的期待。你可以将每一节课、每一次教学活动都开展得精彩、生动、成功，这是诗意。你在课堂上充分展现你的教育智慧，体现你的个人魅力，这是诗意。你对教育教学进行深入探索，发现了另类的存在、更新的角度，这也是诗意。用心感悟教育现象的意义，你会发现，教育生活中寻常的琐事也变得有意义。

教材是旧的，课文也是熟悉的，但是，我把每一节课都当成新课来上。我希望我上的每一节课都离学生生活的世界更近一些，对教材挖得更深一些，给学生幸福的感受更多一些。作为教师，用我们的人格魅力去影响学生，让他们成为更好的自己，这样，我们也能从平凡的工作中获得最大的幸福。

（三）名师领航，教海拾贝

语文教师文学素养的高低对其教育生命力的长短往往起着决定性的作用。带了几届高三毕业班之后，我常常在思考一个问题：我该带给学生什么样的语文教学？学生们离开校园之后，哪些能力可以帮助他们更好地成长？北京大学中文系教授钱理群说过："如何引导孩子感悟汉语之美，感受正确而自如地用汉语表达自己的快乐，建立与母语的血肉联系，将母语所蕴含的民族文化、民族精神的根扎在心灵深处，并在此基础上构造起自己的精神家园——或许，这才是我们语文教育的根本。"这指出了语文课程与学生终身学习能力之间的关系。由此，我的教学教研关注点也发生了变化。原先只是给学生提供知识的结构，让他们"学会"，后来是有意地指导学生"会学"。指导学生告别传统式的学习方式，掌握如何阅读、如何写作、如何求知的具体方法，从而让学生拿着这些"钥匙"去打开知识的宝库。即使在高三，学生面临着高考的压力，我也和学生一起去探究高三自主探究式备考的策略，真正让学生成了学习的主体，把学习的责任还给学生。我所写的论文《高三语文自主探究式备考的思考与实践》荣获东莞市"中语会"年会论文评选二等奖。

有了上面这些认识和尝试之后，我开始对语文教学有了更多的研究。我希望在我的课堂上，学生可以形成真正的文学鉴赏能力及语言表达能力。为此，我先给自己充电，买来文艺理论、美学研究、教育学、教学论等方面的书籍，一本一本地看，其中，孙绍振教授的《审美阅读十五讲》《孙绍振如是解读作品》、潘知常教授的《生命美学》《中国美学十五讲》、方智范的《理解与创新——人本中心的透视和解读》《语文教育与文学素养》、詹丹的《阅读教学与文本解读》等书给我的指导意义重大。掌握了一定的文学鉴赏知识后，我的教学就有了理论的支撑，也能绽放出不一样的精彩。2019年，我参加广东省中小学青年教师教学能力大赛，荣获市级二等奖。2022年，我参加东莞市"品质课堂"比赛，荣获一等奖。在我的主持下，课题"高中语文精泛结合阅读课的思考和实践研究"顺利结题。另外，我还参加了多个市级课题组，成了骨干成员。从此，我躬耕教研，提升自己的理论素养；不断实践，提高自己的教育教学能力。

2020年9月，我被学校推选担任语文科组长，平台大了，更促使我学习与进步。我珍惜每一次向名师专家学习的机会，拜东莞市名师工作室主持人李烜老师为师，虚心请教；我到广州、深圳等地接受培训，参加交流研讨会。在这一过程中，我从余党绪、蒋雁鸣、俞晓红等专家身上学习如何将研究和教学结合起来，让语文教学走向深入。

三、我的教学实例

课题："曲径通幽处，觅得禅房深——散文速读策略"

理念：思维可视化、知识情境化、情境生活化，注重逻辑推演，讲求关键能力的培养

教学片段一 化繁为简搭建学科知识网络

鉴于高三复习资料的繁杂，引导学生把书读薄，用知识树的方式梳理散文阅读考点脉络，让思维可视化。（见图 2-1）

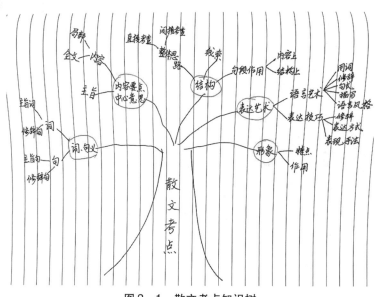

图 2-1 散文考点知识树

教学片段二 探究散文文本本质

师：散文是抒情的艺术，散文作者情动于中而形于言。

思考问题一：是什么样的情感引人不抒不快？

（学生自由发言）

师小结：生活多元——生活场景，如柴米油盐、世间百态；人际往来，如人情世故、情感传递；自然万物，如花鸟虫鱼、雕栏画栋；时代脉搏，如社会变迁、回眸展望……

生活之多元引发情感之多元。

思考问题二：散文有什么特征？

设置情境一：展示系列图片，让学生联想相关散文文本理解知识。

图1：牛汉《绵绵土》（写的是绵绵土，象征的是生命的母体）。

图2：孙桂芳《八千粟》（写的是粟，体现的是中华民族特有的谦逊、忍耐、包容精神，是国家的象征）。

图3：朱自清《背影》（写的是背影，表现的是父爱）。

师小结：散文文体特征——见山不是山，见水不是水。

思考问题三：散文阅读的思维策略是什么？

师小结：一粒沙里看世界，半瓣花上说人情。散文阅读的思维策略——由实到虚、由小到大、由表及里、由浅入深。

设置情境二：展示三张不同的树的图片，引导学生思考：每张图片可表现什么类型的主题？

图1：碧绿草原中的树——自然、环保、生命。

图2：乡村的大榕树——思乡、落叶归根。

图3：沙漠中的胡杨树——坚韧、不屈、生命力。

（学生思维得到很好的激发）

教学片段三　探究散文阅读实施途径

思考问题：散文如何阅读？

师：曲径通幽处，禅房花木深。语言——花木；思想感情——禅房。

散文五步速读法见图2-2。

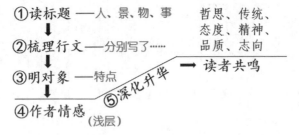

图2-2　散文五步速读法

师示范：《比邻而居》速读，并做好阅读笔记。

阅读笔记
（阅读笔记展示）

1. 读标题：邻居生活。

2. 梳理行文	3. 明对象	4. 作者情感
第1—4段——第一户人家的气味	认真、实打实、质朴、耐心、持恒、积极、执着	赞美、欣赏、喜爱、包容
第5段——第二户人家的气味	虚无、浮华、不大有定规	
第6段——第三、第四户等人家的气味	混杂	
第7段——端午节的气味	安静，统一	

5. 升华深化：端午节的气味。主题：对共同的传统文化的坚守与传承。

课堂练习：运用散文五步速读法阅读《萨丽娃姐姐的春天》，并填写阅读笔记。

（学生练习）

引导学生得出结论：

第一步：读标题——萨丽娃姐姐的春天。

分析标题的意蕴。

表层义：①呼伦贝尔草原大自然的春天；
　　　　②羊羔生长期的春天。

深层义：①萨丽娃事业的春天；
　　　　②以萨丽娃为代表的新一代牧民未来生活的春天。

运用思维：由浅入深、由小到大。

第二步：梳理行文。

（第1—3段）呼伦贝尔大草原的春天。

（第4—8段）萨丽娃姐姐记忆中的春天。

（第9段）萨丽娃姐姐离开了家。

（第10—14段）萨丽娃姐姐找回了草原的春天。

第三步：明对象。

草原的春天——转瞬即逝，短暂。

记忆中的春天——"含辛茹苦""蹒跚""艰难""累弯腰"。

祖母：勤劳、坚忍、慈爱、敬畏自然。

离开了家：短暂，思念故乡。

找回春天——回乡创业带给草原生活品质的春天。

第四步：作者情感——对以萨丽娃姐姐为代表的新一代牧民回乡创业的赞美。

第五步：深化升华。

表明了作者对曾经的乡情充满怀念，对城市化进程中农村艰难转型的关切，对乡村振兴的期待。

总结：阅读要有文体意识，懂得作者的编码系统。读散文如同走迷宫，越过无重数之帘幕，便可走进文章的"深深庭院"。

四、我的教学主张

回顾十几年来的教学历程，结合教学实践，我的教学主张是：语文浸润人生，教育丰盈生命。

（一）语文教学应该为学生生命成长服务

语文是一门独特的学科，它既有工具性，又有人文性。长期以来，语文老师在教学上总是强化知识的讲解、主旨的分析、方法的传授，尤其是在高中，由于受高考的压力，"做题—讲题"成了最主要的教学内容。这样一来，语文课堂使学生感到最枯燥、乏味。学生年轻的心灵得不到文学的滋养，情感之河濒临干涸。在语文课堂上，不见灵动的思维闪光，不见口吐莲花的激情雄辩，更不见情动于中的真情流露。这不是我想要的课堂。一次偶然的机会，我接触到了"生命语文"倡导者熊芳芳老师的教学理念，不禁被其深深吸引。"生命语文"的出发点就是"从生命出发，靠语文抵达"，依靠语文的手段，用文学来熏陶人性、陶造生命，从而塑造学生。为了实现这个目标，最核心的方法就是让学生学会审美，在个体自由的生命体验中促成美和审美的生长。我很庆幸，有这样一位先行者在前面引领。于是，我买来了熊芳芳老师的大部分书籍，潜心阅读，汲取营养，并且将其运用于我的教学实践当中。熊老师的"生命语文"课堂有两个特点：一是博，二是深。在她的课堂中，课本常常沦为配角，一篇文章就是一个生命的片段，师生在对文本背后的完整鲜活生命的追问中，一起寻找个体生命背后的意义。如《项脊轩志》背后，是一个能屈能伸、重情重义、亦刚亦柔的真纯的生命；在《论语》十则里，用最平凡的日常态度来揭示人性奥秘的生命；在《窦娥冤》里，是一个无爱的悲哀的生命……这样的文本解读方式，大大地开阔了师生的眼界。2019年，我在参加广东省中小学青年教师教学能力大赛东莞初赛时，拿到的授课教学内容是杜甫的《秋兴八首·其一》，我的教学设计最后落到了"诗歌体现杜甫对生命的观照"这个点上，受到了好评，也荣获了市级二等奖。

（二）语文应该以文育人，以文化人

我曾经在学校安排的国旗下讲话中，做了一次以"语文，许你一世芳华"为题的演讲，其中谈到了语文在承担育人、化人方面的重任。演讲部分内容如下：

　　语文是最美的学科。如果说生命是一棵大树，那么要想让这棵大树枝繁叶茂，生机勃勃，除了物质的养料之外，还必定要给它充足的精神养分。而语文学习便能担当此任。

　　学语文，拥有美丽人生。语文，是一门唤醒心智、唤醒灵魂、唤醒人内心的真善美的学科。一篇好文，就能惹你心花怒放，击节赞赏；一句好诗，就可令你心驰神往，陶醉其中；一字传神，就会让你心旌摇动，情不自禁。李斯托威尔在《近代美学史评述》中这样写道："广义的美的对立面，或者反面，不是丑，而是审美上的冷漠。"冷漠是最根本意义上的丑。爱情、友情、亲情、热情、滥情的反面不是仇恨，而是冷漠。在美学领域，不管对象是美是丑，只要有强烈、丰富、独特的感情，就仍然是审美的。从这个意义上来说，语文能让人心灵震颤，拥有丰富情感，使人生变得美丽。

　　学语文，品悟真味人生。沈复《浮生六记》中的女主角芸娘，被著名学者林语堂称赞为"中国文学和中国历史上最可爱的女人"。她的可爱，在于她寻觅到了生活的真谛。在生活潦倒的时候，芸娘及其丈夫只能喝极其劣质的茶叶，很难入口。芸娘就每天把劣质茶叶用纱布包好，在太阳落山之后，找到将开未开的莲花，扒开莲心，把纱布包放进去，用线把花瓣扎紧。第二天早晨日出之前，芸娘解开线，把纱布包拿出来，太阳落山之后，再把纱布包放进去，如此往复三天。在月光的浸染下，在露水的滋润下，在莲心的酝酿下，茶叶的口味变得清凉，带着莲花淡淡的甜香。芸娘这种来自骨子里的情趣与涵养，实在让人欣赏。生活亦如此，只要用心，劣质的茶叶依然能够喝出甘露一样清雅的荷香。语文，能让你观照内心，体味生活的要义。

　　爱语文，你将拥有睿智人生。语文告诉我们，开天辟地的盘古、以身补天的女娲，用刚与柔成就了远古人类对世界与宇宙的浪漫想象；语文告诉我们，填海的精卫、逐日的夸父，用血与肉书写了所有生命对自由与光明的不朽追求。爱语文的人，或能像范仲淹"居庙堂之高则忧其民，处江湖之远则忧其君"一样无私，或能像王安石"不畏浮云遮望眼，只缘身在最高层"一般无畏，或能像岳飞"壮怀激烈""八千里路云和月"一样入世，或能像诸葛亮"淡泊以明志，宁静以致远"般出世。人类睿智的思想、高尚的情感、灵动的才智，无不栖于一棵名叫语文的大树，她生生不息地传承着文明，陶冶着人们的身心，让人们真正理解生活、热爱生活、享受生活。

　　我带高三毕业班的时候，告诉学生，看似枯燥的三点一线的生活，如果你拥有一颗善于感受的心灵，你也能发现其中别样的美。2020届毕业的刘家荣同学曾说："您教会了我怎样用身边一些美好的事物充盈自己的生活，然后每天都过得像诗一样精彩，也让我从一个厌倦写作的人变得喜欢用文字表达自己。"升上大学之后，家荣同学还用他的文字和摄影来记录大学生活，留下了生活的点点滴

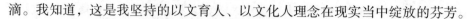

滴。我知道，这是我坚持的以文育人、以文化人理念在现实当中绽放的芬芳。

（三）语文教学的课堂应致力于以学生为中心

教学是双向互动的过程，只有师生双方都"在场"，教育教学才能真正发生。在此双向互动的过程中，学生更是教学的对象和目的，因此，要让学生真正地在课堂上获得存在感。教学的落实一定是学生的落实；课堂要给时间让学生落实；课堂是学生进行时，对此，我深以为然。在教学实践中，我走到讲台的一侧，让学生成为主角，让课堂成为学生展现自我的舞台。我就像一个拿着指挥棒的人，只负责给他们下发任务，他们通过小组合作的方式共同完成。学生们的潜力是无限的，老师的放手，实际上是给了他们更多的锻炼机会，使他们获得更大的成长。带高三毕业班的时候，我放手让学生自主探究高考题型的规律，写题型探究报告并在班上做汇报。我让学生当助手，讲解考试要点及常见错误。教师和学生互换位置，有时会在课堂上获得更多的精彩。

回顾这十几年来的从教时光，蓦然发现我一直在追寻语文教育的真谛，一种丰盈生命、浸润人生的语文教育。当前，语文教育面临教学内容脱离实际生活、教学手段单一、阅读方式受冲击、学习时间被强势学科挤压等挑战，我深感提升语文教育教学智慧道阻且长。但心若有所向往，又何惧道阻且长？山高路远，迈开腿，向前行。我相信，坚持走下去，这一路上会有更美丽的风景！

五、他人眼中的我

（一）专家眼中的我

林雁老师强调语文教育塑造人格的人文教育理念，她的课堂始终充盈着生命的活力与人文的关怀。

课堂内外，我们能感受到林雁老师明晰、柔和、丰盈的教育风格。教学设计上，她宏观把握教材内容，精准制定教学策略，组织调动学生梳理知识内容，知识结构条理明晰是其突出长项；在她的课堂上，"请""欢迎""感谢"是常用语，我分明感受到她对学生的尊重；她注重张扬学生的独特个性，在一系列语文教育活动中让学生体验世界的活力和丰富多彩；文学濡染培养语感和美感，涵养优雅的气质，提升生命的内涵，这更是她所追求的语文教育的"丰盈"。

东莞市第一中学学术委员会主任　　刘向前

（二）同行眼中的我

林雁老师的语文课堂就像一方绿洲，给予学生生命的滋养。在她的语文课堂上，处处可见师生之间、生和生之间的心灵对话，宽松、平等、和谐的课堂氛围让林老师的课堂充满成长的气息。她的语文课让每一个人明白，语文永远是生命中那一泓不可或缺的清泉。

东莞市第一中学语文教师　　刘子波

（三）学生眼中的我

　　林雁老师的课堂是充满活力且令人印象深刻的。林老师的一举一动，唤醒了同学们心底对语文的喜爱与敬畏。在我眼中，林老师的课堂不是充斥着"答题模板""写作套路"的高考加工厂，而是崇尚"独立思考""辩证审题"的长明灯。她用自己独特的"文气"渲染了语文课堂，举手投足、谈吐中无不流露出自己对语文学习的见解和对我们的期待。

2022 届高三（3）班　　翁嘉迅

　　林老师的语文课堂如同一篇散文——就如其人，是美的，富有魅力的。她的课堂氛围是平缓流动的，每当学生专注思考时，她会用"真的是这样吗?""真的是这么理解吗?"这样轻柔的反问句将学生的思路慢慢牵往另一个方向。批判却不激烈的作风，林老师将语文课堂写成了黎明的海。

2022 届高三（4）班　　吴雨莹

 点　　评

　　林雁老师秉持"明晰""柔和""丰盈"的教育观，遵循语文教学应该为学生生命成长服务，语文应该以文育人、以文化人，语文教学应致力于以学生为中心的课堂的教学理念，躬耕讲台，形成了个人鲜明的教学风格，使语文课堂成为完整的生命助长系统，令人敬佩。

广东第二师范学院教授　　闫德明博士

"三共"同求，"三细"同有，"幸福"同行

刘辉（高中语文）

个人简介

刘辉，男，高中语文高级教师，东莞市高中语文学科带头人，东莞市优秀教师，东莞市教学能手。参与四项市级课题，已全部结题；三篇论文公开发表于省级期刊，论文《高中语文诗歌教学中的文本细读策略例谈》获市论文评比二等奖，论文《〈红楼梦〉整本书阅读实践活动的多样"玩法"》荣获期刊"教研成果论文评比"一等奖；参加"一师一优课，一课一名师"活动，所录优课"精炼、和谐与佳句——诗词散曲的语言"被评为教育部"部级优课"，"电影文学·小说·戏剧·故事梗概的编写"被评为广东省"省级优课"；参加中小学教师心理健康教育高级培训班，获得中小学教师心理健康教育高级（A证）证书。

一、我的教学风格解读

我是一名高中语文教师，从事教育教学工作近十七年，作为一线教师，在长期的教学实践中逐渐形成了自己"'三共'同求，'三细'同有"的教学风格。

所谓"三共"，即共生、共情、共创。"共生"是指在教学过程中，和学生共切磋，和学生共研讨，和学生共成长，师生之间力求达到合而为一的境界；"共情"是指教师能设身处地体验学生处境，细致入微地解决学生困惑，真心实意地理解学生情感，师生之间能相互包容，深入理解；"共创"是指师生在共生、共情的基础上共同创造学习情境，共同创造教学策略，共同创造研究成果。

所谓"三细"，即细读、细评、细结。"细读"是指课堂教学能引导学生深入文本，通过对字、词、句、篇的细致解读，充分理解文本的意义、意味及意蕴；"细评"是指通过自评、他评、互评等方式培养学生的理解鉴赏能力，表达交流能力，个性化解读能力；"细结"是指通过每课小结、阶段小结、专题小结等归纳、引导学生学会分析，学会总结，学会反思。

"'三共'同求，'三细'同有"教学风格的形成，是师生关系不断融合的过程，是教学阅历不断升华的过程，更是让师生都有了获得感和成就感的过程，真正践行了"幸福教育"的理念。

二、我的成长历程

十年磨一剑，"菜鸟"变"凤凰"

（一）教坛"菜鸟"，与学生"共生"显稚嫩（2006—2010年）

2006年7月，我大学毕业参加工作，一直在东莞市第一中学任教。刚开始工作的前几年，作为"菜鸟"教师，我青涩无比，很多方面都需要向他人学习。通过拜师结对向老教师讨教，通过广泛听课向同行学习，通过校际交流向全市优秀教师借鉴先进的教学方法。虽然多方学习积累了一些经验，但课堂教学仍停留在模仿阶段，还没有形成自己独立的教学风格。课堂教学个性不足，特别注意和学生"共生"，很多问题喜欢和学生一起切磋研讨，虽然得到了一些学生的肯定，但也受到了不少学生的质疑。究其根源，是没有从学生的立场考虑问题，没有找到学生真正所需，只有"共生"，没有"共情"，得不到学生的全部认可。

尽管这一阶段我的教学略显稚嫩，教学风格不够彰显，但是通过虚心学习，刻苦努力，也取得了一些成绩。在此期间，我完成了第一次的高中三年大循环教学，所写文章《我的交往之道》获"冰心杯"写作大赛铜奖，所做《蝶恋花》教学设计被市"中语会"评为优秀案例，所写论文《中学生校园流行语初探》发表于省级期刊。

（二）教坛新秀，与学生"共情"变成熟（2011—2018年）

2010年开始，在完成一轮高中大循环教学之后，我不断反思自己，有意识地摆脱模仿的束缚，注意对自己独立教学风格的培养。除了注重与学生"共生"，更注重与学生"共情"。为此，每次课前我都特别注意研究学生学情，每次课后都特别注意进行教学反思，对学生的学习需求及其个体学习特点能进行有针对性的个案指导，对课堂教学的秩序和流程的调控能力显著增强。通过研究学生心理，体会学生情感，总结自身不足，适时改进自己的教学方法和策略，把学习他人经验和自己个性潜质相结合，自己的教学水平有了显著提高，学生的满意度也大大提高。

与学生"共情"，使我的教学渐变成熟，由教坛"菜鸟"成长为教坛新秀。在此期间，本人连续多年教高三毕业班，历届高考成绩优异；积极参加各类培训，承担各级公开课，参加各类优课评比，作为主要成员参与课题研究，教学教研双丰收。所录多个优课被评为"部级优课""省级优课"及"市级优课"，所写论文在东莞市"中语会"宣读，所研究课题顺利结题，获专家一致好评。

（三）教坛能手，与学生"共创"见老道（2019年至今）

2019年，本人获评东莞市"教学能手"、东莞市"优秀教师"，2020年，本人被评为高级教师，教学生涯迎来质的飞跃。总结成功经验：与学生"共生"

和"共情"，才能教学相长，相互促进，共同进步。注重与学生"共生""共情"，一定程度上做到了"以学生为本"，但面对新教材、"新课改"和新高考，我们要做到真正的"以学生为本"，还需要与学生"共创"，即与学生共同创造学习策略，共同创造研究成果，让学生在创造中找到学习的快乐，让学生在创造中收获成功的体验。为此，我开始进一步思考教学方法的改革、教学效果的优化及教学效率的提高。在这一阶段，我的教学个性已较明显地体现出与众不同的特色，有了更多属于自己的独特之处。

与学生"共创"的过程，是一个大胆尝试的过程，拿出更多的时间给学生，需要勇气。在《红楼梦》整本书阅读教学中，我尝试多种"玩法"，让学生"演讲红楼""图绘红楼""戏说红楼"，充分发挥学生的创造力；在"教学开放日"公开课中，所讲《古代文化常识思维导图展》，让学生自己设计思维导图，归类古代文化常识，学生的创意设计让全市听课老师叹为观止，评课老师普遍认为这是一堂十分成功的"新课改"探索课。在与学生"共创"的过程中，我的教学风格日显老道。

我的成长历程，就是自己教学风格日臻完备的过程：与学生"共生""共情"及"共创"，"三共"同求，"幸福"绽放，十年磨一剑，"菜鸟"变"凤凰"。

三、我的教学实例

《词谈高考，诗意人生》
授课人：东莞市第一中学　刘 辉　授课对象：高二学生

1. 教学目标
（1）展示学生的词作品，了解常见词牌的格律；
（2）能按常见词牌的格律要求写简单的古词；
（3）运用古词来表达自己面对高考时的情感体验。
2. 学情分析
（1）学生对常见词牌的格律不了解；
（2）学生对词的内容表达只能做到"形似"，不能做到"神似"。
3. 教学内容分析
（1）教学重点：常见词牌的格律知识和词的内容表达。
（2）教学难点：①格律中的押韵、平仄和对仗；②内容中的手法和情感表达。
4. 教学环节与活动
（1）导入：以学生假期作业（全班同学分为三组，分别以《鹧鸪天》《蝶恋花》《青玉案》为词牌，标题都是"高考"，写一首古词）的总结导入。

（2）明确写词要照顾两个方面：①词的格律：字数、句式、押韵、平仄、对仗；②词的内容：意象、意境、情感、手法、风格。

（3）学生齐读教材所学古词《鹧鸪天》《蝶恋花》《青玉案》，教师总结这几种常见词牌的格律要求。

（4）作品展示活动：①教师示范自己原创作品《青玉案·高考》，并讲解词的格律运用和内容表达；②学生原创作品展示：

例如，龙一权《鹧鸪天·高考》（学生评学生），陈庆涌《鹧鸪天·高考》（学生自我鉴赏），吴彦彤《鹧鸪天·高考》（学生读，师评），陈倩怡《蝶恋花·高考》（学生读，师评），黄文轩《蝶恋花·高考》（学生读，师评），黄锌清《青玉案·高考》（学生读，师评），袁皓扬《青玉案·高考》（学生读，师评），胡志民《青玉案·高考》（学生读，师生共讲情感的高妙），叶梓健《青玉案·高考》（师读，师讲手法的高妙）。

（5）课后作业：让学生修改完善自己的原创作品，出一期"《词谈高考，诗意人生》学生优秀作品展"板报。

5. **教学资源**：见附件"《词谈高考，诗意人生》学生优秀作品展"资料。

附件"《词谈高考，诗意人生》学生优秀作品展"（节选）

鹧鸪天·高考
龙一权

十年寒窗试锋芒，破釜沉舟济海航。梦冀春风得意日，莫待鬓白泪双行。
囊萤雪，路疏狂，书痴傲志气轩昂。罗帐灯昏夜未寐，且俟登峰入云翔。

鹧鸪天·高考
吴彦彤

凤凰花开六月天，晨起远山生紫烟。愿将风华埋书卷，十年寒窗苦作船。
蝉声泛，紫花繁，强忍三伏汗湿衫。待我明年雄翅展，剑指高考九州寒。

鹧鸪天·高考
潘惠怡

晨起微茫映天虹，晚归晓月照朦胧。韦编三绝只寻常，壮志凌云谁能懂？
冬抱冰，夏握火，金榜题名千人颂。四顾神游满目空，不如过浪破苍穹。

蝶恋花·高考
陈倩怡

斜阳落尽云散去，残风柳下，对敬杯三举。庆君前程如东旭，欲倾离恨心未许。

金榜题名应无虑，殿前园后，皆良田金玉。却念明朝难再聚，美酒佳肴孰同咀？

蝶恋花·高考
吴振浩

当年立志向前跑，书桌糟乱，文章尽生巧。笔杆轻重谁知道？野鸡报晓才睡觉。

今日高考却已笑，几番风雨，璞玉化瑰宝。长鸣何须求灵鸟？天才自古凭人造。

蝶恋花·高考
黄文轩

凤凰花开寒窗处，高考在即，独叹斜阳树。十年磨剑无数苦，一朝笔墨定吾路。

青葱岁月谁与度？满目诗文，下笔如李杜。破釜沉舟夺名录，壮志酬得心花怒。

青玉案·高考
尹可颐

十年寒窗苦修路，怎可让，随风去。书生年华剩几度？莫待白头，小楼犹在，留我伫足处。

少年不服今日暮，囊萤映雪照此句，应个高考又何许，卧薪尝胆，辛苦几时，怕见人心雨。

青玉案·高考
黄锌清

六月狂风起云雾，更摧情，苦难数。双泪横流汗如雨。百日誓言，千日成玉，一笔展才露。

万类花树黄金屋，历兵秣马轻舟渡。独孤一剑求去路，此去今年，昂首以顾，已至众光处。

文本细读"创作法"策略在诗歌教学中的运用
——《词谈高考，诗意人生》授课小结

【授课背景】

历次考试，学生诗歌鉴赏题做得都不是很理想。学生答题机械化、模式化明

显。反思自己过去的教学，讲了许多答题格式和答题方法，学生成绩却收效甚微。深究原因，还是过于功利化，文本细读不到位。在网络爆炸的时代，无论学生还是老师，大部分问题都习惯于借助网络找方法，碎片化地搜集素材，却忽略了文本本身。不深入文本，任何方法技巧都是空中楼阁。诗歌教学我们一般都是停留在"读诗—解诗—答诗"的层面上，却忽略了创作诗歌，即写诗。如果学生都会仿格律写诗，还愁不会理解意象、意境、手法、情感等相关知识吗？所以，我准备了这节通过文本细读"创作法"教学生写古词的探索课。

【前期准备】

第一步：考虑到学生对词的格律不了解，特别是对《鹧鸪天》《蝶恋花》《青玉案》这样常见的词牌格律都不了解，课前先让学生重温辛弃疾的《鹧鸪天》，晏殊、柳永的《蝶恋花》，贺铸的《青玉案》，通过文本细读，总结这几首词的词牌格律和情感意蕴。

第二步：让学生从《鹧鸪天》《蝶恋花》《青玉案》三种词牌中选择一种，仿写创作一首古词，词的情感内容要和"高考"有关，要求只能仿词的格律，不准仿词的内容，标题统一是"高考"，将全班同学分为三组。

第三步：收齐学生作品，总结共性问题，选出优秀作品，准备在课堂上点评和展示。

【存在问题】

问题一：部分学生仿写的古词，不能做到格律严谨。

鹧鸪天·高考

十载寒窗独炼铁，烈日蓝天斩苍狼。挑灯苦读不畏难，今朝出鞘试锋芒。

思泉涌，攀金榜，背水勇战创辉煌，卧薪尝胆辛酸尝，只待明日吾为王。

《鹧鸪天》格律是：上下阕共55字；上阕4分句，"7，7，7，7"式，下阕5分句，"3，3，7，7，7"式；上阕1，2，4句要押韵，下阕2，3，5句要押韵；上下阕韵脚押平声韵；下阕1，2句必须对仗；上下阕一般不换韵。

这位学生词作的上阕1，2，4句韵脚分别是"铁""狼""芒"，明显"铁"字不押韵；下阕1，2句"思泉涌，攀金榜"，对仗也不严谨；"榜"字也不是平声韵。

问题二：一些学生能做到格律严谨，但用词不善雕琢，内容空泛，手法不多，只能做到"形似"，不能做到"神似"。

蝶恋花·高考

当年立志向前跑，书桌糟乱，文章尽生巧。笔杆轻重谁知道？野鸡报晓才睡觉。

今日高考却已笑，几番风雨，璞玉化瑰宝。长鸣何须求灵鸟？天才自古凭人造。

《蝶恋花》格律是：上下阕共60字；上下阕各5分句，都是"7，4，5，7，7"式；上下阕1，3，4，5句要押韵；韵脚押仄声韵；对仗无严格要求；上下阕可换韵，也可不换韵。

这位同学的词作格律十分严谨，但用词不善雕琢，"向前跑""谁知道""才睡觉"等词的运用太通俗，失去了古词的味道。

【教师示范作品】

青玉案·高考

刘　辉

青春作伴求学路，十二载，漫倾诉。芳草华年如斯度。天公抖擞，题名京府，凯唱丰收赋！

韶光不负圣明嘱，遍地弦歌奏宗谱。滋兰树蕙遍六署。花开花展，人来人去，桃李无重数！

【学生优秀作品】

蝶恋花·高考

陈倩怡

斜阳落尽云散去，残风柳下，对敬杯三举。庆君前程如东旭，欲倾离恨心未许。

金榜题名应无虑，殿前园后，皆良田金玉。却念明朝难再聚，美酒佳肴孰同咀？

评：这位同学的词作格律特别严谨，从"高考"后离别伤感的角度写情感，角度特别新颖。

青玉案·高考

黄锌清

六月狂风起云雾，更摧情，苦难数。双泪横流汗如雨。百日誓言，千日成玉，一笔展才露。

万类花树黄金屋，厉兵秣马轻舟渡。独孤一剑求去路，此去今年，昂首以顾，已至众光处。

评：这位同学的词作格律严谨，运用了比喻、象征、想象等多种手法写出了"拼搏高考，向往美好未来"的情感。

【课后感悟】

在诗歌教学中，通过文本细读，运用"创作法"策略，让学生再创文本，使其自觉地进入文本，细细体味，大胆想象，在文本中找到自己的影子，和文本亲密接触，沟通交流，又从文本中出来，回到现实，这是学生文本细读时进行自我构建的过程。或喜，或悲，或顿悟，或流连，其中的乐趣除了自己细细享用之外，我们更需要把它表达出来，再现出来，这种表达和再现的过程，其实是文本细读的深入和延伸，同时也是推动文本细读的重要手段。在网络大爆炸的时代，碎片化阅读越来越成为主导，鼓励学生创作仿写，互相交流，互相赏评，在碎片化时间里，也算是给"文本细读"争回了一点领地。师生一起交流诗歌创作，在创作中寻找乐趣的"种子"，在交流中碰撞出"幸福"的火花。

四、我的教学主张

多年的教材钻研，多年的教法实践，多年的教改探索，我逐渐形成了自己的语文教学观，那就是"注重细读，文本为先；注重细评，方式为法；注重细结，归纳为道"的教学主张。细读、细评、细结的教学过程是幸福的，"三细"同有，"幸福"同生。

（一）注重细读，文本为先

语文新课标倡导通过"学习任务群"开展"群文阅读"，但并不等于抛弃"单篇"。单篇阅读和群文阅读只是阅读方法不同、教学设计不同、着眼点不同。单篇教学可以牵一发而动全身，而群文教学突出的是经整合后的共同议题。单篇阅读是咀嚼式的"慢阅读"，群文阅读是整体式的"快阅读"。无论是单篇阅读还是群文阅读，都离不开文本。群文也是由单篇构成，经典的单篇仍要重视文本细读。没有单篇的"举一反三"，不可能有群文的"反三归一"。没有细读，忽视文本，语文教学会走入死胡同。

（二）注重细评，方式为法

新课标强调充分发挥语文课程评价的多种功能，注重评价主体的多元与互动，为此，课堂教学过程中，不能一味重视教师的评价，也要重视学生的自我评价及学生之间的相互评价，促进学生主动学习、自我反思。我在课堂讨论和作业处理方面，特别注重"细评"，即通过学生自评、他评、互评等方式，全面培养学生的理解鉴赏能力、表达交流能力、个性化解读能力。课堂评价是建立在理解和尊重的基础上，不能认为教师的评价就是真理，不能剥夺学生的评价权，尊重学生的个体差异，才有利于学生的个性发展。

（三）注重细结，归纳为道

归纳法教学要求学生善于运用已有的知识，发挥自己分析问题、归纳问题的能力，在教师的引导下归纳出现象中内在的规律。为此，我在教学过程中，特别注重"细结"，即仔细总结，重视归纳。不仅教师要"细结"，同时也要引导学生重视"细结"。教师在钻研教材、了解学生、教学设计等方面，都需要"细结"反思，通过每课小结、阶段小结、专题小结等归纳、引导学生学会分析，学会总结，学会反思。

综上所述，在我的教学历程中，在我的教学主张里，共生、共情、共创，"三共"同求；细读、细评、细结，"三细"同有，即本人在长期教学实践中凝练出的教学风格。"三共"同求，"三细"同有，使教学充满无限活力，使课堂绽放异样光彩，让师生一起"幸福"同行。

五、他人眼中的我

（一）专家眼中的我

精诚所至，金石为开。刘辉老师在教育教学方面取得突出成就的根本原因在于他对教育的赤诚之爱和对教学的专注精研。他执着于提升课堂实效，对学科知识了然于胸，时刻把学生放在心中。

统观全局，着眼长远。刘辉的备课备考资料分门别类，横纵关联，细致入微。对学生的培养，耳提面命，语重心长，以其人格品质魅力让学生终生难忘，终身受益。

接地气，聚人气，得天道。多年来，每次听刘辉老师的公开课，都有这样的感慨：为什么他会有如此妙招来调动学生的学习积极性？教法设计为何如此独出心裁？如高三复习课的文化常识竞赛、病句问题抢答等等，均建立在洞悉学生心理和相关知识的透彻领悟之上。最佳教学效果源自他对教学规律的精细把握和熟练应用。

东莞市第一中学学术委员会主任　　刘向前

（二）同行眼中的我

刘辉老师是我校语文学科的"中流砥柱"。他的课堂富有感染力，不仅在于他那洪亮的嗓音使人振奋，更在于他对事物常常有独特的见解。这源于他身上的两大特质：一是广大，二是精微。

"广大"在于胸怀宽广，眼界开阔，关注国家社会热点，关注教育动向。他的教学理念与时俱进，不仅关注学生"学什么"，更关注学生"怎么学"。让学生成为课堂的主体，早已成为他的课堂特色。

"精微"在于运用细读、细评、细结等教学策略活跃学生思维，培养学生阅读写作的能力，使语文学科核心素养落地，促进学生的终身发展。

东莞市第一中学语文科组长　　林雁

（三）学生眼中的我

我眼中的刘辉老师，在课堂上不仅会传授我们相关的学科知识，还会教授我们为人处世之道。对于学习，他认为贵在精而不在多，贵在质而不在量，贵在分析总结而不在题海战术。除此之外，他还时常以犀利深刻但又不失温暖幽默的语言激励我们，让我们对生活充满希望。

东莞市第一中学2022届高三（8）班学生　　谢旭瑶

 点　　评

刘辉老师与学生"共生、共情、共创"的发展过程，是教学阅历不断升华的过程；"细读、细评、细结"的教学主张，是在与学生"共生、共情、共创"的融合过程中形成的的教学方法。"三共"同求，"三细"同有，是长期教学实践中凝练出的教学风格，真正体现了个人的教学思想。

广东第二师范学院教授　　闫德明博士

回归本真，感性幽默

刘子波（高中语文）

个人简介

刘子波，女，中学语文一级教师。东莞市高中语文第二批教学能手，东莞市高中语文教师首批优秀领读者，东莞市普通话培训师，社会艺术（朗诵高级）教师。东莞市第一中学优秀教师、优秀班主任、科研积极分子。下水作文获第三届"南方传媒杯"粤港澳大湾区高考语文"下水作文"大赛一等奖，其他课例、论文等获省、市级奖项共计二十余项。

一、我的教学风格解读

我的教学风格是什么？带着这个问题，我问了正任教的学生。"思路清晰有方法""注重培养学生的核心素养""重视语文知识链的构建""能够把知识点讲灵活讲透彻""有活力""有激情""风趣幽默"……学生反馈给我的这些信息，让我对提炼自己的教学风格有了一定的思路。反思自己多年来的语文教学实践，结合学生和同事的听评课反馈，我觉得用"回归本真，感性幽默"来概括自己的教学风格比较合适。

（一）回归本真

借助郝玲君老师的话，"回归本真"是语文教学的思想和灵魂。它的闪光之处在于强调语文教学首先要回归本体，一是以学生发展为本体，二是以语言教学为本体，然后才是回归本真。这里的"真"，其内涵是语文教育的本色，即回归到"人"。用郝老师的话说，教育存在的意义和价值在于人类生存的内在诉求，教育求"真"的一条主通道便是回归心灵。这是语文教学"水尝无华，相荡乃成涟漪；石本无火，对击始发灵光"的自然境界，是"真语文"把"素质教育"转变为"素养教育"的本质追求。

（二）感性幽默

感性幽默则更多地反映了我个人的性格特点以及与学生相处的方式。苏联教育家斯维特洛夫指出：教育最主要的也是第一的助手是幽默。我来自东北，黑土地似乎赋予了我与生俱来的幽默感。在语文课堂上，我总是运用巧妙的、诙谐的、机智有趣的语言活跃气氛，高效完成教育教学任务。同时，我又是一个情感丰富、思维活跃的人，是一个爱恨分明、执着坚定的人，更是一个容易被感动和善于感动他人的人。我常常被作品感动得热泪盈眶，常常为学生的进步感到欣喜若狂……语文，本身就是一种感性的存在。语文教学的感性，让语文变得摇曳多姿、风情万种。

二、我的成长历程

2006年，我从东北师范大学汉语言文字学专业硕士毕业，带着对教师职业的憧憬来到东莞一中，开启了高中语文的教学生涯。带着对语文教育的思考，我走上了职业求索之路。

（一）"孔雀东南飞"——职业奠基阶段（2006—2011年）

在研究生学习阶段，我在东北师范大学的对外汉语交流中心兼职教师，积累了一定的经验。初登高中语文讲台，我并没有手忙脚乱。但很快复杂的高中语文教学、琐碎的班级管理都令我茫然失措，幸好我及时静下心来思考自己的职业规划问题。

为了能够熟练地传讲知识、引领课堂，我坚持向前辈学习，拜刘向前老师为学科师父。我主动申请把自己班的教学进度放慢一些，在观摩刘老师或者其他老师上课后再模仿他们的教学方式讲课。我还向他们学习如何分析教材、撰写教案、了解学生、驾驭课堂。随着学习的深入，我开始在吸收的基础上进行创新，重新设计课件。我还主动要求上公开课。在同事的帮助下，2007年，"国家级示范性高中"验收确认时，我上的公开课《在画布里搏斗的人生》获得了专家的一致好评。2008年，我送走了我的第一届高三毕业生。本想着会回到高一开始新的一轮教学任务，没想到，接下来的2009年、2010年，我又连续两年任教高三。为了更好地任教高三语文，帮助学生完成高考梦想，我一方面积极备课、备考，另一方面借来高一、高二的教材，苦学钻研，以期建立高中语文完整的教学知识链。在教学之余，我还积极参与教科研活动。2009年，我在学校青年教师基本功大赛上获一等奖；2010年、2011年，我分别有两篇论文在东莞市"中语会"论文评选中获得三等奖。

连续几年的高三教学既是学校对我教学能力和教学成绩的肯定，也是对我职业生涯的肯定，至此，我在高中语文的讲台上站稳了脚跟。

（二）奋然而求索——专业提升阶段（2012—2017年）

如果说在职业生涯前五年的奠基阶段，站稳讲台是我主要的成长目标，那么专业提升阶段，站好讲台、提升专业则是我的职业追求。

2011年，我成了一位母亲。孩子的到来，丰富了我对生命的认识，也丰富了我对高中语文教学的认识。我开始用一种全新的视角来看待高中语文教学和我的学生们。每个学生都是独特的，他们具有不同的性格特征，不同的兴趣爱好。作为语文老师要善于观察，精心设计教学，激发他们的潜力，关注每个生命个体的发展。我的教学内容不再局限于高中语文课本，不再局限于高考试卷，我要带领学生领略更广阔的语文天地。每节语文课前，我会安排八分钟的学生演讲，学生可以分享自己读过的书、看过的电影、关注过的话题等，我也会适时点评。日积月累，学生的语言表达能力和技巧都有很大的提升。2014 年、2015 年、2017年，我还在东莞慧教育平台上分别开设了"大语文"系列慕课"汉语字词的前世今生""创意广告赏析"等课程，带领更多的学生领略语文的魅力。

此外，我关注到全国各地都在试行"翻转课堂"，我第一时间响应学校的号召，将信息技术带入语文课堂。2015 年，我率先在课堂上使用微课教学。新鲜的教学内容、视频的画面冲击都给学生带来了不错的学习效果。同时，从 2015年到 2017 年，我的十余节微课在东莞市微课评选中荣获了一等奖和二等奖。2015 年、2017 年，我被评为"校本课程开发积极分子"。2016 年，我被评为东莞市高中语文"教学能手"。

这五年，是我职业生涯进步最快的几年，也是专业提升的黄金阶段。我在站稳讲台的基础上，进一步站好了讲台。

（三）笃行以致远——风格形成阶段（2018 年至今）

2018 年，我开始接任高二年级文理科实验班的语文教学任务。我开始深入思考：一位优秀的语文老师如果只是单纯地教授学生语文知识，提升语文成绩，领略语文魅力，那是不够的。我能给学生带来更深刻的启迪吗？《普通高中语文课程标准（2017 年版）》指出："语文核心素养是学生在积极的语言实践活动中积累与建构起来，并在真实的语言运用情境中表现出来的语言能力及其品质，是学生在语文学习中获得的语言知识与语言能力，思维方法与思维品质，情感、态度与价值观的综合体现。"作为一名语文教师，应该让语文课堂更立体，使语文教学成为人生教育。

培养学生终身阅读的习惯，让他们成为"优雅的生活者"。语文课堂内外，我开始带领学生们大量读书，有共读也有个人阅读。我建立了学生阅读档案，学生每读完一本书后都可以来登记，领奖品。我还把每周一的语文课定为阅读交流课，每节课推选五至六名同学介绍自己的阅读体会，并根据内容的充实度、表达的流畅度，评出当周的阅读之星。我还开展"我演书中的故事"等活动，学生们积极性很高。2019 年 5 月的校品牌开放日，我的课"我演书中的故事"通过南方 Plus 媒体向全省直播，同时，本课例也荣获"东莞市整本书阅读活动"课例二等奖。在我的带领下，学生逐步养成了阅读的习惯，也读了不少书。书籍将成为他们优雅生活的终身伙伴。

培养学生良好的思维习惯，让他们成为"问题的解决者"。为了让学生更好地关注、参与当代文化，提升学生分析问题和解决问题的能力，从而促进学生深刻性、敏捷性、灵活性、批判性和独创性思维品质的提升。在语文课堂上，我引入了央视《新闻周刊》栏目作为学生跨媒体学习的重要资源，我还和学生一起阅读《中国青年报》《人民日报》《光明日报》等主流媒体的时评文章，帮助孩子们建立起分析问题、解决问题的思维路径，从而为以后的人生发展打好基础。

一路阅读，一路思考，我跟学生一起成长进步。2019 年，我在东莞市高中语文教师高考"下水作文"比赛中获得一等奖，我的论文在"新教材课堂教学演示暨新高考报告会征文竞赛"中也获得了一等奖。我记录跟学生一起阅读和思考的三篇论文也陆续在杂志上发表。2021 年，我又在第三届"南方传媒杯"粤港澳大湾区高考作文"下水作文"大赛中荣获一等奖，文章也被收录到已出版的《名师同写高考"下水作文"》一书中。2022 年 12 月，我在东莞市高中语文教师"领读者"展示交流活动中表现突出，被评为"优秀领读者"。

从教十七年来，我在教学中思考，在思考中改进教学，一路磕磕绊绊，一路努力前行。

三、我的教学实例

《项脊轩志》教学实录

（一）导入新课

师：上课前，给大家猜个谜语：衣锦还乡。打一个古代文化名人。

生：归有光。

师：是的。今天，我们要学习的就是归有光的《项脊轩志》。（板书）（PPT 1）

（二）任务群学习展示与点评

师：我们学习本篇文章的方法——任务群学习法。（PPT 2）我们要完成四个学习任务，分别是"归有光人物手抄报""项脊轩平面设计图""项脊轩 VR 场景设计""撰写项脊轩导游词"。接下来，我们看看大家的任务完成得怎么样。

1. 任务一的展示与点评

师：任务一：识其人、知其文。

（1）上网搜索，自主查询，搜集归有光的生平资料及代表作品，了解归有光一生的经历和创作历程，制作一份归有光的人物手抄报。

（2）结合课文注释，查字典，梳理文言实虚词及文化常识，完成学案相关积累。（PPT 4）

同学们一起欣赏在周末做好的手抄报，手抄报都已经贴在我们后板报，同学们课下继续赏鉴。（PPT 4～9）

师：下面，我们请同学说说自己了解的归有光。

生：归有光，明朝中期散文家，六十岁时方成进士，他的散文风格朴实，感情真挚，被称为"明文第一"。

师：知人论世是我们鉴赏文章的重要方法，而对于一篇文言文来说，我们必须要落实相关的文言知识。大家都完成了练习册上的知识积累，接下来，我们现场检查一下。请这组的同学回答。（PPT 10）

学生依次回答，教师稍作点评。

2. 任务二的展示与点评

师：任务二：立足文本，从细节处构想项脊轩的院落景观，小组合作设计一张项脊轩景观布局图。（PPT 11）这个任务源于我本人接到的一份订单。江苏省旅游部门计划重建项脊轩，委托子波文化公司完成平面图设计。因为他们了解到我有好多个优秀的设计团队，就是你们，一定能很好地完成任务。

师：接下来我们看看各设计团队的成果。（PPT 12）首先有请306设计团队的设计师来帮我们解读一下。

师：请问从文本哪里能找到平面图的根据？

生：室仅方丈，又北向，前辟四窗，室西连于中闺，轩东故尝为厨，庭中通南北为一。

师：好的，请坐。这些根据找得不错。请注意"庭中通南北为一"的断句方法，应该是"庭/中通南北为一"。

师：根据文本里的描述，我们来查看一下306设计团队的平面图，大家发现有什么不妥之处吗？

生：北向，前辟四窗。她们设计的窗的方向搞错了。

师：发现得很好！这个设计有些硬伤啊，希望同学们设计的时候一定要关注细节。接下来，让我们来看411团队的设计图（PPT 13）。有请设计师。

生：我们的设计着眼于大局，中间的篱笆是根据书中"始为篱"特意画上去的。

师：请解释一下旁边你特别注明的茅草屋。

生：我觉得归有光生活贫苦，家里应该是茅草屋。

师：根据任务一收集的资料以及课文知道，归有光家是没落的大户人家，所以，他们当时的房子还应是祖上留下的相对好一点的房子。谢谢你们的设计。

3. 任务三的展示与点评

师：设计图确定以后江苏方面很快动工。他们打算安装VR体验设备，请我们从《项脊轩志》中选取相关场景，制作素材。这就是我们的第三个任务。（PPT 14）现在，请同学们在小组内交流展示并推荐精彩的场景设计，时间2分钟。

生：我写的是作者回忆老妪的内容。

师：同学们，齐读原文这部分内容。

生齐读：家有老妪……妪亦泣。

生：只见一位老妪踉踉跄跄地从西方出来，她眯着眼，辨认出我后，便拉着我的手不放，布满沟壑的眼睛含着泪，开始了往事的讲述。"光儿啊，你可知你母亲也曾站在这啊？""哎呦，你姐出生时，那哭得可是哇哇叫啊，你妈在门外轻轻敲门问：孩子冷不冷？饿不饿？我就说呀，还好还好，饿是饿了，端些米粥来。你妈妈马上去厨房。那时，天还冷着呢。"这些话语我前前后后听了不下五次，每每听到都忍不住与老婆婆一起流泪。

师：凡儿啊（学生名字叫凡），你写得真的令人感动啊！

生：我写的是作者对祖母的回忆，命名为《祖母的鼓励》。有一天，项脊轩中的少年正在读书，门外传来拄拐杖的声音，不用分辨，他知道来人便是他多日未见的祖母。他将祖母迎进了门，小小的书轩顿时显得略微拥挤。满头银发的老人显得有些局促，她环顾四周，看见了被袖子磨光亮的书桌角，看见了不堪重负的书架，更重要的是，她发现孙子没有消瘦，一颗心放了下来，便开口问道：（其他学生齐读）"吾儿……大类女郎也？"看似在调侃，但语气里明显有对孙子埋头苦读多日不见踪影的不满。少年有些哭笑不得，他安抚自己的祖母。等到祖母离去合上门时，她又若有所思地顿了一下，自言自语地说道："吾家……待乎。"（其他学生齐读）接着，门外又传来一阵杂乱的脚步声，原来是祖母去而复返，手上拿着一个陈旧的象笏，说道："此吾祖……用之。"少年感受到了这其中沉甸甸的期望。他在心中默默地想着：希望我做官时，你能看到。他又开始与时间赛跑了。

师：好精彩的描述。同学们应给予掌声鼓励。

生：我写的是枇杷寄相思：庭中伫立着一道孤寂的身影，凄风喧嚣，更增添庭中人心中寒意。那身影温柔地将枇杷树苗放入深挖的洞中，脸上似哭亦笑。回想着与亡妻多年来的经历，两行热泪滑过脸庞，滴落在泥土上。嘀嗒，嘀嗒，耳边似乎回荡着妻子的轻声细语。布满泪痕的脸上浮现出一个幸福而凄苦的笑容。年复一年。那身影已经不常来此，枇杷树渐渐高耸，高高地直立着，身形似乎向外眺望，就像当年妻子在家等候他的归来。

师：我被感动得热泪盈眶了！以上同学选择的都是项脊轩令作者感到悲伤的地方。作者说"然余居于此，多可喜，亦多可悲"。哪个场景是让作者开心的呢？

生：在项脊轩读书的时光。

师：是啊，专心读书的岁月是那么清新美好，让我们齐读第一段。

生：齐读第一段。

4. 任务四的解读与作业布置

师：项脊轩或者叫作震川先生故居全面竣工后，迎来了很多游客。江苏方面急需好的导游词。（PPT 15）导游词兼具应用性与文学性，其内容集知识性、趣味性、口语化于一体。写作顺序一般为：①问候欢迎，自我介绍；②总述景观，概括价值；③分述景观，突出重点。写作时可以把任务三描述的几幅生活场景作为重点讲解点，与项脊轩整体介绍相结合，以故事带动讲解，增强吸引力。

（三）小结

师：这节课，我们用任务群的方式学习了《项脊轩志》，希望同学们在参与设计任务、完成任务的过程当中，收获更多精彩。下课。

四、我的教学主张

（一）生活语文

生活中处处有语文，语文存在于生活中的每一个角落。语文学习和教学更是与生活紧密联系在一起。叶圣陶先生说，生活的充实是没有止境的。作为一名高中语文老师，我高度重视课程资源的开发与利用，努力创造性地开展各类活动，增强学生在各种场合学语文、用语文的意识，多方面提高学生的语文能力。在我的语文课堂上，课本、教辅资料、工具书是学习资料，一些经过精心挑选的电影、电视节目、官媒评论、学习强国上的视频等也是我的教学资料。另外，我还经常在课堂上开展各种各样贴近生活的语文活动，比如读书演讲、辩论、我是助教、四季诗会、课本剧表演等等。我还把教学延伸到课堂之外，比如假期建议学生参观图书馆、博物馆、民俗展览馆等。

生活式语文教学，能拓展学生学语文、用语文的领域，有利于学生改变以往被动的学习局面，转变学习方式。学生面对由多姿多彩的语文课堂资源所构成的学习空间时会对语文学习产生极大的兴趣，调动他们参与语文实践活动的积极性和主动性。在不同学习内容和不同实践方法的相互交叉、相互渗透和相互整合中开阔视野，增强学语文、用语文的意识，提高语文学习的效率和质量。

（二）本真语文

西班牙语言学家内布里亚说过："语言永远与实力相伴。"我在语文教学实践中更强调"本真语文"，其一是语言能力与"真语文"，个人语言能力的提高，国家语言实力的增强都需要"真语文"。语文学科的科学精神主要体现在借助言语这一工具，进行精确思维、严密判断、逻辑推理能力的训练；其二是语文教育与"真语文"，即在教育中要说真话、写真文、诉真情、做真人，强调要回归传统寻找本真。语文这一学科的任务，说到底是培养人，并且是培养人的精神和思想；其三则是语文教师与"真语文"，即要求自己做有扎实学识、教学求真、会讲故事、喜欢读书以及会写教育文章的语文老师。本真语文，值得我一生追求。

四、他人眼中的我

（一）专家眼中的我

刘子波老师可谓是"生活语文"和"本真语文"的代言人。课堂内外，她善于引导学生追求生活化情境中的高效语文学习，经常组织趣味多彩、创意十足的语文活动，进而将语文素养灌注于师生日常生活，给平凡的生活也增添了新奇的诗意。刘子波老师还善于在学习中感悟生发，教学设计富有创意和张力，远离繁文缛节，目标简明扼要，学生活动主线突出，尊重学生个性化表达；课堂语言风格亲切、幽默，见解独到，表达真诚，让人深刻感受到一种强大的自信和不凡的气场：做语文人，爱真语文。

东莞市第一中学学术委员会主任，中学语文高级教师　　刘向前

（二）同行眼中的我

刘子波老师的语文课堂正如她年轻有活力的个性一样，充满了无穷的魅力，如一支乐曲，韵律悠长。知性而有亲和力的她往讲台一站，学生就能自然被她的笑容感染，加上她那如夜莺般的嗓音，使她的语文课堂总能演绎成一支支动听的乐曲，如一股清泉，汩汩沁心。刘老师的教学逻辑性强，能把一个问题理得清晰明了，让学生轻松掌握。她摒弃一切枯燥的解说，总能将深奥的道理用通俗易懂的方式教给学生。她的课堂灵动而有深度，学生参与其中，乐不可支，如一盘佳肴，美味可餐。她善于调取生活的素材加入语文课堂当中，使语文课充满了人间烟火气，学生亦可感受到语文与生活千丝万缕的联系。

东莞市第一中学语文科组长　　林雁

（三）学生眼中的我

我认为，刘子波老师的语文课堂有以下的特点：首先是知识点联系紧密，便于联想记忆。例如，在遇到有关文言文中官职升降的知识点时，老师就会把所有有关知识点串联起来帮我们记忆，而且老师还设置了知识点"专项管理员"，把知识点包干到同学身上，我们顿时觉得责任重大，当然自己也会特别留意学习了。其次，刘老师的语文课堂内容丰富，形式多样，有朗诵课，有剧本创作课，有"无领导小组"讨论课，还有影视剧赏析课……另外，刘子波老师的教学语言也是非常生动有趣、幽默诙谐的，老师会结合课堂内容给我们讲"冷笑话"，让我们在快乐中学会了，突破了重点难点。子波老师上课时还常常引用诗句、名言，动不动就是大段的排比句，同学们经常惊讶于老师的口才，也深受感染和熏陶。最后，刘子波老师的语文课堂还非常注重综合素养的提高，老师讲授单篇课文时总会给我们推荐相关阅读书目，打开了我们的眼界。

东莞市第一中学2021级高一（11）班学生　　唐步蟾

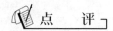 **点　　评**

　　本真、幽默，是子波老师语文课堂的两个关键词。她认为，语文课应该引导学生在真实的语言情境中，通过自主的语言实践活动，积累言语经验。她有幽默的天性，善用巧妙、诙谐、机智的语言，对学生施加教育影响，有效地完成教育教学任务。做她的学生是幸福的。

广东第二师范学院教授　　闫德明博士

悦人育人，美悦课堂

庞桂珍（高中语文）

个人简介

　　庞桂珍，中学语文高级教师，东莞市第三批高中语文教学能手。校"最美教师"、优秀教师、优秀党员、校教研先进个人、教坛新星。获市教学能手"说课比赛"一等奖和"学科专业素养比赛"二等奖，获市2022年高中语文"品质课堂"比赛（实力组）一等奖。积极参加课题研究，积极撰写教学论文，在正规刊物上发表了专业教育教学论文六篇，一篇论文获市三等奖，四个优课获市一等奖，两个微课获市二等奖，一个教学设计获市二等奖，连续六年参加市高考下水作文比赛并获特等奖一次、一等奖两次、二等奖一次、三等奖两次。

一、我的教学风格解读

　　我不敢说我的教学风格已经成熟，但是，我觉得我已经形成了我想要的稳定的风格——悦人育人，美悦课堂。

（一）关于悦人

　　我追求的语文课堂不仅仅只是不沉闷，还要让学生心情愉悦地上课，让学生与文本共情，让学生能在课堂上感受到幸福成长的快乐。

　　我设计很多教学活动，让学生感觉到随时被老师关注着。例如，点名回答问题，我会按学号、日期、宿舍、上下铺，声东击西，点了又点。在学校组织的教师满意度调查中，学生对我的评价：喜欢上语文课，那感觉像坐过山车一样，新奇又刺激，被触动心弦的时候，感动又幸福。

　　每位学生都有可能被欣赏到，也会被感动到。我记得一位学生学习成绩不太理想，但有一次他在作文中仿写《故乡的榕树》的片段，写了一件儿时坐在妈妈车后座故意把鞋子伸到车轮里的经历，细节动人。我当众念他的作文时发现他的眼睛都在发光。每个人都可以因为语文而生活得更好。我在课堂上努力让学生与文本共情，点亮自己，绽放幸福。

（二）关于育人

　　我追求的语文课堂不仅不局限于教材之内，还要让学生在语文课上思接古今中外，链接生活与人生，滋养学生的心灵。

讲解课文——我会带领学生了解文本的背景、作品的人文情怀；

品读文句——我和学生一道体悟文字之美，培养学生的鉴赏力和写作力；

鉴赏诗歌——我会和学生玩诵、唱、演、写，让古典诗词生动起来，更让古典诗词活起来用起来；

练习写作——我会引入热点时评，让学生知道天下事。

例如，设计古诗鉴赏活动时借助央视节目《经典咏流传》，给学生以灵感，让他们依据诗词写歌词，或弹奏或朗诵或演唱出来。这成了学生们幸福的学习记忆。

我带着学生跨越纸质媒介，一起看《诗词大会》《我在故宫修文物》《本草中国》等优秀的文化节目，让学生从多方面获得语文知识，感受优秀的传统文化。

我尽力让我的语文课堂更有温度和高度，让我的语文课堂成为让学生幸福成长的一块小田地。

悦人育人，是我追求的风格，也是我努力的方向。

二、我的成长历程

我为什么选择当老师，我的成长历程关于梦想，关于坚持，也关于初心。

一个人——良师启迪，播种梦想

1978 年年末，我出生在粤西的一个小渔村，渔村在地图的海岸线上，我的祖辈世世代代是渔民。那时候上学于我几乎是奢望。

1987 年，我没钱上学，那年，学费是 15 元。

1988 年，我终于可以去上学了，那年，学费是 25 元。

三年级的时候，一位刚刚毕业的老师当我们的班主任和语文老师——我敬爱的庞秀茹老师。庞老师不仅语文课上得好，对我们也好。当时，在去学校的路上有一个小卖部。夏天，那里除了卖零食还会卖菊花茶，一杯 2 分钱。透明的玻璃杯里盛着淡黄色的菊花茶。

有一天上完课后，庞老师居然喊我们全班同学去她的宿舍，一大壶菊花茶正在凉着，几个玻璃杯子摆在桌子上，杯子里就有清香诱人的菊花茶。老师说："天气热，你们快来喝吧，天天都可以来喝。"

那个场景我永远都会记得。一颗梦想的种子在我心中萌发：长大后，我也要当一名老师，当一名像庞老师一样的老师。

我的这份初心，从此再也没有改变。

一座城——华师与广州，让我的梦想开了花

中科院黄国平的博士论文致谢信刷屏的时候，我一下子就被他两句话击中了："我走了很远的路，吃了很多的苦，才将这份博士学位论文送到你的面前。"

我也是走了很远的路，吃了很多的苦，才能抵达华南师范大学。

华师与广州，让我积蓄力量：我的学科知识得到了积累，我的精神家园得到了丰盈，我的灵魂自由地生长，我的梦想也开出了花。

（一）教学魅力源于治学实力

初到华师，经过一个月的军训，我们正式上课，这时候我才发现，我普通话讲得并不标准。在普通话考级训练期间，我无比害怕拿不到证书，当时我的老师邵慧娟和姚黛梅给了我极大的鼓励和帮助。

后来，我加入系刊《中文快讯》，跟着师兄师姐采访学校的老师，看到他们治学的勤恳和严谨，让我更加明白为人师表一定要严谨治学，关爱学生。

（二）人生阅历助力提升教学魅力

大一那年，我参加了一个征文比赛，颁奖礼在北京举行。我跟着师兄师姐第一次去北京，行走在北京的大街小巷，用脚步丈量北京。

大三那年，我参加了全球华文青年文学大赛，荣获了一等优秀奖，主办方给我寄来了往返的车票，大会还颁给我一千元港币的奖金。我，一个寒门学子，第一次办港澳通行证，第一次去香港，第一次和余秋雨、王蒙、白先勇等文坛翘楚近距离地交谈，第一次站上港大的演讲台，分享自己的作品。

这两次难忘的远行，我明白一个道理：知识在书中，更在行走和思考中。

课余，我在华师的南门或西门随意选择一趟公交车，随心所至下车，我行走在广州的平常街巷，我也在阅读这本古今名都的人文之书。

（三）热爱是最好的教育之法

我从大一开始就以另外的方式成了一名老师——做家教。

我的第一份家教是在华师西门一个中介中心得到的。

第一次去上课的时候，我内心无比激动。那是离我小学三年级立下的志向距离最近的一次。到学生家里之前，我认真地思考：我为什么做家教？我教什么？我怎么教？

答案是我要尽量让他们快乐地学习，让他们知道求得知识是一件快乐的事情。

从此，我的家教很多都是家长互相介绍的，甚至有一段时间，我周一到周日每晚都有家教，被同学戏称为"家教王"。

有一位学生，还曾激动地给我打电话说："老师！你快看报纸呀，满分作文有一篇是我的！谢谢你，我用的是你跟我讲过的素材！"

我想起陪伴那些学生成长的家教时光，我成了庞老师那样的老师了。

一生爱——三尺讲台，一生之爱

从华师毕业后，我在东莞市第一中学的讲台上，实现了小学三年级的梦想——成为一名老师！

回顾十九年的教师生涯，我庆幸自己遇到一中，感恩一中让我成为梦想中的自己，感恩一中人让我与我的学生一起幸福成长。

三、我的课堂实例

《望海潮》《扬州慢》教学案例

（一）设计思路

《望海潮》《扬州慢》均为宋词名篇，都是写历史名城，同时也是给一座城市增加人文历史。两首词都倾注着词人对所写城市的深沉热爱。《望海潮》，词人热情地赞美杭州，并希望达到干谒的作用；《扬州慢》展现了一个衰败、萧条的扬州，表达了词人对扬州和时局的担忧。两首词用不同的方法展现了词人对所写之城的深沉之爱。在意象选择、意境营造、手法运用等方面各不相同。通过比较，可以让学生深入赏析城市的诗词文化，同时，也启迪学生如何留意身边的事物，如何表达自己的情感，以及如何珍惜身边的风景。

（二）教学目标

（1）用普通话和方言反复诵读两首词，鼓励学生走进朗读亭，录下自己的音频，充分感受宋词的音韵之美。

（2）对比阅读两首宋词，从写景角度、意象、意境、手法和感情方面进行鉴赏，感受宋词的艺术之美。

（3）让学生寻找描写扬州、杭州的其他古诗词，比较一下，更喜欢书中的扬州、杭州，还是自己所找到的诗词里的扬州、杭州。在选择对比中，增强鉴赏水平。

（4）传承诗词之美，定格哀乐悲欢。城市是我们望得见的山、看得见的水、留得住的记忆。《扬州慢》《望海潮》启示我们要善于发现城市的风景，要习惯用诗意的眼光记录生活中的美好，指导学生行摄悟写自己的城市之美。

（三）教学重点难点

（1）教学重点：鉴赏两首宋词选择和描摹意象的方法和艺术，比较分析两首宋词不同的艺术手法对表达情感的作用。

（2）教学难点：如何表达对所写之城的情感，如何领悟诗词之于城市的文化作用，如何在生活中传承诗意。

（四）教学步骤

1. 学习活动一：诵读品诗意

（1）开展"走进朗读亭"的活动。

（2）学生在课余走进朗读亭，用普通话和方言朗读课文，老师协助下载音频，在班级里分享。

（3）创设情境，导入新课。

2. 学习活动二：赏析悟诗情

学生在充分诵读的基础上，小组合作完成两首诗歌的异同比较（见表5-1）。

表5-1 《望海潮》《扬州慢》异同

篇名	类别	城市	取景角度	意象	意境	手法	感情
《望海潮》	干谒	杭州	城市环境	烟柳、画桥、风帘、翠幕、人家、珠玑、罗绮、云树、怒涛、天堑、重湖、叠巘、桂子、荷花	繁华富庶、美丽雄奇	铺叙、以点带面、虚实相间、渲染烘托	赞美、热爱、艳羡
			百姓生活	羌管、菱歌、钓叟、莲娃	太平祥和	虚写、用典	
《扬州慢》	咏史怀古	扬州	昔日	淮左名都、竹西佳处、春风十里	繁华热闹	实写、今昔对比	伤时、痛惜
			今时	荠麦、废池乔木、清角、空城、二十四桥、冷月、桥边红药	破败萧条		

3. 学习活动三：诗词里的扬州与杭州

（1）3月12日作业：请寻找描写扬州、杭州的其他古诗词。比较一下，你更喜欢书中的诗词里的扬州、杭州，还是你所找到的。

（2）课件展示，学生分享交流。

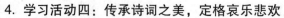

4. 学习活动四：传承诗词之美，定格哀乐悲欢

（1）4月7日作业：《扬州慢》《望海潮》启示我们爱一座城并为他留下一段文字是一件美好的事情。趁还有三天在家，请同学们或者翻看自己的相册，找找你为家乡拍摄的照片，或者课余看看窗外，用眼睛捕捉美景，或者8、9、10日三天出去时拍拍我们生活的城市，然后写一段随心之想。给第一单元"诗意的探寻"做一个小结——传承诗词之美，定格哀乐悲欢。

（2）课件展示，学生分享交流。

5. 学习活动五：学习与巩固

让古诗文在生活中活起来、传下去。请你结合课堂展示的"行摄悟写"作品进行交流、点评和升格训练，继续行摄悟写，活用诗词，记住身边风景，写下自己的感悟。

6. 课堂小结

这是在疫情背景下的一节课。每一个活动设计都让学生收获了参与和被肯定的幸福；每一个活动，学生的投入和出彩都是看得见的。"走进朗读亭"，用方言读诗词，保留音频的留声卡，给学生留下学习的印记；交流分享环节，学生拍摄的图片、写下的文字，触动了大家的心弦。

"走进朗读亭""对比鉴赏""诗词里的扬州、杭州（扩展阅读）""行摄悟写（迁移）"等活动都是以学生活动为主体的。学生课余的投入、课堂的大胆展示，都是我和学生在语文课堂上长期配合和默契的体现。

四、我的教学主张

我的教学主张是在实践和变化中慢慢凝练而成的。

（一）探索期：在活动与落实中寻找教学主张，形成教学风格

2004年我毕业的时候，恰逢高一启用新教材。新教材新教法，当时提倡活动教学法，我们在实践中用得比较多的是以学习小组的形式进行学习、交流和分享。我就以活动教学为教学主张，初步为自己的教育风格定位为"快乐学语文"。

但是，因为太注重课堂气氛的活跃，我的教学成效不是很理想。我记得当时年级推荐我上一节公开课，教学的素材就是报纸上一份关于我们李浩仁主任的报道。公开课要求把报纸素材跟我们"人物传记"单元结合在一起上课。

那节课来了好多听课的学校领导和老师，然后我把这节课上得热闹无比，但是，我明显看到听课老师们凝重的脸色。

课后评课的时候，大家的意见是：如果这是一节语文课，请注意要保持语文的原汁原味。

我感恩这些及时雨一样的建议和帮助，让我在反思中进步。

（二）打磨期：在研读与思考中坚定主张，形成风格

失败后，我牢牢立足课堂，研读教材，设计教案，反思教学，形成自己悦人

育人、美悦课堂的教学风格。

1. 欣赏美

欣赏美，是我的课堂内容，是我悦人育人教学风格的载体。

教材内外，我力图带领学生通过文字认识语文世界的美，以及语文世界链接着的生活之美。例如，上《故乡的榕树》一课时，我在备课的时候深深地被文章的语言文字和精神世界打动了，可是，我马上想到我的学生，十五岁的少年，何处有乡愁？何处有此类体验？于是，我努力地寻找他们与文本的情感体验共鸣点，让他们从"家乡的美食"入手，按照《故乡的榕树》中一个段落的写法，寻找家乡之美。于是，我原本带领学生欣赏了美，结果学生又让我欣赏到了文本外的美。在他们的文字里，我读到了浓浓的"东莞之美"和"童年之美"，麻涌的香蕉、厚街的腊肠、大岭山的烧鹅……还有在妈妈单车后座故意捣蛋的趣闻、重阳节拜祭祖先的见闻……因此，我更加坚定自己的风格和追求，在自己的课堂里坚持悦人育人的风格，让师生都能在课堂上幸福享受语文。

2. 表达美

表达美，是我的课堂目标，是我悦人育人教学风格的呈现方式。

在我的课堂中，学生是主体，我给他们充分的自信和足够多的机会去表达他们感受到的、捕捉到的美。

学诸子百家的散文，跟先贤对话。为了让同学们愉悦地学习，能真正将先贤的精神链接到生活中为自己充电，我让同学们用做手抄报和写歌词等方式来整理自己的学习收获。

结果太让人惊喜了。学生们的手抄报内容充实，画面活泼。学生们依据他们喜欢的歌曲，把圣贤之言换成歌词，全班一起诵读、演唱。实在是太快乐、太幸福了。例如，《论语》中的"知者不惑，仁者不忧，勇者不惧"，被学生改编成"吉祥三宝版"的《论语三宝》，全班对唱，开怀欢笑，这真是太美好的课堂体验了。

3. 成为美

我追求的美悦课堂，就是追求学生都能成为美，成为一个能感受美、表达美，最终成为一个有美好心灵的人。

三尺讲台，是我一生之爱。我将继续走、继续爱！

五、他人眼中的我

我追求悦人育人的课堂，为此，我一直在路上，和学生在一起，和我的同事在一起。

（一）专家眼中的我

桂珍真能"作"！这个"作"是在课堂驾驭上，创意多，常常给人惊喜。

东莞市最美教师，东莞市第一中学语文教师　　刘向前

（二）同行眼中的我

庞桂珍老师的教学风格，我觉得可以用三句话来概括：创意创新、动情动人、朴实自然。

首先，庞老师教学设计的一大特点是创意无限。比如一节诗词赏析课，她可以让学生尝试创作并加以表演，可以通过朋友圈的形式评价赏析，还可以参考诗词大会的形式比赛。

其次，庞老师讲课情绪饱满，将对科学的热爱和追求融于对学生的关心、教导和期望之中，充满着对人的高度尊重和信赖，常常感动学生和听课老师。在庞老师的引导下，学生所获得的不仅仅是知识的训练价值，还包括人格、情感的陶冶价值。

最后，庞老师的课总让人感到亲切自然、朴实无华。庞老师与学生的课堂关系亦师亦友，师生之间在一种平等、协作、和谐的气氛下，进行默默的情感交流，将对知识的渴求和探索融于简朴、真实的教学情景之中。

东莞市第一中学语文教师　　曾德兴

庞桂珍老师教学风格多样，创意十足，活动丰富，精彩纷呈。庞老师重视开展自主合作探究学习，重视真实情境的创设和真实解决，将对语文学科的热爱和追求融入对学生的关心教导和期望之中，设置众多恰到好处的活动环节，激发学生的学习兴趣和求知欲，课堂气氛活跃，学生参与度高。

东莞市第一中学语文教师　　黄晓

（三）学生眼中的我

师生互动性强，庞老师常常在课堂中巧设议题，激发学生积极思考并主动参与讨论，课堂参与感十足。古诗、文言文等模块的讲解至今仍令我印象深刻，常常令台下的学生们有意犹未尽之感。教学趣味性强，并非一味地进行"满堂灌"，而是在课堂上结合粤剧、歌曲及朗诵等趣味教学方式，引导学生在充满乐趣的课堂活动中潜移默化地汲取知识内容。庞老师善于挖掘学生的个人潜力，她传递文化知识和培养学生道德兼备的教学方式令我至今难忘。庞老师是我成长道路上的一位值得敬佩与学习的榜样。

福建师范大学学生，东莞一中 2020 届学生　　谢彦

庞桂珍老师是一个柔和的、善于将教学的紧张与课后的放松相融合的老师。讲到故事类课文时，她让学生自己去改编演绎他们心中的主人公，展现出不一样的角色风味。评讲作文时，她下水作文，拉近与学生的距离，用细腻的笔触和温柔诚恳的建议激励每一位寻求作文突破的学生。

中山大学在校学生，东莞一中 2021 届学生　　蒋睿翔

点　评

庞桂珍老师温和而坚定，细腻而旷达。她的语文课堂创意无限，学生兴味盎然。在职业生涯的路上，她坚守初心，研读课标，反思教法，在学生心中种下一颗颗热爱语文、热爱生活的种子。"悦人育人，美悦课堂"是庞老师教学风格的生动写照。

广东第二师范学院教授　　闫德明博士

与时俱进，亦师亦友

叶劭峨（高中数学）

📝 **个人简介**

　　叶劭峨，女，中共党员，东莞市第一中学办公室副主任，中学数学一级教师，东莞市第二批教学能手，东莞市第四批学科带头人，广东省高中数学骨干教师，中国数学奥林匹克二级教练员，国家三级生涯规划师。2003年毕业至今都在东莞市一中学任职，上课幽默风趣，精心教研，多篇论文（教学设计）获省市奖项，多次教学比赛（优课、微课、说课）获一等奖，曾主持省级课题"基于网络学习社区与生活社区优势互补的高中数学学习模式"并结题，主持市级课题"基于微课的高中数学个性化学习的研究"并结题。

一、我的教学风格

（一）亦师亦友，趣味与情感教育渗透课堂

　　学生是永远会迸发出一种神奇的力量，让你惊喜、让你惊讶的群体！现在的学生动手能力强，新课标中需要探究的活动往往能完成得很好。在日常教学中，我一直重视能力的培养，所以能做到"随性"而不"随意"地上课，由此也跟学生的关系更紧密，做到亦师亦友。

1. 片段一：数学也可以坐着讲

　　那是某个星期二的最后一节课，我已经连续上了三节课，加上年龄大了，没有以前那么强壮，所以很疲惫地走进课室准备"站"第四节课！我对学生说："我已经站了三节课，很累了，所以这节课可能声音会小一点。"他们居然很自然地一齐说："我们也很累啊，连续坐了五节课！"听完我心里一凉，没良心的一群家伙，坐着也喊累！就在我准备"反击"的时候，灵机一动，这是一个难得的机遇啊，于是说："这样吧，既然大家都累了，那就换过来吧，你们站着，我坐着讲！"本来想吓唬一下他们，没想到五十三位学生居然一齐说："好啊！"于是在我喊了一声起立后他们都站了起来，我就坐着讲了。这是一节新课，讲零点的概念和零点存在的判定定理。概念部分还好讲解，因为课本有相关内容，我们可以一起研读，但需要强调和举例的时候总不能不板书呀，我把这个问题抛给

· 48 ·

了学生，他们说可以用实物投影，我就顺理成章地把课本投影出来，圈着该注意和重点的部分，然后拿一叠空白的纸在上面写例题和解答过程。

其间，有些同学坐下去了，我就揶揄他们没义气，他们说站着不太会写字，做完笔记就继续站着。好吧，放他们一马，还真自觉，每次写完了就站起来！

我以为这样子一搞就讲不完了，没想到课堂气氛是那样的好，每位同学的参与度都很高，不仅讲完该讲的还额外多做了练习，由于我得"坐"着讲，所以，练习部分是请同学在黑板上做并讲评。这真是一节意外收获的课啊！

2. 片段二：从折纸游戏到指数函数

课本上指数函数的引入是用了两个生活上的例子，实用性很强，但我觉得麻烦又耗时间，于是用折纸的游戏来引入，学生们一时兴趣大增，深入浅出地就引出指数函数了。这个游戏除了在数学上能引出指数函数，稍改动一下在心理学上也是一个很著名的游戏，同一个要求却有不同的结果，大家都是对的，体现出各人思维的不一样。当我在课后继续和他们玩这个游戏以及将其中蕴含的意义进行解释后，大家对我这位数学老师的敬佩之情还真呈指数爆炸型增长了。我觉得这个片段让我感受到数学不一定是枯燥地传授，加入一点趣味性更能激发潜能，同时除了学科教育更渗透了德育教育，这是最完美的模式。

3. 片段三：从猜物价到二分法

这个游戏的进行再加上采访大家是如何猜的过程虽然耗了十分钟，但把这个游戏的猜法分析透并进行优化后，二分法的理论基本就出来了，再结合课本上概括性的理论，大家一下子就反应过来，比传统教学更省时间，而且理论的内容也是深入浅出，在游戏过程中更无法忘记！猜对物价的同学直接领走礼物，我给他们送的是很实用的文具，而且数量很多，故我让同学们还要学会分享，可以把礼物分给其他同学，对同学们进行德育渗透。

（二）与时俱进，重视信息技术的结合

信息技术融合学科教学是未来教育的必然，运用信息技术可以在知识的抽象性和学生思维的形象性之间架起一座桥梁，优化课堂结构，使知识能多层次、多角度、直观形象地展示在学生的面前，极大地提高学习效率。

多媒体教学不只是课件的使用，而是在真正需要辅助的时候对不同工具的使用。比如在学习统计的时候需要收集数据，可以设置一个研究性的学习课题让他们自己完成，在这个过程中需要用到数据分析和作图，教会他们用 Excel，这就两方面的能力都有提升了。又比如在学习立体几何的时候有个题目是用一个面去截一个圆锥和圆台，问截面是不是等腰三角形和等腰梯形，很多同学想象不出"弯曲"的边，用网络画板作图，旋转一下，豁然开朗！

二、我的成长历程

二十三年前的我，懵懵懂懂地报读了师范学校，当时想着学费少，以后找工作也容易。现在想起来还是选对了，稳定的工作还是很重要啊！

大一和大二纯粹是学数学，还不知道上课是怎么一回事，到了大三才开始有导师指导上课，第一次上讲台的情形还历历在目。不是因为紧张，而是因为老师给我的点评印象太深刻了，他说："你怎么口上说的和黑板写的是一样的?!"当时很纳闷，写的和说的要不一样吗？一心二用？不会说错吗？不会写错吗？后来真正上了讲台后我一直琢磨着这句话，现在慢慢懂了，也慢慢地做到写和说不一样！

蓦然回首这十九年的教学经历，收获了很多。真的感谢一中的数学科组的老师们，他们是那么无私热情地手把手教一个小孩，我不敢说自己现在很厉害，但敢说我成长得很快，没有让大家失望！

记得 2006 年年底，当时还只是二级教师的我接到了一个很光荣的任务——组织我们科组的老师申请一个省级课题。这对于从未参与过课题的我来说是一个很大的挑战，而且"二级教师"是不够资格承担课题的，幸好有孟胜奇老师和陈青老师的推荐才勉强"够格"。没想到"基于网络学习社区与生活社区优势互补的高中数学学习模式"立项成功了。做课题不是一件轻松的事情，从开题报告到中期汇报，再到结题，每个过程都需要整理大量的材料，在开展课题的过程中还要不断地反思和调整，真的让我长知识了。对于信息技术与教学整合的这个内容，我觉得不能单纯理解为制作课件或者上网教学、辅导等，更应该重视怎样才能利用这种技术提高教学效率，而我们所做的课题只是冰山一角，虽然结题了，但我还会继续钻研这个方向的研究，要做到与时俱进，终生学习。

2019 年，我主持的市级课题"基于微课的高中数学个性化学习的研究"结题了，这几年参与了孟老师主持的"高中数学骨干教师专业发展力的研究"和"高中数学中培养学生发展力的研究与实践"两个课题，真真正正地从不同方面又学习和提升了很多。

上公开课是一种很好的锻炼，从我工作开始，基本上每年都会有公开课。参加市和省的上课、说课比赛也是一种锻炼。记得 2006 年参加市优质课比赛时，科组的老师一起听课、评课，给了我很多的意见，还直接上了一小段示范课给我看，整个科组的智慧都凝结起来，还好不负众望，拿了市和省的一等奖。孙老师给我的意见到现在我还一直影响着我，就是把上公开课的每一句话都先写下来，不是想着背出来，这样会很生硬，而是要检查语言是否精炼，用词是否合理，学科术语是否严谨。现在我不单在数学公开课会这么做，连上班会课或者开讲座时都用上，对于不太会"写"东西的我来讲是一种很好的锻炼。准备一次公开课要把课件、教案、学案都准备好，而且都要求详细和规范，上完后还得要反思和写总结、亮点、优点、缺点等，这都能触动我的心灵，提升我的能力。

近几年来，我的微课在全新的一个领域有所提升。我记得第一次接触微课这个词应该是在一个社交平台上，当时觉得这是个很好的学习途径，通过看微课，让我对很多没有接触过的外国教学模式有所了解。后来这个模式在东莞市全面普及，我也借此机会好好地尝试和学习了一下。微课一开始都是很粗糙的，但是到了比赛的层面就突然变得很高级了。除了用专业的录屏软件，现在还需要有专业的录音设备，要不效果就很差。我还是很容易就掌握这种技能，所以获奖那是必然的。不过我觉得这种形式是可以常态化的，所以，平时在教学中我还是用最简单的方式把微课做出来。

有一句话让我颇有感触："重要的不是你现在在什么位置，而是该朝什么位置移动！"我想我接下来应该更进一步地提高工作效率，把工作和家庭都照顾好，幸幸福福地工作，幸幸福福地生活！

三、我的教学实录

"函数的概念"教学设计

（一）内容与内容解析

1. 内容

人教 A 版（2019）《数学必修第一册》第 60—64 页 3.1.1 函数的概念第一课时。

2. 内容解析

函数是中学数学中最重要的基本概念之一，它贯穿于中学代数的始终，在初中阶段学生学习了具体函数，从初一用字母表示数开始引进了变量，使数学从静止的数的计算变成量的变化，而且变量之间也是相互联系、相互依存、相互制约的关系，变量间的这种依存性就引出了函数。

函数中蕴含着许多重要的数学模型。学习函数是学生进一步认识数学模型的重要过程，也是学生学会运用数学模型表述、思考和认识现实世界所蕴含的规律，学会数学表达和交流，发展数学应用意识和创新意识的过程。

基于以上分析，本节课的教学重点是建立"对应关系说"观点下用集合语言表述的函数概念，在此过程中培养学生的数学抽象素养。

（二）目标与目标解析

（1）在"变量说"的基础上，理解函数的"对应关系说"；

（2）经历函数概念的抽象过程，培养学生的抽象素养；

（3）在归纳过程中培养学生观察、类比的能力，提高直观想象和逻辑推理素养；

（4）从数学模型构成要素的角度认识具体函数，进一步加深对函数概念的认识。

（三）重点和难点

（1）重点：函数的概念和形成过程。

（2）难点：从不同的问题情境中提炼出函数要素，并由此得出抽象的函数概念，理解函数的对应关系 f。

（四）教学支持条件分析

使用多媒体播放 PPT，使用黑板进行传统板书和学生演练。

（五）教学过程设计

环节一：复习初中几种基本函数的解析式。

师生课堂实录：

师：在初中，我们学习了哪几种基本函数？

生：一次函数、二次函数和反比例函数。

师：其函数解析式分别是什么？

生：一次函数是 $y = kx + b$(其中 k、b 是常数，$k \neq 0$)，二次函数是 $y = ax^2 + bx + c$(其中 a、b、c 是常数，$a \neq 0$)，反比函数是 $y = \dfrac{k}{x}$(其中 k 是常数，$k \neq 0$)；

设计意图：复习初中常见常考的三种函数模型，为后面引出函数的概念做铺垫。

环节二：复习初中函数概念的定义。

师生课堂实录

师：初中对函数概念是怎样定义的？

生：一般地，在一个变化过程中，如果有两个变量 x 与 y，并且对于 x 的每一个确定的值，y 都有唯一确定的值与其对应，那么我们就说 x 是自变量，y 是 x 的函数。

设计意图：复习初中函数概念的定义，明确初中是使用"变量说"来定义的，以便与高中的"集合对应说"相对比。

环节三：利用认知冲突，引出高中使用"集合对应说"来定义函数。

师生课堂实录

师：（课件板书）引例1：$y = 1$ 是函数吗？

生：不是，都没有 x 呢。

师：$y = 1$ 是函数，是一个常数函数。

生：啊？可能吗？

师：初中使用的"变量说"无法解释它是一个函数了，所以，今天我想带领大家从集合的观点来认识函数。

设计意图：激发认知冲突，使学生感受到进一步研究函数的必要性。

环节四：通过两个实例的共同特征，概括出函数概念的本质特征，并能使用数学符号和精准语言描述函数的概念。

师生课堂实录：

师：（课件板书）引例2：某"复兴号"高速列车加速到 350 km/h 后保持匀速运行半小时。如果用 S 表示距离，t 表示时间，请问 S 和 t 之间有什么关系？

生：$S = 350t$。

师：有人说，"根据对应关系 $S = 350t$，这趟列车加速到 350 km/h 后，运行 1 h 前进了 350 km"，你认为这个说法正确吗？

生：不对，题目说保持了半小时，这里说一小时，不在范围内。

师：对了，S 和 t 关系应该是 $S = 350t, t \in [0, 0.5]$，时间是有限制的，如果把 t 的所有取值记作集合 A_1，把 S 的所有取值记作集合 B_1，我们如何精准地去描述这个关系呢？

生：（填空）对于非空数集 A_1 中的任一时刻 t，按照对应关系 $\underline{S = 350t}$ 在非空数集 B_1 中都有唯一确定的值 S 和它对应。

师：（课件板书）我们再看一个例子，引例3：某电器维修公司要求工人每周工作至少 1 天，至多不超过 6 天。如果公司确定的工资标准是每人每天 350 元，而且每周付一次工资，那么，你认为怎样确定一个工人每周的工资？一个人的工资 W（单位：元）是他工作天数 d 的函数吗？

生：是函数关系，$W = 350d, d \in \{1, 2, 3, 4, 5, 6\}, W \in \{350, 700, 1050, 1400, 1750, 2100\}$。

师：非常好，同学们能否模仿引例2，用精准的语言来描述这个函数关系呢？

生：把 d 的所有取值记作集合 A_2，把 W 的所有取值记作集合 B_2，对于非空数集 A_2 中的任一时刻 d，按照对应关系 $W = 350d$ 在非空数集 B_2 中都有唯一确定的值 W 和它对应。

师：上述两个函数有哪些共同特征？由此你能概括出函数概念的本质特征吗？（见表 6-1）

表6-1　函数概念的本质特征

引例	精准语言描述	符号语言（黑板板书）
引例2	对于非空数集 A_1 中的任一时刻 t ，按照对应关系 $S=350t$ 在非空数集 B_1 中都有唯一确定的值 S 和它对应	$A_1 \xrightarrow{\text{对应关系 } S=350t} B_1$
引例3	对于非空数集 A_2 中的任一时刻 d ，按照对应关系 $W=350d$ 在非空数集 B_2 中都有唯一确定的值 W 和它对应	$A_2 \xrightarrow{\text{对应关系 } W=350d} B_2$

生1：共同特征是每个例子中都有两个集合。

生2：共同特征是有对应关系。

生3：集合 A 中的元素通过对应关系得到的元素属于集合 B 。

师：三位同学回答得很好，下面，我们用类似于"提取公因数"的思维，用精准的语言来归纳出函数的概念，我们一起来完成以下填空。

生：设 A ， B 是非空的实数集，如果对于集合 A 中任意一个数 x ，按照某种确定的对应关系 f 在集合 B 中都有唯一的数 y 和它对应，那么就称 $f:A \to B$ 为集合 A 到集合 B 的一个函数，记作 $y=f(x),x \in A$ 。

师：其中， x 叫自变量， x 的取值范围 A 叫做函数的定义域；与 x 的值相对应的 y 值叫做函数值，函数值的集合 $\{f(x) \mid x \in A\}$ 叫做函数的值域，函数三要素：定义域、对应关系和值域。

设计意图：①通过数学符号让学生直观感受"集合与集合对应"；②通过表格的形式引导学生找出数学符号和文字上的共同特征；③通过以上引导能够让学生"轻松"地用集合的观点概括出函数的概念。

环节五：解决"引例1： $y=1$ 是函数吗？"的认知冲突。

师生课堂实录：

师：现在，我们再回来看看刚上课时提出的这个问题： $y=1$ 是函数吗？

生：是。

师：为什么呢？

生：非空数集 R 中任意一个数，通过对应关系 $y=1$ ，在集合 $B=\{1\}$ 中都有唯一的数与之对应。

师：非常好。

设计意图：把初中函数的"变量说"与高中的"集合对应说"对比，在具体函数中体会"对应"观点下函数思想的本质。

环节六：通过三个例子辨析函数的概念。

师生课堂实录：

师：（课件板书）例1：图6−1是北京市2016年11月23日的空气质量指数（Air Quality Index，简称AQI）变化图，如何根据该图确定这一天内任一时刻 t h 空气质量指数（AQI）的值 I？你认为这里 I 是 t 的函数吗？

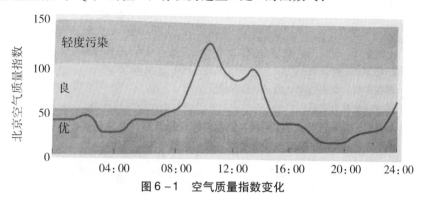

图6−1　空气质量指数变化

生4：是函数关系，把 t 的所有取值记作集合 A，把 I 的所有取值记作集合 B，对于非空数集 A 中的任一时刻 t，按照对应关系在非空数集 B 中都有唯一确定的值 I 和它对应。

师：很好，请问这个例子中的对应关系是什么？

生4：图6−1。

师：图能作为一个对应关系吗？

生4：可以的，通过这个图，可以把任一时刻 t 所对应的 I 值读出来。

师：如何读出来，能上黑板演示一下吗？

生4：（多媒体机上作图）通过这种方法可以实现。

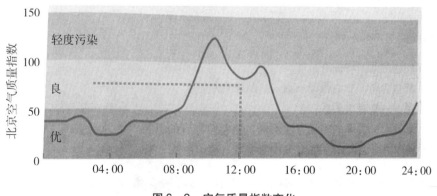

图6−2　空气质量指数变化

师：图6−2中可以看到纵坐标的范围是 $[0,150]$，如果集合 $B' = [0,$

150〕，请问值域是 B' 吗？

生4：不是，曲线中最高的点的纵坐标没有150。

师：对了，我们把 B' 叫做函数值所在的集合，显然值域 B 是 B' 的子集。

师：我们看下一个例子：国际上常用恩格尔系数 r（ $r = \dfrac{食物支出金额}{总支出金额} \times 100\%$ ）反映一个地区人民生活质量的高低，恩格尔系数越低，生活质量越高。表6-2是我国某城镇居民恩格尔系数变化情况，从中可以看出，该省城镇居民的生活质量越来越高。你认为这里年份 y 是 r 的函数吗？

表6-2　我国某省城镇居民恩格尔系数变化情况

年份 y	2006	2007	2008	2009	2010	2011	2012	2013	2014	2015
恩格尔系数 r（%）	36.69	36.81	38.17	35.69	35.15	33.53	33.87	29.89	29.36	28.57

生5：是函数关系，把 y 的所有取值记作集合 A ，把 r 的所有取值记作集合 B ，对于非空数集 A 中的任一元素 y ，按照对应关系在非空数集 B 中都有唯一确定的值 r 和它对应。

师：请说出定义域和对应关系。

生5：定义域 A = ｛2006，2007，2008，2009，2010，2011，2012，2013，2014，2015｝，对应关系是表6-2。

师：非常好，表格也可以作为对应关系，请问你的名字和你月考总分之间能构成一个函数吗？

生6：不能，名字构成的集合并不是一个非空数集。

设计意图：①运用概念、理解概念；②深刻理解对应关系 f 的真正含义，可以是解析式、图像、表格等。

环节七：通过实例理解如何判断两个函数是否为同一个函数。

师生课堂实录：

师：我们知道函数的三要素是定义域、对应关系和值域，如果需要判断两个函数是否相等，则需要辨清他们的三要素是否都一样，我们从上面的例子中知道值域是定义域根据对应关系得出来的数集，所以我们只需要判断定义域和对应关系就行了。

（课件显示）下列函数中哪个函数与函数 $y = x$ 是同一个函数？

（1） $y = (\sqrt{x})^2$ ；（2） $u = \sqrt[3]{v^3}$ ；（3） $y = \sqrt{x^2}$ ；（4） $m = \dfrac{n^2}{n}$ 。

（教师板书） $y = x$ 的定义域是 R ，对应关系是 $y = x$ ，（1）中的定义域是

$\{x \mid x \geq 0\}$，定义域不一样，所以，（1）$y = (\sqrt{x})^2$ 与 $y = x$ 不是同一个函数。下面，有请同学们自己在草稿纸上完成（2）、（3）、（4）的判断。

生7：上黑板演示。

生8：上黑板演示。

生9：上黑板演示。

设计意图：根据函数的概念明确函数三要素的重要性以及应用。

环节八：通过开放式例子构建生活情景。

师生课堂实录：

师：刚才我们都是在已知情境下来判断函数关系，我们是否能逆向思维地尝试构建一个问题情境，使其中的变量关系可以用解析式 $y = x(10 - x)$ 来描述？

生10：如果把一个周长为20的矩形的长记为 x，求面积 y 与 x 的关系。

师：非常棒，还有其他的想法吗？

生11：如果把 x 记作售价，把 $10 - x$ 记作销售量，则总收入就可以用 $y = x(10 - x)$ 来表示。

师：什么情况下 $10 - x$ 可以记作销售量呀？

生11：我更正一下，如果把 x 记作售价增加量，原销售量为10，售价每增加1销售量就减少1。

师：非常棒。

设计意图：从抽象到具体的过程，也可以看成不同表示方式之间的相互转换，使学生体会函数的三要素以及一个函数表达式的广泛应用性。

环节九：课堂小结。

师生课堂实录

师：（课件见图6-3）

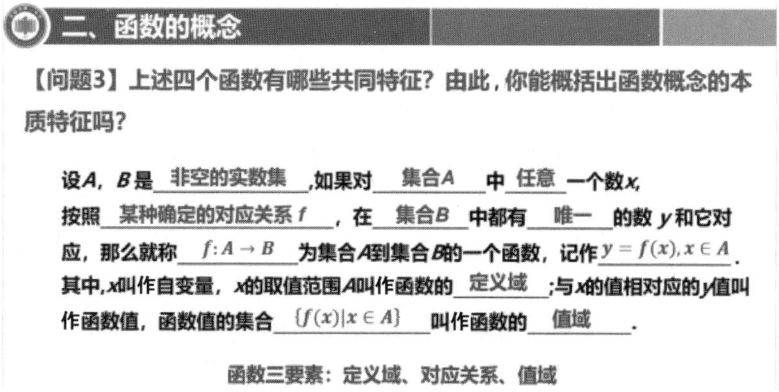

图6-3 课件实录

（1）我们回顾一下今天这节课做了什么。我们从初中的常见函数和定义出发，然后发现用初中函数的定义不能解释 $y = 1$ 是函数，从而引出了今天的这节课。我们通过两个例子找出共同特征，用精准的语言表达出函数的概念，有了概念后就对概念进行辨析和运用，用流程图来表达如下：具体问题→共同特征→抽象概念→概念表示→运用概念；

（2）函数概念的本质特征，采用"集合—对应"的语言刻画函数概念。

（六）目标检测设计

作业：课本第 63 - 64 页 练习 1、2、3、4。

设计意图：巩固函数的概念的精准表述，从抽象到具体，从具体到抽象，明确和巩固函数的三要素。

（七）参考文献

[1] 史宁中，王尚志．普通高中数学课程标准（2017 版）解读［M］．北京：高等教育出版社，2018．

四、我的教学主张

（一）培养综合素养高的学生

在普通高中，大家都面临着高考的压力，所以从高一开始都猛抓学习，注重成绩，但我是个另类，从第一节课一直到高考前，我从来没提过成绩有多重要。我比较重视学生的综合素养，尤其是班主任和其他科任教师一起抓的话，效果更佳。高一新生入学的第一课，我给他们介绍数学是什么，数学的用途是什么，高中数学课程的设置，以及数学的"好玩"之处，当然同时也会强调教学学习的苦和累！

带了六届学生了，感觉自己的这个想法还是挺对的，现在社会需要的应该就是综合素质强的人，从思想上让他们知道各方面都需要锻炼的话，学生一定也会重视学习的。

（二）有教无类，不落下一个学生

能考到我们学校的学生都有相应的能力，但是不代表他们没有差异，有些初中很优秀的小孩上了高中不一定能适应得过来，对比之下肯定会有"后进生"，而课堂上也无法全面照顾到每一个学生，所以，有些小孩就从此一蹶不振。我记得老校长给我们讲过一句话，到现在印象还很深刻："一个学生对老师来讲是五十分之一，但对于一个家庭来讲就是百分之一百！"所以，到现在我都认为有教无类，不能落下任何一个学生。

五、他人眼中的我

（一）专家眼中的我

叶劭峨老师治学严谨，功底扎实，富有激情，语言生动，教学深入浅出，突出本质，效果良好；对学生循循善诱，要求严格，耐心细致；为人善良，正直平和，乐于助人！

东莞市数学教研员　　易文辉

（二）同行眼中的我

阳光开朗，温柔与睿智，文武皆能，这就是我们的叶劭峨级长。她是新时代的新型教师，不管是学科教学还是主题班会，她始终能够用很独特的方法与素材带着学生在学中玩、玩中学，让学生从不同的角度去理解问题、提升思想，让学生能大胆地展示自己和表达自己。

东莞市第一中学数学教师　　廖少良

（三）学生眼中的我

叶劭峨老师在我心中不只局限于老师的角色，还是朋友，像一个大姐姐的存在。

东莞市第一中学 2015 届学生　　张智宏

 点　　评

叶劭峨老师的课堂是学科与趣味相结合，情感教育渗透其中，契合了"立德树人"的教育理念，展示了其教育情怀！

广东第二师范学院教授　　闫德明博士

重过程轻结论，重思想轻技巧

张小华（高中数学）

个人简介

张小华，女，东莞市第一中学数学老师，2004 年毕业于华南师范大学数学与应用数学专业，东莞市第四批高中数学教学能手，多次荣获校优秀教师、优秀班主任、优秀共产党员等称号，多篇论文在省级以上刊物发表，主持市级课题"高中数学例题教学智慧课堂的实践与策略研究"，并有省级和市级课题多个。

一、我的教学风格解读

教师教学风格是教师课堂教学的魅力所在，它受学校人文环境、教师个人性格特点和思维方式，以及学科特色等因素的影响。

在梳理我的教学风格的过程中，我重新观看了自己的课堂教学实录，与同事同行切磋，与学生交流，然后归纳反思，最终逐渐提炼出我的教学风格——重过程轻结论，重思想轻技巧。

（一）重过程轻结论

德国教育家赫尔巴特（Johann Friedrich Herbart）认为，真正的学习与课程，意味着登山式的挑战与冲刺。数学老师就像是一个登山队的领队，带领学生攀越一座又一座高山，并领略沿途的风景。教师不能像坐缆车一样，把学生一步到位地送到景点，而是要带领学生全身心地投入，参与整个攀登的过程。在面对一系列挑战性问题时，通过探究与体验，理解数学知识的核心，把握数学的思维方式，掌握数学的本质。

（二）重思想轻技巧

《老子》有云："为学日益，为道日损；损之又损，以至于无为，无为而无不为。"对于数学学习而言，不能仅仅满足于具体知识的学习和"一题一法"小技巧的获得，更要追求蕴藏在知识与技能中的数学思想的提炼和数学思维的锤炼。

数学学习没有捷径。就像一个新手司机，在错综复杂的城市街道间穿梭，在坑洼泥泞的乡间小路上跋涉，在弯曲陡峭的山路上攀爬，只有经历过如此种种的磨练才能成为道路的主人。数学课堂的全程参与，数学学习的真实发生，让数学思想的渗透、数学思维能力的提高、数学核心素养的提升成为可能。

二、我的成长历程

（一）向往教坛，从耳濡目染到立志从教

1. 第一个关键人物

我的父亲。我的父亲是一名在讲台上站了近四十年的人民教师。他从二十岁左右起就一直在我们村的小学任教，二十世纪七八十年代早期，农民家庭的经济状况不太好，我父亲经常会帮一些经济困难的学生垫交学费。那时候，普通民众对教育并不是太重视，调皮捣蛋的学生尤其多，我父亲对学生一向一视同仁，对后进生给予了很多的关爱，后来这些学生都与我父亲保持着亦师亦友的关系。父亲的言传身教，给我留下了十分正面的影响，一个"当教师"的梦想也在我心里悄悄地萌芽。

2. 立志从教

"长大后我就成了你。"为了实现这个理想，我一直严于律己，勤奋读书，以优秀的成绩考上华南师范大学数学系。在大学期间，我珍惜学习机会，利用好每一分钟，为自己积攒力量，期待他日登上讲台，能发光发热。

（二）初登教坛，从被动授课到主动探索

1. 第二个关键人物

哈安寿。2004 年，我大学毕业来到东莞市第一中学任教，那时哈安寿老师正是我们数学科组的科组长。他是一个对待学术严谨求真的研究型教师。2005年到 2007 年，我与哈老师在同一个备课组、同一个办公室办公。我经常看到哈老师在学生放学后仍留在小房间废寝忘食地钻研教材，也经常看到哈老师与备课组的其他长辈，为了一个数学问题争得面红耳赤。最初的一两年，尽管资历浅薄的我不敢在长辈面前班门弄斧，但也暗暗下了决心：要不断提高自己的业务水平。后来，我在教学中慢慢总结经验与方法，遇到专业问题时深入思考，处理问题时一丝不苟。渐渐地，我也能参与到长辈们的讨论中，也从参与讨论的过程中体会到成长的快乐。哈老师让我学会了做一个严谨的教书匠。

2. 主动探索各种课堂模式和教学方法，提高课堂质量

参加工作的第二年，陈青老师开展了"数学发现法教学及其课堂实施策略"课题研究。我作为课题组的成员，在参与课题的过程中，逐渐认识到探索课堂模式和研究教学方法的必要性。于是，我购买了这方面的一些书籍，理论结合实践地进行探索，后来在华南师范大学数学系主办的《中学数学研究》上发表了文章《数学课堂提问存在的误区》，这成了我这一阶段研究的成果。

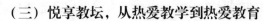

（三）悦享教坛，从热爱教学到热爱教育

1. 第三个关键人物

魏朝霞。魏老师的教学生涯就是一部人民教师勤勤恳恳坚守岗位、关爱学生、关注学生成长的简史。

2007—2008 学年，我与魏朝霞老师第一次在同一个办公室办公，魏老师是一个愿意与他人交流想法、分享成果的前辈。魏老师经常对教学上的一些问题提出自己独特的见解，她的这些见解充满了理性的思考，闪烁着智慧之光。她对学生的热爱、对教育的热忱更是深深感染了我。魏老师使我认识到要做一个智慧的数学老师。

2. 热爱教学未必能搞好教育，热爱教育一定能搞好教学

很多数学老师都非常热爱自己的课堂，总是力争把最精彩的课堂奉献给学生。但是，有些老师不做班主任多年之后，容易犯"重教学轻教育"的问题。传道授业解惑固然重要，但教会学生明事理、辨真伪、知荣辱更是重中之重。所以，我在我的课堂上会更加重视对学生学习习惯、行为习惯、学习品质的引导，同时渗透传播数学文化、倡导爱国精神等。

（四）耕耘教坛，从自我积累走向自主研发

1. 第四个关键人物

叶劭峨。叶劭峨老师是比我早一年毕业的华南师范大学数学系的师姐。叶老师在工作上非常有激情，任何时候都是精神百倍，充满正能量。叶老师在 2016年到 2019 期间开展了一个名为"基于微课的学生个性化学习"的课题。我作为该课题组的成员，积极参与课题的研究，先后录制了多个微课和优课，并荣获了多个奖项。在叶老师的带领下，我们课题组的成员对与教学相关的网络平台都有了更深入的研究，信息技术能力也有了很大的提高。叶老师在工作上的激情澎湃更是感染了我，使我时时刻刻保持一颗积极向上、热情饱满的心。

2. 注重研发，关注校本课程的开发

我积极参与学校的校本课程工作。在学校的"智慧教室"，依托辅助软件、利用平板电脑对学生进行教学，形式新颖，吸引了众多学生。我还积极参加东莞慕课平台的课程开发。2020 年，我的一个慕课课程"高二数学先修课"，荣获了第二届东莞慕课应用平台大赛（普通高中应用类）一等奖。随着网络技术的发展和课堂教学环境的提升，我着力于研究信息技术与学科教学的融合。2019 年到 2022 年，我主持了市级课题"高中数学例题教学智慧课堂的实践与策略研究"。2023 年 1 月，我被广东省教育厅评为"2022 年度广东省网络学习空间应用普及活动优秀老师"。

（五）坚守教坛，从提升自我走向分享交流

1. 第五个关键人物

孟胜奇。孟老师是我们数学科组的一位灵魂人物，他既是一名特级老师，也是一名正高级教师，更是省名师工作室的主持人。孟老师主持的工作室经常开展专家讲座、名师课堂等活动。在这些活动中，我有时是一个宁静的旁听者，有时是一个积极参与讨论的发言人，有时是一个参加同课异构的授课老师。这些活动形式多样，内容丰富充实，我在参与这些活动的过程中收获了很多，学到了先进的教学理念和有效的教学方法。

2. 打开门，收进来；走出去，带进来

庄子云："吾生也有涯，而知也无涯。"教师既要关注自我积累、自我成长，还要注重与他人分享交流，取长补短。孟老师的省名师工作室的活动，打开了校门，促使名师专家的到来，并带来了一些新的理念和成功的经验，通过把这些理念和经验尽收囊中，我收获了很多！另外，还要走出去，到别的学校去学习。参与其他学校的校园开放日活动，参加市里组织的高考分析会等。通过学习，了解其他学校的备考策略和方法，聆听经验丰富、善于钻研的同行剖析，在交流与碰撞中加深对学科教学的理解。

学无止境，有关我成长历程的故事，仍在书写。

三、我的教学实例

以动制静，动之以形，晓之以理

——以提升数学核心素养为目的，利用网络画板辅助圆锥曲线

定点问题教学案例

2021届高三第一轮复习开始的时候，我们沿用学校一贯的做法，采用滚动的方式进行每周周测。但是下面这道题：

（2019年全国Ⅲ卷第21题）已知曲线 $C:y=\dfrac{x^2}{2}$，D 为直线 $y=-\dfrac{1}{2}$ 上的动点，过 D 作 C 的两条切线，切点分别为 A，B。

（1）证明直线 AB 过定点；

（2）略。

我们在第一次周测的时候发现，全级的学生做第（1）小问的效果很不理想。然后在第四周又测了一下，发现改善不多。这是为什么呢？

在备课组集体备课的时候，我把这个问题提出来讨论。老师们归结的原因集中在以下三点：一是学生还没有全面复习圆锥曲线，知识的遗忘率比较高；二是学生对周测重视不足，没有对错题反复咀嚼消化；三是学生的数学核心素养太低，尤其是逻辑推理、数学运算和数学抽象的能力。有些老师觉得这个问题是没

有办法解决的，毕竟数学核心素养的提升也是讲究"天时地利人和"的；有些老师认为多讲解几次，重复就是力量，应该能逐步消除"学困生"；更有老师提出，干脆让学生记住结论算了！尽管在备课组会议上，大家针对这个教学中出现的难点，进行了热烈的讨论，但是并没有形成统一有效的方法。

大家或许是怀着一种恨铁不成钢的无奈，或许是抱着"后面复习圆锥曲线就会好了"的奢望，又或许是不厌其烦地再多讲几次。教无定法，遇到问题唯有不断地探索。

第八周，"不死心"的老师又把这个问题拿出来测了一下，发现还是不尽如人意。虽然学生的正确率有了一点点的提高，但是反复考、反复讲，不排除真的是有不少的学生仅仅是记住了答案！学生并没有完全理解这个问题，更谈不上数学核心素养的提升了。

在评讲第八周测试这道题的时候，我的心情非常低落，对学生有很大的不满，心里的不满转化成了不耐烦的言语："你们为什么这样呢？我讲了三四遍了，还是错，真是让人绝望！"话一出口，我就后悔了，说到绝望，这打击的不仅仅是我自己，更是打击了学生的信心啊！

下课后，我懊悔地低头走路，脑海里不断地重复我刚才的话。突然，一个烧瓶架撞到我的胸前，叮叮当当的，摇摇晃晃的烧瓶眼看就要掉下来了，幸好旁边的学生及时拉住了我，才避免了一场"灾难"。化学老师很无奈地说："我手里拿着这个架子，也没有办法看远处，不过我一路上都有提醒大家注意，只是你好像没有听到……"化学老师的话让我恍然大悟：尽管化学老师采用了一种非常常见的信息传递方式——声音，但是对于沉浸在思考问题中的我来说，这个信息是完全被屏蔽掉的。类推到这个定点问题的教学中，是不是也有类似的情况呢？学生对于方程与曲线的关系，本来就没有很好的理解，老师在讲解这个问题的时候，还是从方程与曲线的关系的角度进行分析，就等于是"用一个难点来解析另一个难点"，这样一种方式，必然也导致学生对老师的信息"自动屏蔽"。所以，寻求另一种区别于传统方法的更有效的方式来讲解才是当务之急。

既然是要区别于传统的教学方法，那么，何不采用信息技术来辅助教学呢？于是，我打开网络画板，制作了一个点 D 可以拖动的活页。

通过拖动 D 点，形成直线 AB 的动态图象（见图 7 - 1），学生可以通过图象，直观形象地看到直线 AB 经过定点 C，同时也有助于学生理解方程与曲线的关系，培养学生直观想象的核心素养。

为了进一步提高学生对这个定点问题本质的理解，我把抛物线方程改成 C：$y = \dfrac{x^2}{2p}$，启发学生进行大胆猜想，再引导学生合作讨论，演绎推理，得到一个更为一般性的结论。

已知曲线 $C: y = \dfrac{x^2}{2}$，D 为直线 $y = -\dfrac{1}{2}$ 上的动点，过 D 作 C 的两条切线，切点分别为 A，B.

（1）证明：直线 AB 过定点；

（2）略

已知曲线 $C: y = \dfrac{x^2}{2p}$，D 为直线 $y = -\dfrac{1}{2}$ 上的动点，过 D 作 C 的两条切线，切点分别为 A，B.

（1）证明：直线 AB 过定点；

（2）略

已知曲线 $C: y = \dfrac{x^2}{2p}$，D 为直线 $y = -\dfrac{1}{2}$ 上的动点，过 D 作 C 的两条切线，切点分别为 A，B.

（1）证明：直线 AB 过定点；

（2）略

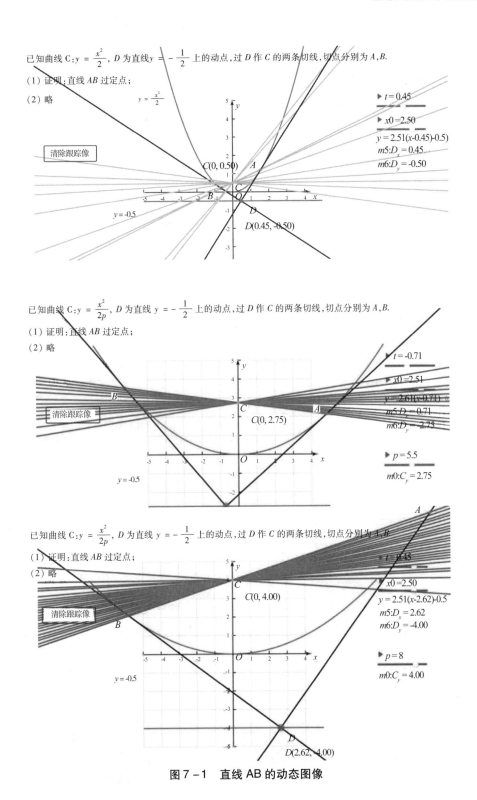

图 7-1　直线 AB 的动态图像

上面的两个图，与前面图相比，增加了变量 p，改变 p 的值，拖动 D 点，会得到相应的定点 C 的坐标。例如，当 $p = 5.5$ 时，C 的坐标为（0，2.75），当 $p = 8$ 时，C 的坐标为（0，4）。

利用网络画板，一方面是让抽象的数学变得直观形象；另一方面，教师引导学生进行结论推导的时候，网络画板可以及时验证学生的猜想，留给学生更多的探究时间，提高课堂教学的效率，学生也在"算、证、验"的主体活动中，提高了直观想象、数学运算和逻辑推理的核心素养。

有了这次经验，后来在讲解 2020 年全国 1 卷 20 题这个定点问题（见图 7－2）时，我也利用了网络画板辅助教学。我还把长半轴 a 改成变量，通过拖动改变 a 的值，得到不同的定点 H。这样，学生就不仅是学了一个题，而是学了一类题。

20. 已知 A, B 分别为椭圆 $E: \dfrac{x^2}{a^2} + y^2, = 1(a > 1)$ 的左、右顶点，G 为 E 上顶点，$\overrightarrow{AG} \cdot \overrightarrow{GB} = 8$。$P$ 为直线，$x = 6$ 上的动点，PA 与 E 的另一交点为 C，PB 与 E 的另一交点为 D.

（1）求 E 的方程

（2）证明：直线 CD 过定点。

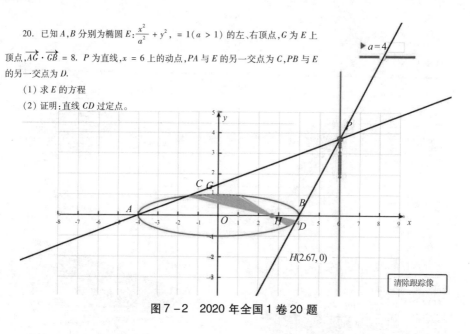

图 7－2　2020 年全国 1 卷 20 题

事实上，圆锥曲线的很多二级结论，有些教师考虑到推导每一个结论都需要花费不少的时间，就会选择把结论直接告诉学生，让学生记下来。这样一种重结论轻过程的教学方法，有时能看到短期的效果，长期来讲是不利于学生的发展的。学生的能力一定是在不断参与探究活动、持续积累活动经验的过程中培养起来的。

这是我从教第十七年发生的一个教学案例。对于一个已有十六年教龄的老师来说，在传统课堂上对常见教学问题的处理，已经是驾轻就熟。经验的积累使课堂教学组织有序，教学过程流畅可控，也达到一定的教学效果。但是，基于经验的教学预设和教学方式也存在不少的弊端。教学理念要与时俱进，教学方法要紧跟时代的发展。从教二十年来，尽管数学思想和数学方法并没有发生质的改变，但是，数学思想的渗透方式，数学方法的传授过程，却是随着时代，尤其是信息技术的发展而改变。教师不能躺在经验的温床上，要秉持终身学习的理念，不断更新教学理念，学习新的教学方法和教学手段，以适应时代发展的要求，培养更能符合时代发展要求的人才。

四、我的教学主张

高中数学以其内容多、难度大的特点，在初中数学基础上实现了"跨越发展"，又在高中几个科目中"脱颖而出"，她成了学生心目中既爱慕向往又遥不可及的"高冷女神"！数学老师是联系"女神"与学子的"红娘"。"红娘"一方面要协助学子看清自己的内心，理清自己的思维特点和学习方式；另一方面要帮助学子们透过数学问题，看到"女神"的内心和本质；还要创造条件和情境，让学子在与"女神"的交流中获得良好的活动经验。因此，我的教学主张是——尊重学生思维特点的差异，重视学生数学思想的培养，关注学生数学基本活动经验的获得。

（一）尊重学生思维特点的差异

高中生并不是一张白纸，他们经历了教学方式不尽相同的九年义务教育，接受了社会、家庭和学校三位一体的环境熏陶，他们已然形成了对待世界的基本态度，形成了面对问题的基本思维方式，形成了或符合、或不符合自己的学习方法。

作为一名数学老师，我们要认真分析每一位学生的思维、记忆特点，挖掘这些特点在数学学习过程中可能出现的普适性和效率性。通过信息反馈，动态跟进，把握和改善学生的思维特点和学习方式，将学情和教学联系起来。我通常的做法是：对于我新接手的一个班级，我会在第一个月内尽量将书面作业布置成解答题的形式，要求学生书写详细过程，所有作业详批详改，尽量发现同学们在解决数学问题上反应出来的数学思维方式和特点的差异，对于一些违背科学性、逻辑性的思维方式，通过面对面的方式进行指导。

一段时间后，我会综合学生的作业反馈情况、课堂反馈情况和课后交流反馈信息，对班级学生的思维特点进行分类，随后在课堂教学、作业布置和课后辅导等环节，我会根据学生思维特点的差异进行个性化教学。当然，分类的结果是动态的，学生在学习的过程中，思维特点和学习方式也在不断改进中，教师要持续关注和引导。

（二）重视学生数学思想的培养

数学思想，是指现实世界的空间形式和数量关系反映到人们的意识之中，经过思维活动而产生的结果。数学思想是对数学事实与理论经过概括后产生的本质

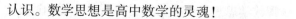

认识。数学思想是高中数学的灵魂！

高中数学：函数思想、方程思想、换元思想、数形结合思想、整体代换思想、归纳推理思想和建模思想等。这些思想就像是数学学习的工具，它们运用于高中数学的几大知识板块之中，披荆斩棘，所向披靡！

掌握数学思想，就是掌握数学的精髓。数学教师要重视学生数学思想方法的培养。掌握数学思想方法，才真正掌握了"数学地"思考问题和解决问题的能力。正如日本著名数学教育家米山国藏所说，在学校学的数学知识，毕业后若没什么机会去用，一两年后，很快就忘掉了。然而，不管他们从事什么工作，唯有深深铭刻在心中的数学的精神，数学的思维方法、研究方法、推理方法和看问题的着眼点等（若培养了这方面的素质的话），却随时随地发生作用，使他们终生受益。

（三）关注学生数学基本活动经验的获得

《高中数学课程标准》在"基础知识""基本技能"的基础上，增加了"基本思想""基本活动经验"，把以往数学教学中的"双基"变成"四基"。教师在开展高中数学教学时，对学生的数学基本活动经验进行培养是新课改所面临的一个重要课题。

数学基本活动经验指的是学生基于以前所学的知识进行演绎和推理，同时进行归纳而形成的学习经验。数学学习不是一个被动接受的过程，而是一个以已知的知识和经验为基础主动建构的过程。

在帮助学生获得数学基本活动经验方面有三个常见的误区：①忽视积累经验的价值。有不少老师会认为体现事物之间联系、体现知识形成过程的数学活动是低效的，不能体现在分数上，从而在课堂教学方式上会选择屏蔽学生的活动；②将学生活动定义为学生动手能力。有一些老师不能从本质上理解数学活动经验的价值，为了活动而活动，最常见的就是形式上让学生讨论，但是设置讨论的问题没有层次性和启发性，有时候给学生讨论的时间也过短，学生根本不知所云，随便做个样子说几句；③缺乏对数学基本活动经验的理性分析和科学总结。学生在数学活动后，会有各种各样的体会，既会有情感态度价值观方面的体验，也会有过程与方法方面的收获，教师需要在活动后对活动的情况和学生的表现进行一些总结和升华，教会学生自主学习。

在课堂教学上，我注重学生活动经验的获得，用得比较多的促进学生积累数学基本活动经验的教学策略有四种：动机激发策略、活动引领策略、激励性评价策略和经验积累策略。

"数学女神"的高冷在于她符号表达的形式化、逻辑推理的严谨性、归纳总结的抽象性、运算求解的复杂性……破除所有这些冰冷印象，数学老师要做的就是营造一个和谐的课堂，根据学生思维特点，创设有效的活动，积累学生的活动经验，培养学生的思维能力，让学生走进"数学女神"的内心！

五、他人眼中的我

（一）专家眼中的我

我与张小华老师共事十多年，她是我名师工作室的学员，也是工作室优秀培养对象。她的课堂贴近学情，精彩纷呈。她通过具体问题，巩固知识，提炼方法，熟悉策略，升华思想；她引导有方法，启迪有智慧，讲解很深刻。这些足以彰显张小华老师扎实的学科功底和娴熟的教学艺术，彰显出东莞一中作为国家级示范性高中的强大实力与坚实地位。

广东省名师工作室主持人、正高级教师　　孟胜奇

（二）同行眼中的我

现在的高中数学课堂上，很多老师为了所谓的"效率"，不愿意在概念的形成、公式的推导过程等环节上"浪费时间"。张老师在课堂上能够关注概念的形成过程，也能引导学生探究问题，经历公式的获得过程，这是难能可贵的。

东莞市教育局教研室数学教研员　　于涛

（三）学生眼中的我

那些圆锥曲线的二级结论，老师硬是一个个引导我们推出来，当时觉得好像很浪费时间啊，后来有一次考试，我真的忘了结论，考场上三下五除二就推出来了，服不服？

东莞市第一中学 2021 届学生　　徐婕

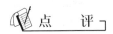 点　　评

张老师于扎根乡村任教的父亲耳濡目染中立志从教，又从德艺双馨的同事辐射引领下坚定教育信念，更是在耕耘教坛的日积月累中形成自己的教学主张和教学风格。她的教学风格和教学主张体现了鲜明的理科教学特点，展示了"教的智慧"和"智慧地教"！教学实例更体现了信息技术与数学学科教学的融合，适应时代发展的要求。

广东第二师范学院教授　　闫德明博士

灵动思维，涓涓育人

陈立（高中英语）

个人简介

陈立，女，中学一级教师。2009年东莞市青年教师基本功大赛第一名，2014年东莞市首批高中英语教学能手，2016年广东省首届高中青年教师教学竞赛一等奖获得者（英语科第一名）；校优秀班主任、优秀教师，校科研积极分子，"东莞市中小学（幼儿园）见习教师规范化培训"讲师；多篇教学论文获国家级和省、市级奖励；制作的微课、优课、慕课多次获国家、省、市奖项。

一、我的教学风格解读

所谓教学风格，是教师在长期教学实践中逐步形成的，富有成效的教学观点、教学技巧和教学作风的独特结合和表现，是教学工作个性化的稳定状态之标志。看过教学风格的定义，细细思索从教十九年的教学经历，可以说，我的从教之路经历了最初所追求的繁华似锦、喧嚣绚烂，直至最终从活动多于思考、形式大于内容、感性超越理性、华丽胜过朴实的教学误区中走出来，以鲜活的学习材料、深刻的生活内涵、有效的学习活动，展示了英语课堂的理性回归。繁华落尽归于平淡，洗尽铅华方显本色。我的教学风格可以总结为：灵动思维，涓涓育人。

（一）灵动思维

时光荏苒，耕耘教坛十九年，我一直在努力追求心目中理想的境界：让英语课堂散发思维灵动的气息。"思维"是指学生在学习中遇到问题时的所思、所想。"灵动"一词的本义是活泼不板，富有变化。在教学中，一方面要求教师灵活处理教材，运用恰当的教学方法和手段，让教学思维灵活化；另一方面要求学生在课堂中灵活、灵巧、灵通。我认为，只有通过情境创设、问题预设等方式让学生去思考、实践，才能让课堂变得灵活，充满趣味。

我平时特别重视提高学生的文本分析能力和高阶思维能力。在人教版新教材必修第二册的 Unit 1 Cultural Heritage Reading and Thinking：From Problems to Solutions 的读思课教学中，从对题目 "From Problems to Solutions" 的解读到对阅读理解题目的设置，我都根据学生的认知规律设置了展示型、参阅型和认知型题目，培养学生逻辑性思维、批判性思维和创造性思维等高阶思维能力。

美国心理学家布卢姆（Blooms）认为，"高阶思维是一种超越简单的记忆和信息检索，是一种以高层次认知水平为主的综合能力"[①]。学界普遍以布卢姆关于学习需要掌握的六个类目来划分低阶和高阶思维能力，即识记（Remembering）、理解（Understanding）、应用（Applying）、分析（Analyzing）、评价（Evaluating）、创造（Creating）。其中，高阶思维的核心要素可概括为分析、综合、判断、推理和评价能力。结合学科特点，英语教学中的高阶思维能力是指英语情境中发生的较高认知层次上的心智活动或语言创生能力，主要由逻辑性思维、批判性思维和创造性思维构成。高中英语教学不应只停留于识记、理解、应用等低阶思维（Low-order thinking）的培养上，更应关注学生的分析、评价、创造等高阶思维（High-order thinking）的提升。以低阶思维为基础，促进学生高阶思维的发展，是新课程改革的重要方向，更是思维品质这一核心素养的形成和实现学科育人价值的重要手段。

（二）涓涓育人

有一位老师这样评价我的课："去听陈老师的课，一定要带纸巾，因为她一定会把学生和老师感动哭。"

文本不仅是知识的载体，更是情感的读本和思想教育的范本。阅读文本中含有丰富的情感素材，教师要有效利用这些素材，促使学生形成积极的情感态度、正确的人生观和价值观，养成良好的思想品质。在平时教学中，我积极挖掘阅读文本中的情感素材，十分重视核心素养的渗透，尤其重视对学生正确的人生观、价值观的培养。

在一节读后续写课中，以 It's more blessed to give than to receive（施比受更有福）为情感主线，开头和结尾的圣诞诗歌和视频遥相呼应，让学生在优美的诗歌和感人的视频中感受语言艺术和深入思考，升华了主题，鼓励学生通过分享和给予获得幸福感。英语的人文性在此过程得到了充分的体现。

在上完一节定语从句的公开课后，我校特级教师裴老师这样评价我的课："陈立老师在课堂上都能将知识和多媒体技术融为一体，打造一堂集知识、情感、音乐、视频为一炉的知识盛宴，学生参与热情很高，教学效果很好。教学设计人性化，本来是定语从句复习，是干巴巴的语法教学，她却利用周日即将到来的母亲节为话题，把课堂从冰冷的知识教学带入温情的人性教育中去，从例子、视频，到背景音乐，让学生带着对母亲的感恩之心完成一项项教学任务，写下一个个美丽感人的、含有定语从句的句子。我认为，优秀教师就应该在教学中闪耀着

---

① 布卢姆：《教育目标分类学》，罗黎辉、丁证霖译，华东师范大学出版社 1986 年版。

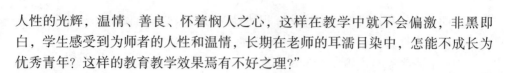

人性的光辉，温情、善良、怀着悯人之心，这样在教学中就不会偏激，非黑即白，学生感受到为师者的人性和温情，长期在老师的耳濡目染中，怎能不成长为优秀青年？这样的教育教学效果焉有不好之理？"

二、我的成长历程

四月维夏，山有嘉卉。初春的东莞早已艳阳朝天，花满枝头，欣欣向荣。在这美好的季节里，我回忆着从教十九年走过的路，感受着那些温暖的人和事。

（一）懵懂成长阶段

虽然是新手教师，可我们的课时任务并不亚于老教师，站在每个班五十多人的学生面前，本能地便有些压抑，常常要深呼吸。我不是超人，奢求不了每个人都以仰视的姿态聆听。我更多的是把它当作战场，得和他们的手机、瞌睡、发呆作战。在教学中，首先面临的是如何提高学生的学习兴趣，使他们积极地参与到课堂中来。我尽量采取"以学习者为中心"的模式，上课设计各种丰富的活动，或讨论，或辩论，或演戏等形式，学生可以在相互讨论与交流中锻炼运用英语的能力。但我很快发现，这种模式很难展开。究其原因，主要在于当下中小学英语教学中的灌输模式已经根深蒂固，学生不愿也不敢开口。很多时候学生习惯用汉语讨论，然后翻译成英语，有时学生直接在草稿纸上写出自己要说的话，这样根本提高不了他们的听说水平。我开始反思自己的教学方式，是否设计的活动内容学生不感兴趣，或者有一定难度。经过思考，我开始在课堂上试着给学生提供一些热门的话题以及贴近学生生活的话题，把讨论中可能用到的难词、短语写在黑板上来降低难度。同时，在学生的讨论过程中，主动与部分沉默的学生交流，甚至把课堂表现和平时成绩挂钩。经过一系列举措的实施，学生惯于缄默的状况有所改善，课堂上开口的学生明显增多了。在这个阶段感触最深的是自己对教学充满热爱、不知疲倦，走进课堂便和他们一起分享语言的美丽和智慧；对学生充满怜爱，感觉他们就像我的孩子。实际上，学生给予我的鼓励和慰藉也常让我感慨和感动：在风起云涌或节假日之时，学生们都会发来真诚的祝福，还不忘提醒我添衣保暖。尽管懵懵懂懂地走过了这两年，却是我心灵最放松的时候，因为我由衷地体会到教学的乐趣以及学生的点滴进步带给我的莫大喜悦。感谢我的师傅，亲爱的裴海燕老师和梁萍老师。在我刚参加工作时，如果没有她们在我最困惑时教会我如何听课与上课，跟我分享先进的教育教学理念，我就不会有今天的成长。她们是我的良师益友，是点亮我教育之路的启明星。

（二）追求成熟阶段

2016 年，我参加了广东省首届高中青年教师教学竞赛，获省一等奖。这是我教学历程的转折点。感谢青年教师教学竞赛，感谢广东省科教文卫体工会和东莞市教育局为我们搭建了一个展示自我才艺的平台，给我们提供了一个相互观摩、学习、切磋的好机会，调动了我们不断学习、共同提高自身业务水平的积极性，切实促进了教师的专业化成长。

一个多月紧张的准备，所收获的不仅是那一纸证书、一点荣誉，还有愈加丰厚的教学知识和日渐成熟的教学技能，以及在实践中培养的思维方式与广阔视野。

参加此次青年教师教学竞赛，我通过认真准备，沉着比赛，使自己的教学基本功及综合素质得到了检验和提高。本次广东省青年教师教学竞赛决赛共有六十九名来自各地市及广东实验中学、华南师范大学附属中学选派的选手参赛（语文、英语、数学各一名）。评审专家组对决赛参赛对象进行了综合考核，包括课堂实录与教学设计评审、现场说课等环节，评选出全省一、二、三等奖。最困难的要数现场说课了，参赛选手提前十五分钟才抽取说课内容并做准备，供抽取的说课内容选自相应学科高中课程标准规定的必修课内容，一共有五册书，而内容究竟是阅读、听说、写作、词汇，还是语法都不得而知。范围之大、话题之广、准备时间之少都是前所未有的。根据每一种课型，我在赛前都做好说课模板，阅读一至五册所有课文和语法知识，思考每一篇课文和每一种语法的处理办法，做了充分的准备。第二个难点在总决赛。总决赛增加了借班上课、话题演讲等竞赛环节。借班上课的内容是否为高二学生正在学习的内容，也不得而知，并且内容也只是提前一晚告知。一个晚上要准备一节公开课，且要面对自己不熟悉的学生，挑战十分巨大。于是，我在赛前熟读了七八册的课文，做好比赛的充分准备。第三个难点是即兴演讲。选手提前十分钟抽取演讲内容，用中文演讲五分钟，并且提前一晚才告知用中文，在此之前组委会通知的演讲语言是中英文均可。这对英语老师来说是一个很难出色完成的任务。我抽到的题目是结合苏霍姆林斯基的一段话，"从我手里经过的学生成千上万，奇怪的是，留给我印象最深的并不是无可挑剔的模范生，而是别具特点，与众不同的孩子"，进行即兴演讲，题目自拟。我演讲的题目是"我和春天在一起"，我把孩子比喻成春天，强调教师在教育过程中要学会尊重、包容和欣赏。

通过比赛，让我充分认识到教师基本功的重要性，认识到平时认真备课的重要性。充分的准备是参加比赛的前提，这也让我再一次感受到了一分付出就有一分收获，良好的心理素质和心态需要在锻炼中来培养的。

通过本次活动，不仅使我充分感受到了市局领导、学校领导对我们青年老师的深切关怀和殷切希望，还使我更清楚地认识到了我身上的不足，虽然我拿到了省一等奖，但是离优秀教师还有很大的距离：一是我做事情的严谨性不够，二是在教育教学这一块还不够"精"。比赛已经过去了，但它留给我的不仅仅是结果，更多的是比赛过程中赋予我的思考。

因此，结束也是开始，我应该把以前积累的教育教学经验和在此次比赛中学到的技能融会贯通地运用到教学中，更好地为教育教学服务，为学生服务，为家长服务。

（三）勇于更新阶段

在这个阶段，我不断地回到过去追寻，又不断地返回到现在反思，以前的迷惑渐渐地明朗，未来的规划也日益地清晰，正如柳夕浪所说，"教师研究本来就是教师内在的觉解、自我的敞亮与澄明，必须专注于高度的内在自觉与深层体验，保持一种'教学自我'建构上的高度深入、领悟，而不至于为过多的外在功利目的与偶像权威所困扰，这样才能逐步感悟并自觉内化比种种外在的热热闹闹的教科研活动形式背后要严肃得多的精神生活准则"①。这也许是教师自我叙事及研究的意义所在，它不仅可以让教师重新认识自我、激励自我，而且还能使其他的教师产生共鸣，促使他们积极反思自己的教学行为和教学理念，从而促进自我觉醒。我加入了东莞市朱艳芳名师工作室成了指导老师，被聘为东莞市新教师培训讲师，到不同的学校做讲座分享自己的教学理念，我不断加强自己的教研能力并致力于培养新教师。我的学习不会停止，教育教学追求更不会停止。新的课程改革对中学教师提出了更高、更新的要求，教师基本功的内涵也在不断扩展，作为新时代的中学教师，要有现代化的教育观、科学的学生观、发展的眼光和强烈的未来意识。

校园里的草坪黄了又绿，花坛里的小花谢了又开，校道旁凤凰树的叶子落了又长，我们的学生去了又来。而我，从踏进东莞市第一中学以来，还不曾想过，什么季节我会离开，因为，我总是和春天在一起。在我的身边，有四季如春的美丽校园桃李芬芳，有温暖如春的亲密同事润物无声，还有勤学如春的莘莘学子寸草春晖。

我会在今后的工作学习中，保持斗志，用淡定的人生态度，坚持我的教育事业，让我的青春在奉献中永恒。

三、我的教学实例

Listening and Speaking of B7U1 Living Well

（一）教学目标

通过本节课的学习，学生应能：

（1）在对话与演讲中做到语音语调准确，讲话自然得体、基本流畅。

（2）能听懂熟悉话题人物的介绍，学习听力考试要求的获取和处理信息的基本技能，如能预测听力内容，并从听力材料中获得主旨大意、提取关键词和抓住重要信息的技能，以及了解话语标记词在语篇中的功能。

---

① 柳夕浪：《教师研究的意蕴》，教育科学出版社 2007 年版。

（3）能在语言输入与内化的前提下，用英语进行熟悉话题的访谈和简短演讲。

（4）通过了解残疾人的生活和感受，探讨青少年成长过程中的困境，对适应高中生活、克服学习和与人交往的困难做出引导鼓励，启发学生把生活上和学习上的困难看成是一份珍贵的礼物，使自己不断成长。

（5）锻炼学生的分工合作能力，培养团队合作精神。

（二）重难点

重点：提高学生获取重要信息的能力，让学生了解话语标记词在语篇中的功能。

难点：选择正确的疑问词并运用提问技巧，以提高运用语言进行交际的综合能力。

（三）学情分析

根据《普通高中课程标准》，高中学生要求听力达 6～9 级。听力教学的主要目的是侧重培养学生听的策略以及在听的过程中获取和处理信息的基本技能。口语则要求考生根据提示进行口头表达。考生应能：询问或传递事实性信息，表达意思和想法；做到语音、语调自然；做到语言运用得体；使用有效的交际策略。而考生在高考听说考试 Part B Role Play 中失分较严重，因此，让学生掌握好 Part B Role Play 的听说技能显得尤其重要。

本班学生英语基础一般，再加上现在听说教学以听的练习为主，忽略学生说的能力培养，听说课相对枯燥，所以应融入一些新的教学元素，加强师生交流和生生交流。

（四）教学方法

情景教学法，任务型教学模式，PWP 教学模式（pre-listening，while-listening，post-listening）。

（五）教学手段

利用多媒体计算机、网络资源等创设教学情景、问题情景，扩大教学容量，增强教学内容的趣味性和时效性。

教师一人分饰两角，是高考听说考试 Role Play 的创新演绎。

（六）教具

多媒体、黑板、学案、盲人拐杖、假发和墨镜等。

（七）教学课时

40 分钟。

（八）教学过程

Warming up

Teacher's Activities

（1）Show a photo of Teacher's kid, whose birthday is coming.

（2）Let the Students enjoy a speech by Stacey Kramer.

（3）Introduce Emily to the students and set the main task in this lesson: whether Emily also considers her disability as a gift.

Students' Activities

（1）Students are presented with a photo of Teacher's kid, whose birthday is coming.

（2）Students are asked about what gift they want to get.

（3）Enjoy a speech by Stacey Kramer.

（4）Get familiar with the main task.

Aims

（1）To warm students up for the discussion of gift, which is an emotional clue of the whole class.

（2）To prepare students for the topics in the following listening task.

Step Ⅰ: Listening (A self-introduction of Emily)

Teacher's Activities

（1）Pre-listening: Guide students to predict the topics to be mentioned in the self-introduction.

（2）Pre-listening: Guide students through the skills of listening for key information and guide them to pay attention to the language signals and discourse markers.

（3）While-listening: Play the record twice with different focuses.

（4）Post-listening: Check the answers and introduce the function of language signals and discourse markers.

Students' Activities

（1）Pre-listening: Predict the aspects to be mentioned in the self-introduction.

（2）While-listening: Listen to the record twice. In the first listening (global listening), tick the aspects mentioned in the self-introduction. In the second listening (close listening), sense for the key information and take it down.

（3）Post-listening: Get familiar with the use of key words in U1 and discourse markers (话语标记词) and language signals (话语提示词) in the listening.

Aims

（1）To practise students' skills of prediction before listening.

（2）To practise students' skills of listening for main idea, details and taking notes.

（3）To arouse students' awareness of understanding and using discourse markers and language signals in communication.

4）To help students review the important expressions in B7U1 and provide them with language structures related to the topic.

Step II：Speaking（An interview with Emily）

Teacher's Activities

（1）Pre-speaking：Guide the students to put forward correct questions based on the notes on the learners' sheet.

（2）Pre-speaking：Guide the students to prepare some functional items of expressing wishes and congratulations.

（3）While-speaking：Teacher plays the role of Emily and answers the questions given by the students.

（4）Post-speaking：Check the answers.

Students' Activities

（1）Pre-speaking：Get familiar with the speaking task and prepare some questions based on the notes. Pay attention to the use of wh-words, the tense and word order.

（2）While-speaking：Interview Emily and take down the answers given by her. Pay attention to the discourse markers and language signals when listening.

（3）Post-speaking：Check the answers with the help of the teacher.

Aims

（1）To practise students' speaking skills of doing an interview, especially the skills of giving questions, which is the ability required in the Part B Role Play in the oral test of Gaokao.

（2）To consolidate students mastery of the expressions and structures to express wishes and congratulations（P7 Ex6. of B7U1）.

Step III：Speaking（Open questions）

Teacher's Activities

Guide the students to discuss：

（1）Does Emily consider her disease a gift? What's your reason?

（2）What can we learn from her?

Students' Activities

Students have a discussion about the two open questions.

Aims

（1）To consolidate stud-ents mastery of the expressions and help them improve speaking skills.

（2）To encourage students to face their problems positively.

Step IV：Making a speech（My new definition of gift）

Teacher's Activities

（1）Pre-speaking：Guide students through the speaking task, useful structures and a standard of evaluation.

（2）While-speaking：After the individual's preparation, ask representatives to perform their speeches.

（3）After-speaking：Guide students to make comments.

Students' Activities

（1）Pre-speaking：Get familiar with the task, useful structures and a standard of evaluation.

（2）While-speaking：A. Prepare the speech individually, making use of the topics and sentence structures learned in this lesson. B. Present the speech in class.

（3）Post-speaking：Evaluate the performance through the standard given on the working sheet.

Aims

（1）To practise students' speaking skills of making an oral presentation.

（2）To consolidate students' mastery of expressions and useful structures learned in this lesson.

（3）To help the students have a new understanding of gift and to inspire them to tackle problems positively.

Conclusion

Teacher's Activities

Present some pictures of the students and sum up the lesson, helping the students to have a new understanding of gift.

Students' Activities

Review the contents and skills in this lesson. Enjoy the pictures and have a new understanding of gift.

Aims

（1）To sum up the lesson.

（2）To inspire students to consider the difficulties in life as a gift and take an optimistic attitude towards teenage life and let them know that's the secret of living well.

Homework

Write a letter to Emily：

（1）What do you know about her?（based on the notes in class）

（2）What can you learn from her?

（3）Some encouragement and best wishes to her.（Words：about 100）

（九）板书设计

B7U1 Living Well （Listening and Speaking）

Warming-up

Gift

I. Listening

1. Prediction

2. Global listening

3. Close listening

　Language signals：when，by the time，be-cause...

　Discourse markers：I mean，well，...

II. Interview

Ask Q：When did you start to do...?

　　wh-words　tense　word order

III. Open questions

IV. Speech：My new definition of gift

Conclusion：the secret of living well

Standard of evaluation（评价标准）

1. Content 内容

2. Accuracy 准确

3. Fluency 流利

4. Coherence 连贯

（十）课堂片段（师生对话）

（I show a photo of my kid.）

T：Look at him, he is extremely happy, because his birthday is coming. This is the gift I received on my birthday. Guess who gave it to me?

S：Your husband!

T：Actually, it was from my son. He made it by himself. It's very precious right? Birthday means gifts. Suppose your birthday is coming. What gift do you want? and why?

S：I want to have a football. Because I like playing football. And my football is just broken.

T：Wow, I am so pleased to hear that you love sports. You know, doing sports can help us to stay healthy. Right?

S：Yes!

T：Stacey Kramer has received a gift. Enjoy her speech and find out what it is.

（十一）教学反思

（1）对教材进行整合，进而设计主题突出、条理清晰的任务型教学课堂

（见表 8-1）。整个课堂线索清晰，贯穿始终。

（2）任务的完成形式多样化，任务的难度具有层次性。比如在设计"听"的时候，先预测，再听主旨，再听细节；而在设计"说"的时候，先让学生回答简单问题，再让学生运用所学知识进行演讲，由感知发现到运用，难度层层递进。

（3）对学生的听说技能指导充分，让学生学会通过关注听力文本语篇信号词和标记词获取重要信息。

（4）重视对学生的情感教育。本堂课紧扣本单元话题，设计相关活动，对学生进行情感态度价值观教育，让学生懂得向残疾人学习，把生活上和学习上的困难看成是一份珍贵的礼物。

表 8-1　课堂过程详解

线索	过程
任务线索	提出问题 → 学习活动 → 解决问题
情感态度线索	"礼物"的旧定义 → "礼物"的新定义
听说技能线索	预测短文内容 → 听取短文大意 → 听取关键词，获取重要信息 问题准备 → 角色扮演（采访）→ 点拨内容与语言结构 → 讨论并口头展示

本节课还有一些细节问题有待改进，如学生演讲之后教师的点评不够深入和充分；由于是大班教学，未能很好地实现学生的个性化体验；并非每个学生都有能力完成任务等。

四、我的教学主张

在现代的教学中，教师不再是权威者，而是学生学习的组织者、引导者和参与者；学生不再是"知识接收器"，而是发展的人，具有独立意义的个体。因此，在教学中，应以教师为主导、以学生为主体，注重启发诱导、学法指导、情感渗透和思维创新，把"注入式"教学变为"启发式"教学，变学生被动听课为主动参与，变单纯的知识传授为知、能 、德并重，变教师的"独角戏"为师生的"交响乐"，让师生互动成为课堂的主旋律，彼此形成一个真正的学习共同体，从而实现教学相长。

上善若水，水善利万物于无形。这些年越来越感悟到了这句话的真谛。真正的教育是无痕的。我在课堂上孜孜不倦，以朴实的心态，为孩子们创建一个师生间、生生间平等交流的平台，让他们成为课堂上的小主人。但愿自己的课堂教学也能像教学名家那样挥洒自如，让师生间的教与学如聊天谈心般亲切自然，如涓涓细流般灌溉学生的心田。做一名好老师，不忘初心，努力前行。

五、他人眼中的我

（一）专家眼中的我

陈立老师在课堂上都能将知识和多媒体技术融为一体，打造一堂集知识、情感、音乐、视频为一炉的知识盛宴，学生参与热情很高，教学效果很好。我认为，优秀教师就应该在教学中闪耀着人性的光辉，温情、善良，怀着悯人之心，这样在教学中就不会偏激，非黑即白，学生感受到为师者的人性和温情，长期在老师的耳濡目染中，怎能不成长为优秀青年？这样的教育教学效果焉有不好之理？

东莞市特级教师　　裴海燕

（二）同行眼中的我

文本不仅是知识的载体，更是情感的读本和思想教育的范本。阅读文本中含有丰富的情感素材，教师要有效利用这些素材，促使学生形成积极的情感态度、正确的人生观价值观，养成良好的思想品质。在平时教学中，陈立老师积极挖掘阅读文本中的情感素材，十分重视核心素养的渗透，尤其重视对学生正确的人生观、价值观的培养。

东莞市第一中学英语教师　　朱艳芳

（三）学生眼中的我

陈立老师的课堂是富有活力且令人印象深刻的。她在课堂上孜孜不倦，为孩子们创建一个师生间、生生间平等交流的平台，让他们成为课堂上的小主人。她的创意让人印象深刻，她挥洒自如，让师生间的教与学如聊天谈心般亲切自然，如涓涓细流般灌溉学生的心田。她用自己独特的"气质"渲染了英语课堂，举手投足、谈吐中无不流露出自己对英语学习的见解和对我们的期待。她是良师，更是益友，以丹心沃土之姿滋润她培育的学生，让我们砥砺前行，拾起对未来的向往。

东莞市第一中学 2022 届高三（16）班　　李缘

 点　　评

陈立老师怀着对三尺讲台的敬畏之情，在教学的路上不断求索和攀登。陈老师在课堂中既重视提高学生的文本分析能力和培养高阶思维能力，又重视培养学生的情感、态度、价值观；既严谨理性又灵动和谐，把课堂从冰冷的知识教学带入到温情的人性教育中去，深受学生好评。"灵动思维，涓涓育人"是陈老师教学风格的生动写照。

广东第二师范学院教授　　闫德明博士

用爱心浇灌每一朵花

乔志芳（高中英语）

乔志芳（高中英语）

个人简介

乔志芳，女，高中英语高级教师，广东省高中英语骨干教师，东莞市名师工作室主持人，东莞市第五批高中英语学科带头人，东莞市高中英语第二批教学能手，东莞市中小学见习教师岗前培训导师，东莞市名师课堂讲师，东莞市高中英语慕课培训讲师，获评"2021外研社杯全国中学生外语素养大赛优秀指导老师""广东省普通高考英语科质量优秀评卷员""东莞市高中英语能力竞赛优秀指导老师"，校"优秀教师""优秀班主任""教科研先进个人""东教坛新星"等荣誉。主持或参与了省、市级教育科研课题九项。十五篇教学论文在核心期刊上发表或获国家及省、市级奖项；七个教学课例获省、市级优、微课比赛一、二等奖。先后在肇庆、韶关、东莞等地市开设读写结合的示范课、专题讲座等十多节。

一、我的教学风格解读

平等自由，充满激情、爱心、耐心

教学风格应是多种多样的，不同的教师有着不同的教学风格，有的教师在课堂上一言九鼎，如同知识的化身让学生默然叹服；有的教师是和风细雨，如同朋友般与孩子们融为一体；有的教师的课堂朴实无华，能将复杂的问题简单化；有的教师的课堂巧妙设计，引导学生对简单的问题进行深入的思考。

我不知道自己的教学风格是怎样的，但依稀记得朋友或同事告诉我的一些事："某某的孩子很喜欢你的课，甚至在家里学着你的语气与模样在表演；某某同学很欣赏你的课，在很多篇日记中描写着你的课堂、你讲的话……"我沉下心来思考：如果这种影响算是风格的话，那么，我一直在我的教学中追求一种"平等自由，充满激情、爱心、耐心"的风格。

（一）在英语课堂中追求平等自由的学习氛围

在英语课堂上，应做到以学生为主体，给予学生更多的自主权、更多说话的机会、更多实践的机会，让学生敞开心扉，积极踊跃地发表自己的看法和见解，使学生在平等愉悦的气氛中投入到学习中，使英语课上得生动有趣。

（二）充满激情地上每一节课

作为一名英语教师，我的课堂魅力在很大程度上来自于我活泼、亲和的教态。不管我在生活中遇到什么挫折或困难，在我进入教室的那一刻，一定会扬起笑脸；在课堂的开始，一定会做一个活泼的小律动，或是唱一首节奏明快的歌曲。这样的热身活动，是调动学生兴趣、上好一堂英语课的关键。有激情就显活力，有激情就能滋润每一颗心灵，有激情就能迸发出智慧的浪花。

（三）善于用自己的体态语表示对学生的欣赏与喜爱

体态语言在表达人的情绪、情感和态度方面，要比言语性语言更明确，更具有感染力。教师的面部表情要丰富，但不做作，要善于运用喜、怒、哀、乐、爱、恨、怨、叹等表情。要懂得微笑。微笑能产生亲和力，微笑是一个教师乐观、自信、积极向上的心理状态的反映，如果经常用在学生身上，会使学生产生乐观、自信、积极向上的心态，这必将大大提高课堂教学的效果。

二、我的成长历程

让梦想的种子开花

热爱，让我走上了英语教师之路，从事英语教学有二十个年头了。这二十年既短暂又漫长，在这里既有领导的关心、同事的帮助，也有自己艰辛的努力和付出。回顾自己走过的教学之路，欢乐和辛酸同行，收获与遗憾同在。或许我的这些成长经历很普通，也很平凡，但是，领导给了我机会，同事给了我信心，时间给了我机遇。

回想二十年的成长历程，经过了春的希望、夏的炙热、秋的收获、冬的等候，每一个足迹，每一滴汗水，每一份收获，仿佛一年中美丽的四季在歌唱着我艰辛而幸福的成长之路。

（一）春的希望——在磨练中成长

小时候，很喜欢也很羡慕老师。常常会召集一群比自己年龄稍小的朋友搬来小桌子、小凳子，手拿一根木棍，饶有兴趣地做起小老师。那份天真、那份稚气，现在想起来仍觉得可笑。

为了实现自己的梦想，我不断地努力。虽然没能考上师范专业，但凭借着自己的执着和努力，我在大四那一年取得了高中英语教师资格证。大学毕业后回到了我的高中母校，当了一名光荣的高中英语教师，从此踏上了三尺讲台。昔日的梦想终于变成了现实，心中的喜悦就如初春里发芽的种子那样充满希望，令人神往……

1．梦想的种子

2004 年 8 月，我参加武汉市汉阳区教育局的新教师培训，领导的讲话让我充满力量，暗自定下心中的目标，我要努力做到"三年小成，五年大成"。

2005 年 10 月，刚刚转正的我，被推荐去参加武汉市"四优课堂"的评选，也就是在那个时候，我碰到了工作中的第一个坎，也遇到我的第一位贵人。这位就是武汉市第三中学的高中英语特级教师——张特。由于我工作刚满一年，还没有经历过这么大的比赛，内心十分忐忑，也不知道比赛课如何开始准备。张特听说后，就指导我备课，并且告诉我：人不可能一辈子都一帆风顺，当你身处逆境时，看你怎么对待逆境，是迎难而上，还是选择退缩。有时逆境能使一个人更快地成长，一个人要懂得生命的迂回，在没有机遇时要善于储藏智慧，而不是怨天尤人。我们的成长过程就应像一条河流一样，它在行进过程中遇到山石或者草丛的阻挡时，懂得迂回而过，从而锻炼了生命。在学校里，一定要不断提高自己的业务，这样才能做到让领导、同事信任，学生、家长尊重的好老师。后来在张特的指导下，我的比赛课取得了优异成绩。

慢慢地，我就适应了工作环境，每天带着愉快的心情完成繁忙、琐碎的工作，我觉得充实、快乐，仿佛浑身有使不完的劲儿。

2．梦想在发芽

2006 年对我来说是一个重要的转折点，因为我离开了我的高中母校，离开了我工作两年的地方，来到了东莞市第一中学。在这里，我遇到了一批志同道合的朋友，和大家一起共同努力。我想和朋友们分享一句话：甘于寂寞、信奉"天生我材必有用"，力求把它做得最好！

不畏困难，努力工作，磨砺了我的意志，让我确信冉冉升起的曙光。我觉得脚下的路，是缓缓升高的山脉，最终会直抵峰端。

（二）夏的炙热——在学习中成长

1．照耀梦想的太阳

来到东莞市第一中学之后，学校十分重视对英语教师的管理与培训，并通过多种方法与途径，促进英语教师专业成长。

2．滋润梦想的甘露：学习

我抓紧一切机会学习，听课，写总结反思，上公开课，参加各种比赛。

我抓住每一次外出学习的机会，学习先进的教育理念和教学设计，在实践中不断消化吸收，使学到的知识由外化转为内化，直到和自己的教学风格达到完美的融合。

（三）秋的收获 ——在比赛中成长

1．梦想的枝叶：教学所取得的成绩

任现职以来，共得到上级部门授予的教育教学综合性荣誉四十余项。2021

年，我被评为东莞市中小学名师工作室主持人；2019 年，我被评为东莞市第五批高中英语学科带头人，同年被聘为东莞市朱艳芳名师工作室的指导老师；2017—2018 学年、2018—2019 学年，被东莞市教育局评为年度考核优秀等次；作为省高中英语骨干教师，共参加十次省级骨干教师培训。

2. 梦想之花蕾：取得这些成绩的感想

在不断的努力下，我慢慢找到了自己的专业发展目标，也懂得了成功属于锲而不舍的人的道理。

（四）冬的等候——在实践中成长

1. 梦想的坚持

在我看来，自己付出的每一份汗水都是勤奋的结晶。不知疲倦的跋涉让我的青春变得厚重而美丽。在教育这块热土上，我愿挥洒我的青春，倾注我的热情，我的爱在其中，乐也在其中。

（1）潜心教学教研，收获行动果实。在二十年的英语教学实践中，我大胆进行课堂教学改革，创造性地使用教材，灵活驾驭课堂，使学生学习英语的兴趣和能力都有了很大幅度的提高。此外，我不断更新观念，开阔理论视野，积极摸索英语教学的道路和方向，多次承担校内、市级的公开课教学。

（2）积极投身课题研究。近五年来，我主持或参与省、市级立项课题共六个。2018 年 7 月，我主持了一项市级立项课题"基于高中英语学科核心素养的读写结合教学模式实践研究"于 2021 年 12 月结题，该课题的教学成果还入选东莞市基础教育优秀教学成果培育项目，获广东省中小学教育创新成果三等奖。我以排名第一主要成员的身份参与的市级课题"思维导图在高中英语阅读教学的运用实践研究"并于 2020 年 12 月顺利结题。我所撰写的论文《合理设计思维导图开展批判性教学》获广东省 2019 年中小学英语教学论文评选三等奖，并发表于《东莞教学研究》2019 年第 1 期，此外，该课题成果还获东莞市第十六届教育教学成果一等奖。2022 年 10 月 26 日，我主持的市级高层次人才专项课题顺利开题；2022 年 10 月 21 日，我主持的广东省教育研究院高中课程改革专项课题"双新背景下的高中大单元整体教学实践研究"立项，12 月 15 日顺利开题。

2. 梦想开花结果

勤耕不辍，天道酬勤。多年的努力，结出累累硕果。2016 年，我被评为东莞市高中英语学科带头人；2022 年，被评为东莞市中小学名师工作室主持人。我也是东莞市新教师培训的讲师、名师讲堂的讲师、东莞市高中英语慕课的培训导师。我参与编写了多本重要的教辅资料。

我在发展自我的同时，还充分发挥骨干的辐射作用，与同事们分享了"生活中要敢于去尝试，敢于去创造机会，成功过后，那会是人生一笔不小的财富"等经验。

经历了春的希望、夏的炙热、秋的收获、冬的等候，伴随着自己和英语教学一起成长的步伐，又是春天了，它带着无限的生机和碧绿的希望向我们走来。面对挑战，我将更加努力。我又在忙着播种和耕耘，憧憬着秋天更大的收获。今朝花胜去年好，料得来年花更红。相信风雨过后又会迎来一个崭新的春天！

三、我的教学实例

人教版 B6U5 The Power of Nature 读后续写课堂实例

（一）案例简介

本课例以 B6U5 The Power of Nature Workbook 里的一篇 Trapped by the Flood 为背景，以自编文稿 Frozen II Fire 为续写原文，要求学生在上完这节读写结合课之后能够实现新课标中关于学习能力的提升、思维能力的锻炼，以及对环境保护价值观的认知。学生在本课例中还实现了知识的迁移，场景从被困在水里转换为被困在火里，并通过阅读文本材料实现与原文写作水平的协同。通过本课例的学习，学生基本掌握读写结合的写作要求和了解高考读写结合的评卷标准。

（二）教学设计

1. 主题语境

人与自然——自然现象，自然风光，人类的活动对环境的影响，环境保护。

2. 语篇类型

记叙文。

3. 语篇分析

本课选自人教版英语必修六第五单元，本单元的中心话题是"The Power of Nature"。这篇文章是课后 Workbook 里的一篇阅读文章 Trapped by the Flood，讲述的是一位女士 Sarah 突遇洪水，被困在房顶上的事例。在遭遇洪水的时候，Sarah 背着她的孩子，带着她的猫和狗爬上房顶等待救援。授课老师以此文作为课前阅读，让学生续写故事的结局。在课堂上，授课老师再提供另一篇自己编写的文本材料（《冰雪奇缘 II》中 fire 场景相关内容），给学生进行知识的迁移。让学生从 flood（水灾）的场景自然切换到遇到 fire（火灾）时的应急处理。因此，在本节课中，学生将对比两篇文本，老师带领学生对文本进行深层次的挖掘和分析，利用学生所具有的生活技能，结合思维导图学习模式，让学生对文本有更进一步的了解和认知，从而帮助学生完成读后续写。

4. 学情分析

授课对象为东莞市第一中学高二（9）班的学生。这个班是物理班，学生英语基础薄弱，但该班学生上课表现欲较强，在课堂上的参与度较高，之前有接触过读后续写模式。

5. 教学目标（语言、文化、思维、策略）

（1）语言知识目标。①学生在学习了本单元的重点词汇的基础上，多积累与大自然相关的词汇和短语，如 flood, typhoon, hurricane, thunderstorm, sandstorm, protect…against, search for 等。②学习在语篇中恰当地使用 having done 作状语。

（2）文化知识目标。通过探索、比较和思考，让学生进一步熟悉"大自然的力量"这个话题，并引导学生学会保护环境，提高环境保护的意识，并培养学生一定的遇险自救能力。

（3）语言技能目标。①观察文章中的信息，对阅读材料进行文本分析，抓住记叙文的关键词和 5W1H 信息点。通过对比两篇文章，进行人物角色的性格分析，学会知识的迁移。②看、读、说、写、画相结合，通过小组合作，探究式学习的形式让学生利用思维导图进行文本分析，以口头和表演的形式创造新语篇。③提高阅读能力，并使用不同的阅读策略来掌握日常生活中的有用信息；提高写作能力，通过续写故事，达到与原作者的写作能力协同、拉平的作用。

（4）学习策略目标。①元认知策略：学会对阅读材料进行文本分析、提炼、续写。②认知策略：利用思维导图和关键词来挖掘文本信息，并通过续写故事使写作水平得到提高。③情感策略：提高学生环境保护的意识并培养学生遇到自然灾害自救的能力。

6. 教学重点

（1）大自然力量相关短语的学习。

（2）思维导图的运用。

（3）学会两篇阅读文章的对比，知识框架的迁移。

（4）学会如何续写故事。

7. 教学难点

（1）如何运用思维导图找到文章线索，理解全文。

（2）如何对阅读材料进行文本分析。

（3）如何完成读后续写。

8. 教学活动

Lead-in

Teacher presents a video about the film《银河补习班》：Ma Fei was trapped in the flood.

Students answer the question：

a. How did Ma Fei rescue himself?

b. What is the personality of Ma Fei?

［设计意图］①通过视听，激发学生对洪水灾害的敬畏之情。②帮助分析电影中 Ma Fei 的人物角色性格。

Step 1

Students performed a performance about the ending story to Sarah—Trapped by the flood in stuclents' workbook P72.

Teacher shows several pictures of the power of nature.

Students are required to answer questions.

a. "Who has a power to defend against nature?" —Superman, Flashman or Elsa?

b. What is the personality of Elsa?

［设计意图］①通过学生的表演对 B6U5 Workbook 里的阅读文本进行一个续写展示，并且简单概括 Sarah 的性格特点。②指导学生了解大自然的各种能力。

Step 2

Teacher introduces the film *Frozen II* to the Students and discusses the main characteristics：Elsa, Anna, Kristoff, Olaf and Sven.

Students are required to do three activities after reading the materials about *Frozen II*.

a. Read for information：Mind Map about the story, including key word and 5W1H.

b. Read for organization：In what order is the passage developed?

c. Read for language：Find out the marvelous lexical usages in the passage.

Teacher circles some words in the mind map which are also underlined in the material and teach students the classification of words：character, place, action, emotion.

Teacher helps students analyze the logic relationship between two paragraphs and helps them scaffold the article in the following part.

［设计意图］①训练学生的信息检索能力和快速锁定答案的能力。②训练学生绘制 bubble map 思维导图的技巧。③引领学生关注阅读文本中的关键词，以帮助学生完成月阅读文本的理解。④加强学生对文本的阅读理解，对文本的框架学习以及对文本的语言协同。

Step 3

Teacher introduces Students several principles when completing the ending to the story.

（1）Tense：Did.

（2）Coherence & logical thinking（连贯性 & 逻辑性）：续写与原文；1 段与 2 段；段首句与续写句。

（3）Accuracy：Spelling & grammar.

（4）Richness：Lexical.（词汇）

（5）Diversity：Sentence pattern.

（6）Positive attitude.

（7）Neat Coping：Beautiful handwriting.

Students write the ending to the story, following these principles.

（1）Write at least 120 words.

（2）Use at least 5 words underlined in the text. The first sentences of two paragraphs have already been given to you.

［设计意图］①教会学生读后续写五条准则。②训练学生读后续写的能力。

Step 4

Teacher makes comments on several compositions by Students, highlighting the superb sentences and phrases.

Teacher analyzes the logic of the article written by students.

Students appreciate a video of *Frozen II*, thinking of the ending story of Elsa and the kingdom.

［设计意图］①通过批改学生作文、讲解学生作文中的共性问题，起到示范的作用。重点分析学生写作与原文的逻辑性及连贯性。②以视觉和听觉的冲击带给学生更大的震撼。③感知大自然的力量、人类的渺小以及人与自然的和谐共处的关系。

Summary & Homework

Teacher shows a picture of environmental protection to raise the awareness of environmental protection.

Students polish their writing after class and give marks on their writing composition according to the criteria.

［设计意图］①回顾课堂重点，升华主题，加强德育浸润，情感教育。②巩固课堂内所学的单词、短语、句型以及篇章结构，提高写作能力。

9. 板书设计

表 9-1　板书设计

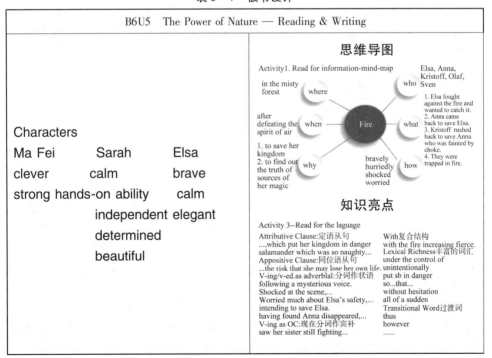

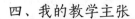

四、我的教学主张

（一）培养兴趣，激发动机

在语言学习的过程中，兴趣是最好的老师。兴趣培养起来了，会为学生形成自主学习能力打下基础。我通过各种途径，如借助多媒体辅助教学手段，向学生展现英语语言的魅力；逐渐培养学生的兴趣，使学生从内心产生学习英语的动力；创建开放课堂，通过各种形式和活动，充分调动学生的积极性。

（二）加强听说读写能力的培养

学习语言的目的是应用于实践，学习用英语来交流，听说读写能力的培养非常重要。

（1）听的训练。课堂上专心听教师讲课，听教师讲课本身就是一种听力训练，而且可以在听的同时观察教师的口型和表情。

（2）说的训练。在课堂上跟着教师练习说，多设计一些学生能参与的话题，让学生把课堂上说话的场合理解为一种练习说的重要机会，因为在公众面前说出来的内容往往印象更深刻，而且这种机会对于学生来说，除了在课堂上，很难在别的场合找到，因此，应该积极地抓住机会大胆地说，哪怕出了错误被指出来或者自己意识到，以后纠正了，也是难得的进步机会。

（3）读的训练。在课堂上，带领学生读英语原著小说，采取每周一课的阅读训练，让学生沉浸在英语原著的文化氛围中，在读的同时也能提高写的能力。

（4）写的训练。除了训练学生练习高考题型的写作，也在平时的课堂教学中进行读写结合训练。

五、他人眼中的我

我执教二十年，工作兢兢业业，勤奋上进，团结同事，关爱学生。一直将爱心、耐心、细心奉献给每一位学生，努力浇灌每一个花朵。努力将教育变成自己的事业，将教育变成有温度的陪伴，将教育变成永恒的信念！

（一）专家眼中的我

乔志芳同志在思想上坚持党的教育基本原则，拥护中国共产党的领导，积极参加单位组织的各项政治学习，努力提高自己的思想政治觉悟，严格遵守单位的各项规章制度。在工作中，该同志具有强烈的事业心和高度的责任感，工作勤勤恳恳、任劳任怨，勇于开拓、锐意创新，能够虚心向老教师学习，认真钻研教材，积极参与教研，努力提高自身的业务素质，取得了显著的工作效果。在生活中，该同志想他人之所想，急他人之所急，团结同志，乐于助人，注重提高个人修养，在搞好本职工作的同时，积极参加各种集体活动，认真完成组织交给的各项工作任务，受到了学校领导和家长的一致好评。在平时的工作中，能用实际行动支持校内外工作，能够顾全大局，团结协作，顺利完成各项任务。该同志能把自己的精力、能力全部用于学校的教学过程中，能自觉遵守职业道德，并能为工作积极寻找新的方法。工作中，能严于律己，宽以待人，时时处处对自己严格要求。

特级教师、东莞市首届名师工作室主持人　　裴海燕

（二）同行眼中的我

我和乔志芳老师共事十五年，她既是我工作上的好搭档，也是我学习的榜样。乔老师形象知性优雅，深受同事和学生喜欢。下面，我谈谈我心目中对乔老师的印象。在教学工作方面，乔老师不但教学业绩出众，而且勤于探索，潜心研究教学教法，真正做到教学、教研两翼齐飞。她在工作过程中，善于利用各种资源学习，提高自己的教育教学理论水平，并且把理论应用于实践当中。乔老师积极参加各级各类科研课题，主持市级课题，并且撰写多篇教学论文。近五年，乔老师的英语教学成绩名列前茅，在学生民主评价中满意率极高，此外，她的课例、教学设计、论文等成果在多次在省级和市级的评比中获奖，可谓硕果累累。在班主任工作方面，乔老师非常注重学生的情商教育，她所带的班级学生对科任教师认可度极高，学生懂得感恩，一句感谢的话语，一张祝福的卡片，让老师们倍感温馨幸福。这些细节无不体现着乔老师的教学艺术。乔老师所带历任班级班风、学风良好，多次获校文明班和先进班的称号，在高考中也总能取得超额完成任务的好成绩。除了常规的教学工作和班级管理工作，乔老师立足本校，辐射全市，积极承担各级各类研修任务，她积极热心指导科组内新教师，在科组会上毫不保留地做经验分享和专题讲座。作为市高中英语名师工作室主持人，她承担东莞市新入职教师的岗前业务培训工作，承担进修学校的新教材、新高考培训工作。乔老师能够取得如此丰硕的业绩，有赖于她对教师这份工作的热爱以及对教育这个行业的情怀。她是我以及新教师努力看齐的方向。

东莞市第一中学老师　　欧泽彬

（三）学生眼中的我

少年眼中星河烂漫，而幸福地度过高中时光的我，心中有更值得珍藏的至宝——可爱的乔老师。高中似大海，学海无涯，而行程茫茫中，毋庸置疑的，乔老师犹似月色滚烫，温暖着我徐徐流淌的时光。我总是犯错，乔老师总是会指出我的不足，指导我如何做得更好。她会打一束明光，让我充满信心，相信理想。她对待生活的态度教会了我太多太多。我始终相信，一位老师能让学生铭记，一定是因为她教会了学生学习以外的事情。是她，让我明白了责任在身；是她，让我敢于接受挫折；是她，给了我成长的机会。我真的很感激，能在宝贵的时间里遇到一位为我磨砺羽翼的恩师，这是成绩无法替代的。因为她的出现，我成就了更好的自己。云山苍苍，江水泱泱；先生之风，山高水长。乔老师经常在课堂上

教导我们为人处世的道理，她的教导如同清风吹拂，吹入我们心间，不仅教我们知识，更滋润我们的心田。她的课堂总是十分有趣，她会在课堂上紧贴时事开拓我们的思维，会在课堂上分享自己的有趣故事。似乎她不只是一位老师，更是我们真诚的朋友，我们的课堂不只是获取知识，更是一种真真切切的快乐，良师益友，此言丝毫不过矣。有人说，高中的老师是人一生最难以忘记的。在我眼中，乔老师正是这样一个人，尽职尽责，无问东西，是我的恩师，更是我的光芒。

2021 届高三 9 班学生　　李昂

点　评

　　"平等自由，充满激情、爱心、耐心"，这是乔志芳老师教学的独特风格。这既是乔老师教学的态度，也蕴含了有温度的教育，更体现了其教育教学的情怀。

广东第二师范学院教授　　闫德明博士

放飞激情，张扬个性，展示魅力

苏烨（高中英语）

个人简介

苏烨，女，中共党员，全国中学生新课程英语语言能力竞赛优秀辅导教师、"外研社"杯全国中学生外语素养大赛优秀指导教师、中小学教材选用委员会英语学科组专家、广东省教育考试院命题专家、广东省高中英语骨干教师、东莞市高中英语学科带头人、东莞市首批高中英语教学能手、东莞市高中英语中心组成员、东莞市英语口语大赛资深评委、东莞市英语能力竞赛优秀指导教师等。曾获国家、省、市级奖项共四十余项；承担省、市级专题讲座及面向省、市的公开课二十余场；在全国、省、市获奖或发表论文二十余篇；以副主编身份出版专著一本；参编三本教辅资料；主持的课题获"广东省中小学教育创新成果奖""东莞市第十五届优秀教育教学成果奖"等。曾由学校及市教育局公派赴英国学习。

一、我的教学风格解读

放飞激情，张扬个性，展示魅力

笛卡尔曾说："我思故我在。"独立而个性、独到而深刻的思考，是我们正确且高效前行的根本。反思十余年的教学生涯，我将自己的教学风格凝练成以下十二个字：放飞激情，张扬个性，展示魅力。

（一）激情是创新的直觉思维，是情感的直接表象

我一直充满激情地投入教学、教研、教改中。每次我走进课堂前，都会调整好自己的心态，带着微笑、带着爱心、带着激情走向学生，充满激情地去因材施教，寓教于乐。

（二）个性是一个教师教学经验、教学特色和教学灵性的折射

有个性方显灵性，才有特色，有创新。而我的教学个性主要体现在以下三个方面：

（1）善用教学资源，将生活融入课堂。生活即教育，我的每份教学设计都力求从实际出发，透彻理解教材，创造性地使用教材，对教材进行适当的调整和取舍。

（2）运用 ARCS 教学动机模型，激发学生学习内动力。每节课，我都会根据教学内容设计一个优秀的导语来吸引孩子们的注意（Attention）；通过艺术提问等各种教学手段将教学内容与学生的背景知识、个人需求和生活经验联系起来（Relevance），引起他们的关注；通过开展形式多样的教学活动增强他们的信心（Confidence），维持其对成功的渴望；让孩子们感受到学习的价值，在学习中获得满足（Satisfaction）。

（3）情感渗透、立德树人。做人是万事的开始，立德树人是教育的根本任务。我非常注重培养学生的情感和道德品质，宣传正能量，培养学生的爱国主义情怀和国际视野，努力让自己的英语课堂实现工具性和人文性的统一。

（三）魅力是教师人格、道德、知识、智能等品位的综合体现

有魅力就显形象，就有气质和风度，就能点燃学生心中的火种，唤起学生心灵的共鸣。记得在学完人教版选择性必修四 Unit 1 Science Fiction 这个单元后，我让孩子们进行小组合作，设计一个自己心仪的机器人，并配全英解说。孩子们各显神通、创意无限。有一个小组给自己的机器人取名为 Funny，寓义 "Follow Sunny"。两分钟的介绍，处处紧扣 Follow Sunny。Sunny 是我的英文名，由此可见，他们是非常愿意追随我学习英语的。听课老师无不称赞 Sunny 作为老师强大的凝聚力和人格魅力。

总之，有个人特色的教学方式是有价值的教学，是生机勃勃的教学。行以践思，思以导行。作为一名思考着的教育行者，我在教育路上且思且行，发展适合自己个人特色的教学风格，不断在蜕变中成长。

二、我的成长历程

我学故我在，我变故我在，我爱故我在

我将以三个成长小故事为例，分别从 "我学故我在，我变故我在，我爱故我在" 这三个层面来讲述自己 "学、变、爱" 融合的专业成长历程。

（一）我学故我在

不当永远的老师，要当永远的学生。这里的学是广义的学，它不仅是指传统意义上的培训、阅读，在公开课中淬炼自己，还包括通过参加各种教学能力大赛以赛促学，以及在写论文、做课题、命题研究等各种教研活动中的学习、反思和提升。

我分享的第一个故事是 "一次出国培训"。2008 年，经过层层选拔，我被学校和东莞市教育局公派赴英国学习。期间，我接触了美国教育学家、心理学家波

斯纳曾提出的一个著名的教师成长公式："经验＋反思＝成长"。他认为，如果一名教师不对自己通过教育教学实践获得的经验进行深入的思考，那么即便他有二十年的教学经验，也许只是一年工作的二十次重复，除非他善于从经验反思中吸取教训，否则就不可能有什么改进。那段时间，我每天从学生的视角来看待课程，去观察老师，观察同行，以及观察自己的课堂行为，进而反思自己的教学，养成了写教学日记、教学反思的习惯。

回国后，我中途接手了高二两个理科平行班。班里男生居多，普遍喜欢逻辑思维，对英语这些需要记忆的学科不感兴趣，基础薄弱。刚接手时，我每天在台上讲得激情澎湃，台下却无动于衷。充满教学激情的我没有因此而气馁，经过反思，重新调整自己的教学方式。

我设计了一份调查问卷，充分了解了学生的学习现状及兴趣爱好。发现他们普遍喜欢音乐游戏，刚好我也热爱音乐，于是就有了将音乐引入课堂的想法。比如在教授"poem"这个单元前，我播放了"Little Star"这首由童谣谱曲而成的英文儿歌，熟悉的旋律、稚嫩的童声立刻引起学生的注意，他们情不自禁地哼唱起来。我趁机设计几个问题："What's the form of this poem？""Who will usually read this poem？""What's the purpose of writing this form of poem？""Do you know any other form of English poems？"从而导入新课"A Few Simple Forms of English Poems"的学习。这种把"poems"和"songs"结合起来的授课方式轻松自然，激起了学生学习新课的兴趣和热情，学生容易加深体会，从而更愿意主动地参与到课堂活动中来。在讲到诗歌注重押韵时，我播放了律感很强的经典英文歌"Right Here Waiting"，并在韵脚出现的地方设计空格，让学生边听边填词。在这个欣赏的过程中，学生不但了解了韵律，还练习了听力。我也从中检查了学生的语音、语法、拼写等技能发展情况，真正寓教于乐。

这两个理科平行班的孩子渐渐爱上英语，成绩突飞猛进，在 2010 年高考中取得了平均分 129.9 的佳绩，刷新了平行班高考成绩新纪录，其中，8 位同学取得 140 分以上。无论是平均分、进幅、优秀率、及格率、高分层都居年级第一。而我的第一篇论文《音乐在英语教学中的运用》也应运而生，获"2009 年东莞市高中英语教学论文评比"一等奖，并发表于省级刊物。感谢学校的信任，2011 年我休完产假回校后，又连续三年承担高三教学工作，每次都带领新接手的班级取得巨大进步，在高考中获得非常优异的成绩。而我，在之后的教学生涯中更加积极地投身于各种教学教研活动，参加了十余次省级骨干教师培训，如饥似渴地"学"，并在经验中反思、成长。

（二）我变故我在

苏霍姆林斯基曾说过："学生是生活中的人，学生是发展中的人，学生是个性独特的人。"所以，作为老师，我们也要因材、因时、因境，变通、变革、变化。

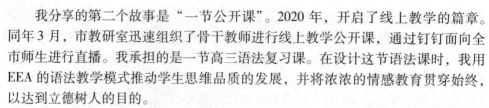

我分享的第二个故事是"一节公开课"。2020年，开启了线上教学的篇章。同年3月，市教研室迅速组织了骨干教师进行线上教学公开课，通过钉钉面向全市师生进行直播。我承担的是一节高三语法复习课。在设计这节语法课时，我用EEA的语法教学模式推动学生思维品质的发展，并将浓浓的情感教育贯穿始终，以达到立德树人的目的。

同时，我积极探索线上教学的互动模式，多次连麦，让线上课的互动与常规课一样流畅而自然。这节设计巧妙、精心打磨的公开课获得了教研员及听课师生的广泛好评。2020年4月，省里举行了在线教学案例评比，需要提交课堂实录和文字案例。这可能是我写过的最详细的一份案例了，共八千多字。功夫不负有心人，我的直播视频和案例在全省二百多份参赛作品中脱颖而出，荣获了第一名。因此，我受邀出席由华南师范大学组织的在线教学案例云分享会议，面向全省中小学英语教师作有关促进在线教学有效性的主题分享。非常荣幸能和自己一直仰慕的专家徐曼菲教授、黄丽燕教授、刘晓斌教授出现在同一海报、同一会场，并聆听黄丽燕教授对我课例的点评，受益匪浅。没想到，当天收听云分享会议的除了有来自全省各地数千位一线英语同仁外，还有高校的专家教授。很幸运，我的课以及现场的分享也获得广东外语外贸大学教授的认可，会后他们主动联系我，并邀请我为广东外语外贸师生作一场两个小时的专题讲座——关于如何设计一节优秀的语法课——并将我的课例录入广外的教学课例。2021年1月，这份案例又经专家推荐，收录于《广东省基础教育优秀在线教学案例集》，并在全国发行。而我，也因为这一节公开课孵化出的成果深刻地体会到了这句话的含义——人生没有白走的路，每一步都算数。回看这些成果，满满的感动和感恩。其实，一节公开课可以孵化的成果还不止这些。比如，这节课的一些教学片段成为了我日后的讲座素材，课例形成课例论文，作业设计成为我们单元视域下的课程和作业设计的重要素材，当然，从这堂课反思出的问题，还可以进一步做课题研究。

其实，在一次又一次的磨课中，我在观念上和教学方法上都得到了很好的提升。我想，如果我们能够长期坚持以公开课磨课的标准来对待每一堂常规课，精雕细琢，那么，学生在有效的教学当中将会得到更大的成长机会，假以时日，他们的学科素养也会不断地提升，而我们的备考也将事半功倍。

近几年，我承担了不少面向省、市师生的公开课。每一节课的设计都不仅仅是简单的知识搬运，更是融入了我的学生观、世界观、人生观和价值观，我的人生阅历、创新思维、思辨精神、合作精神，还有我对主题意义的理解、包容度、解决问题的能力，等等。这让我更加坚定了要丰富学识和阅历，营养情操，才对得起我们这份教书育人的事业。

从这些经历中，我也深刻体会到：我们拥有广阔的舞台，只要我们勇敢拥抱变化、迎接挑战，每个人都会拥有属于自己的灿烂。

（三）我爱故我在

唯有热爱可抵岁月漫长。前面讲的不管是"学"，还是"变"，其实都是以"爱"作为基础。正因为有对学生的挚爱、对教育事业的热爱，我才更有内驱力去学、去变，也因此促进了我的学习力、行动力、反思力、研究力、沟通力。而这些，不正是教师专业成长所必需的素养吗？

我的第三个故事是"一首小诗"。故事发生在网课期间，通过直播数据，我发现有几个学生偶尔会逃网课。一天晚上，备完课已经凌晨十二点，想起那几个逃课的孩子，不知为何脑海中突然浮现出这首小诗。第二天，我在直播间声情并茂地配乐朗诵了这首《听与不听》，改编自仓央嘉措的《见与不见》：

> 你听，或者不听，课就在那里，不早，不晚；
> 你急，或者不急，高考就在那里，不远，不近；
> 你学，或者不学，知识就在那里，不多，不少；
> 你跟，或者不跟我，我的指导就在屏幕前，不离，不弃；
> 来我的直播间，或者，让英语住进你的心里；
> 默然，相爱，寂静，欢喜。

直播间里顿时炸开了锅。之后，那几个孩子再也没有逃过网课，我不确定这是否与我的诗有关系。但我想说，作为英语老师，除了眼前的课堂、分数，我们还应该有诗和远方。其实只要我们心里装着学生、眼睛看着学生、课程为着学生，求明，不求名，学生是一定能感受到我们的爱的。

爱，是最好的良方。秉持对学生的爱与尊重，我会不断地思考和汲取养分，充实自己，以更大的格局、更宽的眼界、更正的三观、更积极的态度去影响一代代的学生，帮助他们成长、成才。成就学生的同时，也成就自己。

回顾我的专业成长轨迹，我大概用 3～5 年站稳了讲台，用 10 年形成了稳定的教学风格，而我更愿意用一辈子去做一位有情怀的教师，跟学生共同成长。"我学故我在""我变故我在""我爱故我在"，这三者其实是相辅相成、互相融合的。

三、我的教学实例

非谓语动词作定语——描述英雄

（一）教学目标

根据 2017 年版普通高中课程标准和教学大纲关于三维目标的描述，结合学情和教材内容，我将本节课教学目标设定如下。

1. **知识目标**

（1）引导学生观察发现，归纳出不同非谓语形式作定语时在意义和用法上的区别。

（2）在新创设的语境中使学生理解非谓语动词做定语与定语从句间的联系。

2. **能力目标**

（1）学生能在新创设的语境中，熟练掌握与非谓语动词有关的语法填空、改错等高考题型的解题思路。

（2）学生能有意识地运用非谓语做定语，写出更生动、简洁、高级的句子，增强作文色彩，能用非谓语来描述英雄人物，进行交际。

3. **情感目标**

学生能在新的语境中发现学习英语语法的乐趣。

（二）教学重点

（1）引导学生归纳出非谓语做定语的不同形式的用法及意义，构建语法知识体系。

（2）在高考语法填空、改错和作文等题型中熟练运用非谓语动词做定语。

（三）教学难点

（1）创设语境，突破非谓语做定语的难点知识。

（2）创设语境，提高学生自如地运用所复习的语法的能力，增强作文色彩。

（四）教学步骤

Step 1 Lead-in

A song named "Hero" and a video clip about spider man.

Step 2 Experience

Spiderman's Story

Spiderman is a boy named Peter. A spider running out of the scientific lab happened to bite him. Then Peter got the super power to fly freely. He became a super man dressed in the costume as a spider and flying around the city. After Uncle Ben got killed by Sandman, Peter realized he had the responsibility to fight against the bad guys and to save people faced with dangers. A young actor, Tom Holland, stars in "Spiderman, Far From Home", which is a fictional film published on July, 2019 and the sequel being expected by Marvel Fans now is still in production. Who will star in the sequel to be published in the future?

Step 3 Explore

Observe the following sentences and discover the grammatical rules of non-predicate verbs as attribute.

（1）A spider running out of the scientific lab happened to bite him.

doing：_____

（2）"Spiderman, Far From Home" is a fictional film published on July, 2019.

done：_____

（3）Peter realized he had the responsibility to fight against the bad guys and to save people faced with dangers.

to do：_____

（4）The sequel being expected by Marvel Fans now is still in production.

being done：_____

（5）Who will star in the sequelto be published in the future?

to be done：_____

Step 4 Summary

For blank filling and proof reading

（1）Analyze the sentence components, find the predicate, and identify the non-predicate.

（2）Follow the rules of non-predicate verbs as attribute. （见图 10 - 1）

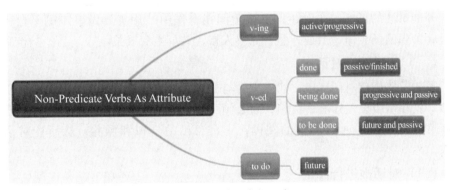

图 10 - 1　动词变化示意

For writing

Sometimes using non-predicate verbs properly can make your writing more concise, vivid and advanced.

Step 5 Moral Teaching

Guide the students to figure out the common qualities of heroes and give a new definition to "hero".

表 10-1　"英雄"的定义

H	hardworking, hopeful, helpful…
E	energetic, enthusiastic, extraordinary…
R	reliable, responsible…
O	optimistic…

Hero is a name to everyone using their powers to empower others.

Knowledge is power. —Francis Bacon

四、我的教学主张

对话·合作·共享

雅斯贝尔斯说，真正的教育应该是"人与人的主体间的灵与肉的交流活动"，而不是"理智知识和认识的堆集"。英语教学本质也是一种致力于相互理解、相互合作，致力于和睦相处、共享共生和共同创造的对话过程。英语课堂是师生开展对话的场所，是师生间、生生间在合作中"用英语做事"的平台，在这里，师生激扬生命，启迪智慧，完善人格，共享生命成长。

（一）促进教学对话

首先，要优化对话环境，建立平等与交互的教学关系。其次，要培养倾听的习惯。我在班级设置知心话信箱，耐心倾听孩子们各种思想的表达。同时，要不断修炼对话技能。通过广泛的阅读，丰富自己的学识和涵养，从而让对话更有效。

（二）对话推进合作

1. 运用任务型教学

任务型教学法强调"用语言做事""在做中学"。设计任务时，联系生活实践，启发想象力和创造性思维。让学生用英语做"真实的事"，在合作做事的过程中，不仅培养学生综合运用语言的能力，还培养学生人际交往、思考、决策和应变的能力，促进学生的全面发展。

2. 构建学习共同体

引入竞争机制，让学生构建学习共同体，从而激发其内动力。我设计了一系列活动来激发学生的内动力，例如，"宿舍擂台赛""班级争霸赛""小先生制"等，效果不错。

（三）合作走向共享

1. 合作促进共享

合作是共享的基础，共享是合作的必然结果。在"用英语做事"的过程中，学生合理分工，相互配合，承担责任，真诚对话，做到人尽其能，互惠互利，共享学习成果。

2. 共享走向多元

在开放的、动态的教学对话中，我们不仅要异中求同，而且要同中求异。共享并不意味着"达成一致"，同样要求尊重差异、鼓励多元。

总之，教学中只有充盈着对话与合作，师生才能共享共生，共同追求教学的幸福生活，成为具有创新精神的现代人。

五、他人眼中的我

（一）专家眼中的我

苏烨老师的课教学目标具体、清晰，教学容量适合；整体教学设计巧妙，教学思路清晰，教学流程的层次感及逻辑性很强。本堂课的亮点是将真实鲜活的具体语境融入学生的语法学习当中，基于语篇进行语法讲解的这一做法符合2017年版课标要求。同时，整堂课围绕一个主题语境贯穿全程。通过教师的引导，学生在表达自己的看法时逻辑性比较清晰，教学效果较明显。虽然是一堂语法课，但是整节课的文化价值和意义生成是层层递进的，从歌曲到视频到文本，采取不同形式介绍同一主题的内容，让学生在不同类型的语篇中感知英雄的特征，到最后让学生用本节课的语法点去介绍自己心目中的英雄，整体逻辑性非常清晰，也非常有利于学生正确价值观的形成。这虽是一堂网络直播课，但师生之间的互动流畅而自然，学生积极地参与到学习的过程中，师生之间的配合相得益彰。教师的 PPT 制作精良，通过不同的颜色来突出重点内容。

华南师范大学外文学院副院长，教授，博士生导师   黄丽燕

（二）同行眼中的我

苏老师不仅专业过硬，而且认真用心，既尊重学科，又尊重学生，是位真正热爱教育又有情怀的聪颖老师。听完苏老师的讲座，脑子里浮现八个字：认真、严谨、热爱、尊重。深感苏老师对教育事业的热爱，对教学工作的精益求精的敬业精神。从她分享的获奖课例看，每个细节都体现了她那扎实的专业知识、现代化教学手段、和蔼可亲的态度。没有高深空洞的大道理，却把时事热点、学生日常感兴趣的话题巧妙地运用到课堂上。课堂是引导，搭足够的支架启发学生去探索，掌握相关知识，从容中蕴含巨大的凝聚力和感染力。网课期间她用自己写的一首小诗不愠不火地就把逃课学生的心给拽回来，可见她的魅力非凡。

东莞市第一中学集团中堂实验中学教师   黎晓春

（三）学生眼中的我

还记得那一天，轻轻地您来了，如一阵和煦的春风，不经意闯进我的世界。尽管我不是最出类拔萃的学生，但您是我最好的老师。唯独您的课，我犯困也甘心忍住。很享受与您一起学习英语的过程，您让我认识到"快乐地学习英语"不是不可能的。您让我从以前的强迫自己上英语课，变为期待上英语课。您甚至可以将枯燥无味的作业评讲都变得生动有趣。人生的一大快事真的是莫过于在享受中体验成功。我不得不赞叹：老师，您的英语课讲得实在太好，无论是从学习上，还是从课下的闲聊上。这是我从第一节英语课就发自内心的感叹。喜欢您的外向，喜欢您的洒脱，喜欢您的亦师亦友，喜欢您独特的人格魅力……我会很想很想您的。我一定不会忘记：我高中的英语老师叫 Sunny，是一缕照亮我们两个班一百多个学生心灵的阳光。

东莞市第一中学 2017 届毕业生　　赵俊伟

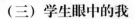 点　评

风格就人本身。人如其名（"烨"），课也如其名（"Sunny"）。一个学生小组给自己的机器人取名为 Funny，寓义"Follow Sunny"。教师独特的教学风格，你总结，或不总结，就在那里，会深深地嵌入到学生的记忆中。苏烨老师的课充满激情，魅力四射，让人难以忘怀。

广东第二师范学院教授　　闫德明博士

民主平等，简约风趣，思想自由

朱艳芳（高中英语）

 个人简介

朱艳芳，女，东莞市第一中学教师，中学英语高级教师，东莞市名师工作室主持人，东莞市高中英语学科带头人，东莞市高中英语新教师导师。多个课例获省、市级优课，开展省、市级学科示范课或讲座十余次，五次以副主编或主要编委身份参与教辅资料编写；在省、市级刊物发表论文十余篇；主持和参与省、市级课题共十四项，多个课题取得阶段性成果，其中，一项主持课题获东莞市教育教学成果奖一等奖；作为主要成员参与的四项课题中，两项获东莞市教育创新成果奖二等奖、一项入选东莞市基础教育优秀教学成果培育项目、一项获广东省中小学教育创新成果三等奖。

一、我的教学风格解读

教学风格没有好坏之分，一名教师的教学风格与其个人性格、际遇、知识素养有关，采用什么样的教学方法、形成什么样的教学风格都是好的。

我的教学风格是什么？什么样的教学风格才适合我？回顾自己从教十多年走过的路，从初出茅庐的稚嫩与青涩，经过了在教学中的探索与努力，到现在的平和与成熟，我一直在教学中尝试着追求一种"民主平等、简约风趣、思想自由"的风格。

（一）民主平等

在平时的学习生活中，我尊重学生，平等对待每一位学生。面对学生的诉说，我一定会认真、专注地倾听，这本身是对学生的一种尊重，也是直面学生的心理需求。在与学生的接触中，我坚持给学生以期待和激励，增强学生的积极心理暗示。在班主任或平时的教学工作中，我们避免不了要惩罚学生。那么，作为班主任或学科教师，要懂得"罚"的艺术。我一般会私下做好被处罚学生的思想工作，使其正确认识错误，并努力改正。一般情况下，如果时间允许的话，我在罚学生之前都会先找他谈话，让他意识到自己的错误，并且让他有心理准备：老师将会在全体同学面前处罚他。如果突然在全班宣布，在一定程度上会伤害他的自尊心。教师要懂得尊重学生，因为学生是在教师的尊重中学会做人、学会自

尊的。

（二）简约风趣

在语言的学习过程中，兴趣是最好的老师。课堂一定要让学生有参与感、获得感、成就感。在备课时，我认真考虑如何调动和吸引学生；怎么把教材内容变得贴近学生的生活；怎么展现英语在实际生活中的意义和实用价值。在教学中，我力求讲解生动，形式多样，操练灵活；我还经常给学生展现英语魅力的不同方面，使他们产生对知识的强烈欲望和学习动机，从而明确学习目的、端正学习态度，并逐步形成自主学习能力。为了使学生乐学，我努力建构自己独特的教学风格和个人魅力。

（三）思想自由

在英语的教学过程中，我时刻注意培养学生独立思考、发现问题与提出及解决问题的能力，这种能力对于提高学生的自主学习能力至关重要。在平时的教学中，我的做法是：在课前要求学生预习，找出语言点；课后整理总结笔记，并发现重难点。有时我也会要求学生当堂阅读一篇新课文，认真阅读，假设自己是老师，画出自己认为该讲授的内容，画出重点词组、重点句子以及一些难句。然后到黑板写下他们找出的内容，同组同学可自由到台上补充，之后我再根据他们所找的内容逐一讲解。个人认为这方法挺好的，因为可以让大部分学生参与教学活动中。在这样的课堂中，学生很快乐，他们自己去发现问题，这样不仅锻炼了学生自主学习的能力，也增强了他们的成就感。

二、我的成长历程

2003年6月，我毕业于华南师范大学外语系，来到东莞市第一中学工作。我从走上这个岗位以来就一直认真履行着教师职责，用自己的青春和心血谱写杏坛之歌，用自己的执着托起明天的太阳，以求无愧于"人师"这个称号。我在教学中思考，在思考中改进教学，博采众家，向同行学习，向学生学习，不断更新自己的教育教学理念，提升教学技能，逐步形成属于自己的教学风格。这既是我个人努力的结果，更是领导和同行帮助的结果。反思自己从教以来的收获，更多的是自己心底里真切的踏实和点滴的小确幸。它们是我教育生涯中小小的幸运与快乐，是流淌在我教育生活中的每个瞬间且稍纵即逝的美好，是内心的宽容与满足，是对人生的感恩和珍惜。

（一）青涩期

记得刚毕业来到东莞市第一中学时，很是陌生。当时的一中还是莞城一中，是一所完全中学。当时有二十多位新入职的老师，一半安排在高中部，一半安排在初中部。我被安排到初二年级。因为我很喜欢跟小孩子玩，很快就跟学生打成一片，关系非常融洽，当然成绩也非常突出。大概在十月底，我上了一节校内公开课，当时陈文清校长给予了极高的评价。到 2004 年初高中分流，我被安排到高中部。2004 年来到我们一中新校区——牛山钟屋围村，当时的环境真的非常艰辛。因为场地受限，高一新生军训地点在虎门沙角部队，那段日子也是满满的回忆啊，超级艰辛！2004 年至 2007 年，我一直担任班主任工作，完成了第一轮高一至高三循环教学，高考成绩优秀，超额完成任务，并因此在 2007 年高考总结大会上发言，分享成功经验。2007 年至 2008 年，我继续担任高三班主任工作，并顺利完成任务。

（二）成长期

在东莞市第一中学，我非常幸运地遇到了一位非常优秀的教师——裴海燕老师。尤其幸运的是我刚入职时与裴老师结成师徒，让我有了更多向裴老师学习的机会。裴老师教学态度认真，对研究深入思考，是我学习的榜样。由于经常与裴老师探讨，我也得到了很多的启发和灵感。

2009 年至 2012 年，我完成了第二轮高一至高三循环教学，并担任备课组长。2010 年，我成为首届高中英语名师工作室——东莞市裴海燕名师工作室指导教师兼秘书。在工作室任期的三年间，裴老师带领我们去麻涌中学、塘厦中学、万江中学、东莞市第二高级中学等学校开展送课到校、读书交流会、同课异构等活动。在这期间，我聆听了很多大学教授和一线名师的专题讲座，从课堂教学、听课评课到课题研究、编制试卷等方面的指引，受益匪浅。我认为，正是那三年的学习和锻炼为我后面的成长打下了坚实的基础。那段时间我超级忙，但也得到了很好的锻炼，积累了很多经验。

2012 年至 2013 年，作为裴海燕名师工作室导师，我参加了广东省高中英语骨干教师培训，并在培训结束时被评为省级骨干教师培训优秀学员。此次培训中既有专家的理论指导，又有一线教师的实际讲解。同时，我还参加了广东省何树声名师工作室的跟岗学习。每一次的学习和培训都带给我很多启发和收获。而我认为，最为珍贵的是与何树声校长结缘，何校长渊博的学识和人生智慧让我受益颇多。在那次跟岗学习中，何校长经常说的一句话让我记忆犹新：学生的掌握就是最大的进度。那次跟岗学习对我来说是一次教学的分水岭。跟岗之前，我的教学可能更多地关注教师的进度、学校要求的进度；而跟岗之后，我更关注的是学生掌握的程度，从那以后，我把课堂更多地交给了学生，更注重培养学生的自主学习能力。跟岗期间，在何校长的指导下，我第一次独立承担了何校长主导的省级课题"中学英语自主教育策略研究"下的一个子课题"高中英语阅读教学培养学生自主学习能力的研究"。何校长耐心、详细地指导我们怎样写申报书、怎样开展课题研究、怎样撰写课题成果，此课题于 2014 年 12 月顺利结题。

2012 年至 2015 年，我完成了第三轮高一至高三循环教学，同时担任班主任工作兼备课组长；2015 年所带班级成绩突出，高考中超额完成任务，我再次作为优秀教师代表在 2015 年高考总结大会发言，与全校老师分享经验。2015 年至

2016年，我继续负责高三教学工作，并于2016年1月被评为第四批高中英语学科带头人。作为学科带头人，在东莞市教育局教研室教研员何明老师的带领下，我于2016年12月7日到东莞市莞美学校送课，得到何老师、莞美学校领导和英语科组老师们的一致好评。

2016年起，我被聘为东莞市新入职教师的导师，2016年至今我受邀到教师发展中心对新入职教师做过七场讲座。在担任新教师导师期间，我秉承认真负责、爱岗敬业的工作态度指导学员们，与他们建立远程联系与指导方式，及时解答他们的问题。指导每位学员规范书写教学设计，听取组内两位新任教师的一节现场课，同时，我在2016年11月9日向所有学员展示一节示范课并组织他们交流。与新教师沟通交流的同时自己也学习到很多，与新教师共同进步、共同成长。

2019年至今，共有十二位来自东莞市不同学校的新入职老师到我校进行为期近两个月的跟岗学习，我负责这些老师的学科和班主任带教工作。在带教过程中，我知无不言，毫无保留地与其中四位见习教师分享经验方法，并安排每节随堂听，以及观摩科组其他老师的公开课。跟岗期间，每位老师都听了四十多节课，听完再组织他们评课，让他们在评课过程中学会思考，提升自己的专业能力。2016年至2017年，我再度担任高三班主任工作，又一次超额完成任务。

（三）蜕变期

因为前面工作的沉淀、积累，加上有学科带头人这个市级荣誉，我在2017年12月评上高级职称。2018年10月，我评上东莞市中小学名教师工作室主持人。所以，平时只管做好分内事，脚踏实地，等机会来临的时候，它自然会眷顾你。

2019年至2021年，我完成了第四轮高一至高三循环教学，同时担任备课组长，我认真研究新课程标准，努力探索教学最优化策略，所在备课组英语科成绩优良，在历次统考及高考中，各项指标位居全市前列，因此，我作为优秀备课组长代表在2021年高考总结大会做经验介绍。2021年至2022年，我继续留任高三，担任班主任工作，经过科任老师和全班同学的共同努力，高三（12）班在高考中共有四十人达到特控线，在所在年级量化第一。

这三年期间，我既是东莞市高中英语名师工作室主持人，又是备课组长。工作非常忙碌且充实，同时也感恩遇见那么多帮助我、指导我前进的人。任务越多，责任越大。而这份责任也会促使我不断努力，不能松懈，踏踏实实做好每一件事情。

走上三尺讲台，教书育人；走下三尺讲台，为人师表。无论是生活还是工作，请保持良好的心态，保持自己内心的那份宁静。不要抱怨，乐观去面对一切。心怀感恩！我将继续努力学习各种教育理论，勇于实践到课堂中，不断梳理与反思自己的教学方法，促使自己不断成长。

三、我的教学实例

课题：MOVIES — LISTENING AND SPEAKING（Role Play）

理念：以学生为主体，寓教于学，将听说教学融于情景当中。

（一）背景分析

2011 年 3 月，广东省举行了第一次高考英语听说考试。考试采用人机对话的测试方式，体现了交流和沟通是英语学习的根本目的。听说是一项综合技能，其中涵盖对英语语音语调、语法、词汇等诸多方面知识的掌握，不仅要求学生能够听懂，而且要能够流利地说出来。

本节课 Role Play（角色扮演）是高考英语听说考试中 Part B 的内容，高二学生对此课型不是很了解，没有掌握此类题型听的技巧。因此，我决定开设 Listening and speaking（Role Play）课型，目的是通过此课让学生初步了解听说考试中 Part B（Role Play）的题型以及完成此题的技巧。

（二）学生分析

就学生而言，他们对听说课中的 Role Play 是陌生的。为了降低难度，让学生有信心完成初步接触的听说课型中的 Role Play，我选用电影作为 Topic，学生刚学完 B8U4 Pygmalion，欣赏了电影 My Fair Lady，同时对 Audrey Hepburn 有一定的了解。因此，遵循学生为主体的原则，聚焦讨论学生更感兴趣的话题，能调动学生的积极性，以便更好地达成教学目标。

（三）教学目标

（1）知识目标：让学生了解和掌握听说考试 Part B 中 Role Play 的题型以及关于电影的相关表达。

（2）技能目标：解决学生在高考听说中怎么提问、怎么回答的技巧问题，在日常交际中能够正确交流和沟通。

（3）情感、态度和价值观目标：培养学生自主学习能力，提高学生的语言分析能力，使学生形成正确的人生观、价值观。

（四）教学重点和难点

（1）教学重点：了解和掌握听说考试 Part B 中 Role Play 的题型及三问五答的解题技巧。

（2）教学难点：能够流利地通过"问"和"答"的形式交流和沟通，用英语介绍电影。

（五）教学方法和手段

（1）教法：情景式教学法，任务型教学法。

（2）教学手段：多媒体辅助教学。

（六）教学过程

Step 1：Lead in

Introduce Audrey Hepburn and her achievements.

T：Good morning, class. Do you know this beautiful lady?

Ss：Yes. Hepburn.

T：How much do you know about this famous film star?

Ss：A little.

T：OK. I will introduce her to you.

Step 2：Listening—Role Play

Tom and Mary are talking about the film *My Fair Lady*.

T：Do you know the boy?

Ss：He is Tom.

T：Then do you know his idol?

Ss：No, we don't know.

T：Tom regards Audrey Hepburn as his goddess. Now he and his friend Mary are talking about the film *My Fair Lady*.

Teach some listening skills.

T：In this part, you are required to act as a role and complete three communicative tasks：listen to the speaker, ask the speaker three questions and then answer five questions.

T：Here are some skills.

（1）Watch a video and take some notes including persons, time, place, number and some related information.

（2）Ask three questions. After asking a question, you had better listen to the answer from the computer carefully and take some notes.

（3）Answer five questions in brief, not a whole sentence.

Listen to the tape and take some notes including persons, time, place, number and so on.

情景介绍——故事梗要：Tom 和 Mary 谈论电影《窈窕淑女》。

生词：adapt 改编；indomitable 不屈不饶的

Now please ask the speaker three questions.

Students are asked to do it orally.

T：Audrey Hepburn 什么时候出生的?

S1：When was Audrey Hepburn born?

T：Audrey Hepburn 在哪部电影扮演安妮公主?

S2：In which film did Audrey Hepburn act the role Princess Ann?

T：人们怎么评价 Audrey Hepburn？

S3：What do people think about Audrey Hepburn？

Listen to the answers to these three questions.

Students are asked to fill in the blank.

Q1：When was Audrey Hepburn born？

S4：Audrey Hepburn was born in Brussels，Belgium，on May 4，1929 and died in 1993. Her parents divorced when she was young and Audrey Hepburn went to live with her mother in the Netherlands.

Q2：In which film did Audrey Hepburn act the role Princess Ann？

S5：She was chosen to be the lead in *Roman Holiday*，opposite Gregory Peck. For her role as Princess Ann，she won the 1953 Academy Award for Best Actress and began a string of box office hits（一连串的票房）.

Q3：What do people think about Audrey Hepburn？

S6：While Audrey Hepburn's loveliness may have gotten her noticed，it was her talent that made her a legend（传奇），as well as her heart.

Five Questioons.

T：Now please get ready to answer five questions.

Ss：A1—On Oct，21st；A2—Audrey Hepburn；A3—In 1993；

　　A4—Princess Ann；A5—Her loveliness

Step 3：Speaking

T：In group of four，talk about some famous films，including the director，characters，film stars，main plot，genres（种类）and so on.

Read the names of the films and the film genres together.

老师带读，目的是解决学生谈论过程中遇到的生词障碍。

Step 4：Guessing game

T：One student is asked to guess the name of the film. He or she can ask some questions，and other students answer the questions. Other students can not mention the NAME of the film.

附1：These questions may be helpful.

（1）Is it a Chinese film or western film？

（2）Who directed the film？（the name of the director）

（3）Who starred in the film？

（4）What genre is the film？ Is it a cartoon，comedy，tragedy，action，romance or detective film？

（5）What is it mainly about？（plot）

Step 5：Interview—presentation

T：Interview your partner asking some questions. Get to know his or her favorite film. （见表 11 – 1）

表 11 –1　Favorite film

Your favorite film	
Film stars	
Main plot	
Impression/ feeling	

Some useful questions for you：

（1）What is your favorite film?

（2）Can you tell me who starred in the film?

（3）What is it mainly about? （plot）

（4）What do you think of the film? //What can you learn from it?

T：Now I would like to ask some students to present. （见表 11 – 2）

表 11 –2　Sentence patterns

Type （genre）	The movie _____ is a（an） _____.
Content （plot）	It is about a _____ named _____ who _____.
Feeling	We can learn _____. / /What we can learn is that _____.
Opinion	I like it because _____. //It is _____. That's why I like it.

附2：给学生提供一篇范文，让他们了解如何介绍一部影片。让他们每次完成任务时都有明确的方向。

My partner's favorite film is *My Fair Lady* which was set in London in the early 20th century. Professor of phonetics Henry Higgins trained Eliza, a flower girl, who could pass herself off as a duchess at an ambassador's garden party. Eliza made a spectacular first appearance at a ball, where people were attracted by her beautiful tones and elegant manners. The play shows the phenomenon in which the greater the expectation placed on people, the better they perform.

Step 6：Homework

Write a short passage My Favorite Film.

四、我的教学主张

从教以来，我的专业成长一直在路上，对教学的思考也一直在路上。在我看来，教学是学校教育服务于学生成长的最主要的途径和最中心的工作。只有丰富的课堂才能带给学生心灵的自由飞翔，才能唤起学生创造的冲动，才能激发学生分享的内在需要。作为教师，我们要努力为学生的成长与发展提供机会，要创造氛围与情境，让学生深度参与，从而为学生展示自我、发现自我和发展自我提供足够的时间和空间。

（一）建立融洽的师生关系

在教学中，我善于赏识学生，去发现学生的优点，对学生毫不吝啬地表扬，使之保持愉悦的学习心境，从而使学生的思维处于良好的活动状态，产生求知欲，强化学习效果，并取得求知的成功。教师对学生友爱、尊重的态度使师生双方都能发挥各自的长处。

在课堂上，教师应提供机会，鼓励学生大胆将自己的思维过程展示出来，例如，在课堂中，我经常鼓励学生走上讲台，把自己的想法分享给全班同学。我没有对他们的观点做出评判。对于每个学生而言，只有适合自己的方法才是最好的。这样不仅使每个学生都有机会展示自我、享受成功，更能引起学生从不同侧面对问题产生再认识和再思考。

（二）提高课堂的趣味性

1. 培养兴趣，激发动机

在语言的学习过程中，兴趣是最好的老师。兴趣培养起来了，会为学生形成自主学习能力打下基础。我通过各种途径，借助多媒体辅助教学手段，向学生展现英语语言的魅力，使学生从内心产生学习英语的动力，兴趣就会逐渐培养起来。我创建开放课堂，通过各种形式和活动，充分调动学生的积极性。课堂一定要让学生有参与感、获得感、成就感。即使在紧张的高三英语教学期间，我仍然会在讲阅读理解时播放一些相关视频，开阔他们的视野；仍然会组织学生小组合作学习和展示，培养他们的团队合作精神。这些看似与高考无关的事，其实是息息相关的。我们可以跳出教材的局限性，跳出为考试而教的功利心，回归语言的本质，领略世界的多彩，见天地众生，享受学习的过程。

2. 巧妙设计教学，使学生乐学

为了做到这一点，我努力建构自己独特的教学风格和个人魅力。事实上，学生乐学的很大原因是"亲其师，信其道"。教师优美铿锵的语言及语调会让学生对语言产生美好的遐想和追求，热情洋溢、充满激情的教学活动设计会打动、感染他们。另外，我还不断培养幽默风趣的语言风格，充分发挥身体语言的能力，这是培养学生积极情感态度的又一重要方面。它包括微笑传递、眼神接触、手势语言、耸肩表意等。老师的一个眼神、一丝微笑、一个恰到好处的耸肩和手势都会把鼓励、期盼、等待、肯定、赞扬等传达给学生，这些无声的语言会感染和激励学生，给他们信心、力量，以及克服困难的勇气。

我在课堂活动中会根据不同基础的学生以及课堂的不同阶段，设计合适的学习任务，让学生在完成任务的过程中学习知识并运用知识，达到知识的内化，促使学生用自己的方式去理解教材、感知教材、完成任务，以培养学生的英语自主学习能力。我经常让学生在课堂中以同桌为单位进行讨论，以英语对话的形式交流自己的观点，这样既激发了学生的学习兴趣和课堂参与的积极性，把学生的英语学习同他们的生活有机地结合起来，缩短课本知识与实际生活的距离，又开阔了学生视野，满足学生获取知识的愿望，使学生英语综合素质的培养由课内延伸到课外。

3. 培养学生自主探究能力

在英语的教学过程中，我时刻注意培养学生独立思考、独立发现问题与提出及解决问题的能力，这对于提高学生的自主学习能力至关重要。所谓"自主学习"，就是使每一个学生都成为学习的主人，学生在教师的指导下，进行自主性、探索性和研究性的学习，通过思考、探索、实践等活动去获取知识，并在主动探索的过程中，获得积极情感体验的学习方式和学习过程。

在平时的教学中，我会在课前要求学生预习，找出语言点；课后整理、总结笔记，并发现重难点。有时我也在课堂上要求他们先读课文，在书本上画出重点词组、重点句子以及一些难句。然后叫同学们在黑板上写下他们找出的内容，其他同学可自由到台上补充，之后我再根据他们所找到的内容逐一讲解。大部分学生能参与到教学活动中来，他们是快乐的，这样的方式不仅锻炼了学生自主学习的能力，也增强了他们的成就感。

在英语教学中，教师要尊重学生、相信学生，把学习的主动权交给学生，放手让学生去大胆学习、实践，充分调动学生的积极性，发挥其主观能动性和潜能，使学生愿意并乐于学习英语，从而提高英语教学质量。教学的本质和意义在于教学生学会学习，教是为了不教。

五、他人眼中的我

（一）专家眼中的我

我眼中的朱老师是一个有干劲、有想法、有方法，对学生用心、对同事关心的好老师。作为东莞市名教师工作室主持人，她有着丰富的教学经验，在教学中积累了一些有创意的思路并付诸实施，取得了很好的教学效果。同时，她通过工作室，乐于把自己宝贵的经验分享给年轻老师，在她的传、帮、带之下，东莞一中的英语科组迅速成长起来，成为东莞高中英语一道亮丽的风景线。

华南师范大学外国语言文化学院教授　　刘晓斌

（二）同行眼中的我

朱朱在我心目中既是精通专业知识的"经师"，又是涵养德行的"人师"。

首先，她倾心教学，在知识传授方面精益求精。课堂精心设计，导入新颖有趣，环节紧凑，重难点突出，以学生为主体中心，授课方式生动有趣，是知识性、趣味性、思想性、艺术性的完美结合。尤为印象深刻的是她参加市品质课堂比赛时主动学习信息化技术，提高自身软实力。从教二十载，仍不减热爱，认真、细致、好学的态度从未改变。其次，她致力于攀登科研高峰，笔耕不辍，连年多产。秉承"以研促教、科教融合"的原则，她与时俱进，精进科研业务能力，年年撰写学术论文，年年被评为校教科研先进个人。最后，她心怀大爱，是很多同事、很多学生亦师亦友的人生引路人。对年轻教师呵护备至，认真带教、示范引领、启发思想、关爱成长。以人格魅力呵护学生心灵，以学术造诣开启学生智慧，把自己的温暖和情感倾注到学生身上，助力学生的健康成长。

言不能尽，由心敬之。亲爱的朱朱，敬爱的朱老师，感谢相随，亦风亦云；感谢相拥，亦真亦诚。人生路途有你相伴，感激感恩。

东莞市第一中学英语教师　　李晓君

（三）学生眼中的我

我眼中的朱朱老师是一个开朗、阳光、永葆年轻心态的人。在教学态度上，她不断追求进步，不断提升自我，对学生因材施教；在课堂上，她思维清晰，循循善诱，总能以饱满的热情感染学生；在生活上，她待人真诚友善，以乐观活泼的心态对待生活中的点滴，她的脸上总会挂着笑容，温暖着身边人。她对待工作的认真，对待自己的严格，对待生活的热爱，都在潜移默化地影响着我，这就是在我眼中的朱朱。

东莞市第一中学 2016 届毕业生　　陈子敏

📝 点　评

朱艳芳老师的案例谋篇布局合理，美观整洁，能让人清晰流畅地阅读。文字简洁流畅，准确提炼出自己的教学风格，课例恰当地诠释了此教学风格；真实具体地阐述了她作为名师的专业成长历程，教学主张层次清晰、简洁明了。专家、同事及学生对她的评价真实、真挚且具体。

广东第二师范学院教授　　闫德明博士

坚持"三实"，用心育人

刘坚（高中政治）

个人简介

  刘坚，东莞市第一中学高中政治教师，2009 年毕业于华南师范大学思想政治教育专业。参加工作十余年来，以踏实的工作态度、积极的工作作风、良好的工作业绩，多次荣获校"优秀教师"和"优秀班主任"等称号。积极参加省、市、校举行的各类教学教研活动，有多篇论文、多个教学案例和优课获省、市奖励，曾作为核心成员参加两个市级课题研究。2017 年被评为校"教坛新星"，2019 年以总分第一名的成绩被评为东莞市高中政治第三批"教学能手"。

一、我的教学风格解读

  古希腊著名哲学家苏格拉底有句名言：认识你自己。的确，一个人只有认识了自己，才能在人生的道路上走得更稳、更远。从事高中思政课教学工作已有十余年的时间，经过岁月的磨炼，我逐渐从一名教学新手成长为一名教学能手，在教学实践中慢慢塑造了富有个人特色的"三实"教学风格——踏实、真实、厚实。

  踏实是一种积极有为的工作作风，是把一件事做好的必要条件。我出生于农村，父母都是地道的农民。他们身上展现出来的吃苦耐劳的品格深深地影响着我，让我逐渐养成了踏实肯干、不怕吃苦的优良作风。走上工作岗位后，这一优良作风成了推动我专业发展的重要动力。虽说教学是一门遗憾的艺术，但从步入工作岗位之日起，为了尽可能地减少遗憾，我时刻提醒自己要努力把每一项教学常规工作做细、做实。正是凭着踏实好学的态度，我遇见了讲台上更加自信的自己；正是本着踏实认真的作风，我赢得了同行的认可和学生的喜爱。学高为师，身正为范。为人师表最好的做法就是以身作则，率先垂范。让我感到欣慰的是，我在教学上的踏实耕耘不仅收获了自身的成长，也潜移默化地影响着学生，引领他们健康成长、发奋成才。

  真实是打动学生的一个有力法宝。教育的真谛不是灌输，而是点燃。在专业成长道路上，我一直在探索落实立德树人根本任务的有效策略。经过不断的实践

· 114 ·

和反思，我发现"真实"二字在落实立德树人根本任务上有着独特的作用。在我的课堂上，我力求做到：立足真学情，创设真情境；实施真探究，进行真思考；表达真想法，开展真交流。借助来自真实生活的情境素材，调动学生分析问题和解决问题的积极性，让学生感受到知识与生活之间的密切联系。在这个基础上开展的思政课教学，虽然教学准备阶段需要投入更多的时间和精力，但换来的结果是点燃了学生思维碰撞的火花，激发了学生追求真理的热情。

厚实是引领学生成长的内在要求。思政课被视为落实立德树人这一根本任务的关键课程。作为一名思政课教师，我从未忘记自己身上肩负的使命和责任。在教学过程中，我给自己提出了明确的要求，既要让学生从我的课堂里学到必备的学科知识，又要重视培养学生的学科素养，让他们从中学会做人做事的道理。为了实现这一目标，我积极向身边优秀的同行学习，努力提升自己的专业素养，充分利用身边的有用资源，认真组织和开展教学活动，将思政小课堂与社会大课堂有机结合起来，让学生在活动中感悟知识、理解知识，让学科素养在活动中悄悄绽放。

踏实、真实、厚实既是我对自身教学风格的凝炼，也是我开展思政课教学的基本遵循。

二、我的成长历程

光阴似箭，岁月如梭。转眼之间，我步入高中思政课教师岗位已有十二年的时间。在这十二年的岁月里，我很庆幸遇到了一批在专业上引领我不断前行的前辈和同行，正是在他们的耐心指导和无私的帮助下，我的专业成长步伐才能越走越稳，专业发展道路才能越走越宽。对教师而言，课堂教学是教师工作的重中之重，通过课堂教学可以体现教师的专业素养。十二年来，自己承担过不少不同类型的公开课，有的课留给自己的只剩下模糊的记忆，有的课则让我至今记忆犹新，难以忘记。下面结合专业成长路上让我难以忘记的三节公开课，来回顾自己的成长历程。

（一）一节"有知"的公开课

2009年大学毕业后，我来到了东莞的一所完全中学任教高中政治。工作的第一个月，学校便发布了将在下个月中旬举行区域教研公开课的通知。当时，科组长同时也是我的结对师傅张老师，建议我积极报名参加。他说年轻人要抓住这种机会锻炼自己、证明自己。就这样，在张老师的鼓励下，我勇敢承担了高一政治备课组的公开课任务。根据公开课的时间和教学进度，我选择的课题是必修一《经济生活》模块《新时代的劳动者》。为了全力备好这次公开课，我在接下来的国庆长假里选择了闭关。研读教材、理清思路、查阅资料、准备素材、制作课件等等，每一个环节对我这个刚入职不久的新老师而言，都是一个不小的考验，也让我首次体会到了上一节公开课的不容易。经过前期的试讲和修改后，到真正上课的那一天，我怀着满满的自信，按照既定的思路，在短短四十分钟的时间里，顺利完成了那节课的教学任务。待活动结束后，张老师把那天听课教师写的教学评价拿给我看，其中有"点赞"的，也有"拍砖"的。然而，让我印象最深刻的一句评价是"这是一节'有知'的课"。我再次回头看自己的教学设计，越看越觉得那位老师的评价是多么的中肯和深刻。在那节课上，尽管我有设置师生互动、活动探究等环节，但设计这些环节的目的就是要让学生归纳提炼其中的知识，是为了知识而进行的设计。成长需要时间，对一个刚入职不久的新教师而言，过多关注知识的设计可以理解，但学生在思政课上的收获不能仅仅停留在知识层面，还应有其他更深层次的追求。自此之后，我在专业发展道路上开始了新的探索和追求。

（二）一节"有形"的公开课

在我工作满四年后，由于工作上的调动，我从原来所在的一所普通中学来到了市重点高中。来到新环境，我认识了新的同事，他们的热情与热心让我在很短的时间里适应了新环境，他们的敬业与专业也使我的职业发展之路进入到了一个新阶段。我至今仍然记得来到新学校后自己上的第一节公开课，当时讲的课题是"发展生产，满足消费"。我采用一例到底的方式，围绕"张女士一家"创设不同的情境，组织学生开展情境探究，层层推进。教学过程流畅有序，不仅有知识的生成、时政热点的解读，还有课堂习题的训练和知识点的梳理小结。下课后，科组几位资深教师留下来与我进行了交流，他们对我扎实的教学功底、新颖的教学设计、流畅的教学过程给予了充分肯定，一致认为这是一节体系完整的、水平较高的公开课。同时，他们也提出了期待，一节高质量的公开课，不仅要有严谨规范的外在表现，还应当有恰到好处的内在升华。结合这一节课的内容来说，内在升华就表现为学生基于对我国国情的认识，能够辩证看待我国现阶段生产力发展水平的特点，领会我国制定出台的相关政策，激发学生的主人翁意识，为大力发展生产力出谋划策。虽然要做到这一点并不容易，但作为思政课教师，我们要有这样的觉悟和追求。听完他们的话，我的脑海中对如何打造一节高质量的思想政治课有了更为清晰的认识。在名师的指引下，我踏上了追求高质量思政课的专业发展之路。

（三）一节"有神"的公开课

2020年下半年，在党中央的统一领导和全国人民的齐心努力下，我国疫情防控形势持续向好，人民生产生活逐渐回归常态，我校教学开放日活动也得以重新启动。经过科组老师的推荐，我承担了高二政治备课组的公开课任务。根据时间和进度，我把课题定为必修四《生活与哲学》模块"用联系的观点看问题"。这节课的教学内容虽然难度不大，但要把它讲好并不容易。经过反复思考，我确定了如下设计思路：围绕"抗疫"这一主题，从"致敬逆行者""点赞中医药"

"共绘新蓝图"三个方面依次推进。借助东莞首批援鄂医疗队队长徐汝洪医生（我校校友）的故事让学生从中感悟整体与部分的关系；通过介绍"中医药是如何抗疫的"，让学生理解系统优化的方法；组织开展"如何让中医药文化发扬光大"的讨论，让学生学会运用系统优化的方法来分析问题和解决问题，同时也认识到发扬中医药文化本身就是一项系统的工程，惟有多方努力，多措并举，才能实现这一目标。这节课上完后，得到了听课同行的一致好评和充分肯定。教学是一门遗憾的艺术，这节课虽然谈不上完美，但它在努力追求一种新目标——培育学生的核心素养。朝着这个方向努力的课，即便不完美，它也肯定是一节有神的课、一节有灵魂的课。

三节公开课反映了我在专业发展路上的三种不同心态、三种不同追求。感谢名师的指引、同行的鼓励和自己的努力，让我遇见了越来越好的自己。同时，我也深知，教师的专业发展是一条永无止境的路，惟有用心，方能行稳致远。

三、我的教学实例

本节课内容为人教版高中政治必修四《生活与哲学》第七课第二框"用联系的观点看问题"，课堂教学围绕"致敬逆行者""点赞中医药""共绘新蓝图"三个环节层层推进，让学生在探究活动中感悟哲学道理，在教师引领下培育核心素养。

新课导入：通过上节课的学习，我们知道世界是一个普遍联系的有机整体，联系具有普遍性。今天，我们将继续学习这一原理所对应的方法论：用联系的观点看问题。下面，老师将带着同学们围绕"抗疫"这个主题，从"致敬逆行者""点赞中医药""共绘新蓝图"三方面来学习探究本课内容。

【致敬逆行者】

教师活动：展示材料，创设情境。

（1）习近平总书记在全国抗击新冠肺炎疫情表彰大会上发表的一段讲话：广大医务人员是最美的天使，是新时代最可爱的人！他们的名字和功绩，国家不会忘记，人民不会忘记，历史不会忘记，将永远铭刻在共和国的丰碑上！

（2）自1月24日除夕至3月8日，全国共调集346支国家医疗队、4.26万名医务人员、900多名公共卫生人员驰援湖北。其中，东莞先后派出了三支医疗队共57名医疗队员支援湖北。

（3）展示东莞首批援鄂医疗队风采，播放媒体对东莞首批援鄂医疗队队长、东莞一中校友徐汝洪医生的访谈视频。

创设情境：假如你是援鄂医疗队的队长，你需要统筹考虑哪些方面的工作？

学生活动：以4～6人为小组展开交流讨论，组长负责整合小组意见。

教师活动：结合学生的发言，教师引导学生进一步思考：

（1）在上述讨论内容中，整体与部分分别指的是什么？

（2）单靠某个队员的力量，医疗队能否顺利完成任务？

（3）在21人组成的队伍中，离开了队员，医疗队还存在吗？队员的状态会不会影响到团队的力量？谁是关键部分？

（4）离开了医疗队，队员还能称之为医疗队队员吗？医疗队的工作氛围会不会影响队员？

（5）优秀的队长既要统筹考虑人员安排，又要注重调动队员的积极性。我们能从中得到什么样的方法论启示？（见表12-1）

表12-1　整体与部分的辩证关系

分类		整体	部分
相互区别	含义	全局、全过程、一	局部、各阶段、多
	地位、作用、功能	主导、统率	被支配、服务和服从于整体
相互联系		部分是整体的部分，整体的功能、状态及其变化影响部分	整体是由部分构成，部分影响整体，关键部分的功能及其变化甚至对整体功能起决定作用
方法论要求		树立全局观念，立足整体，统筹全局，选择最佳文案，实现整体功能大于部分功能之和	必须重视部分的作用，用局部的发展推动整体的发展

学生活动：说说下列抗疫经典语录中蕴含了什么哲理？

（1）疫情防控要坚持全国一盘棋。

（2）武汉胜则湖北胜，湖北胜则全国胜。

【点赞中医药】

教师活动：展示材料，播放视频。

（1）呈现材料：在抗击新冠肺炎的过程中，中医药全面参与成为我国抗击疫情的一大亮点。中医药参与救治确诊病例的占比达到92%；临床疗效观察显示，中医药的总有效率达到了90%以上。

（2）中医治疗新冠肺炎讲究"整体布局""系统治疗"。对新冠肺炎的治疗，中医认为病在人体的上部，叫上焦。上焦有问题就应宣肺清泄、疏散上焦；病在人体的中部，就要化湿和胃、斡旋中焦；病在人体的下部，要活血解毒、畅通下焦。从整个新冠肺炎患者的病程来看，三焦辩证施治一般早期要以"祛邪"为主，到了中期多要"清热化湿"，后期一般"扶正"用得比较多。

（3）播放视频：《中医药是如何抗疫的》。

学生活动：结合上述材料进行思考：

（1）如果把治疗新冠肺炎当作一个系统，那么，它对应的要素是什么？据此谈谈你对系统的认识。

（2）从掌握系统优化方法的角度来看，中医在认识和治疗新冠肺炎过程中讲究"整体布局""系统治疗"，给我们哪些方法论启示？

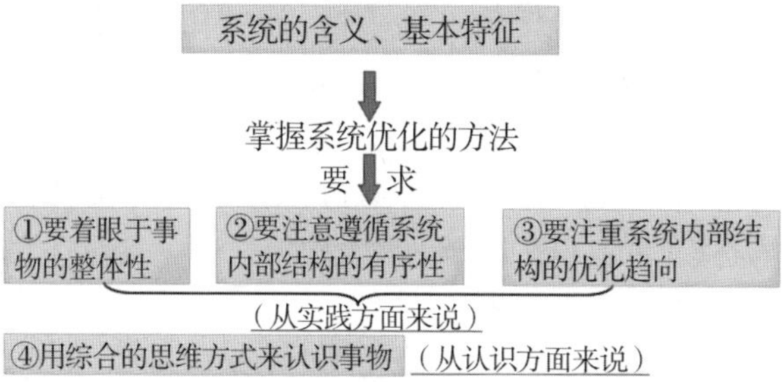

图 12－1　掌握系统优化的方法

【共绘新蓝图】

教师活动：展示材料，创设情境。

中医药是中华文化的瑰宝，数千年来，为人类的健康与繁衍做出了重大贡献。进入新时代，中医药在取得巨大成就的同时，也面临基础薄弱、传承不足等问题。如何进一步推动中医药事业的发展成为摆在我们面前的一个重要课题。

学生活动：请结合今天所学的知识，为"推动中医药事业发展"出谋划策。

教师活动：点评学生的回答并小结。推动中医药事业的发展，离不开人才的培养、立法的保障、科技的支撑、政策的扶持等，我们从中可以发现，推动中医药事业的发展本身就是一项系统的工程，唯有多措并举，才能推动中医药事业不断向前发展，才能让中医药充满生机与活力！

四、我的教学主张

创新教学方式是高中思政课堂焕发生机与活力的重要保证，是培育学科核心素养的关键所在。从教十二年来，我时刻提醒自己要以敬畏之心对待课堂。在教学过程中，我注重以问题为导向、以情境为载体、以活动为支撑，努力提升课堂品质，提高育人实效。

（一）注重以问题为导向

学生是课堂的主体，最大限度地调动学生参与课堂的热情是提升思政课堂品质的一个有效途径。为此，教师在课堂教学中要善于运用问题教学法。问题教学法如同苏格拉底所说的"助产术"，能够驱动学生开展积极有益的思考，形成有价值的观点，得出有意义的结论，实现知识的生成和情感的升华。

在给学生讲"用发展的观点看问题"一课时，为了让学生理解量变与质变的关系，我向学生展示了 ofo 创业团队的背景素材。通过梳理该团队创业的足迹，为学生精心设计了两个问题：

（1）从该团队走过的这一段创业足迹来看，最能让他们感受到成功喜悦的是哪一步？（通过第一问，引导学生自主阅读教材，准确理解量变和质变的内涵，认识量变与质变的差别）

（2）离开了突破前所做的任何一件事情，他们的创业还能不能顺利实现突破？这说明了什么哲学道理？我们从中能得到哪些启发？（经过比较分析可以发现，第二个问题以第一个问题作为基础，体现了由浅到深的思维过程）

恩格斯在《自然辩证法》一书中曾写道，思维着的精神是地球上最美丽的花朵。通过教师精心设计的问题，推动学生积极思考，使学生的思维品质得以提升，让学科核心素养之花在课堂里悄悄绽放。

（二）注重以情境为载体

在高中思政课堂中培育学生的学科素养，需要发挥情境教学法的作用，让学生在情境中通过体验、探究等方式建构知识，发展能力，引导学生树立正确的世界观、人生观和价值观，作出正确的价值判断与行为选择。

为了让学生学会用辩证的眼光看待新事物，理解事物的发展是前进性与曲折性的统一，我实施了"两步走"策略：第一步，针对我国共享单车目前的现状，让学生围绕"共享单车应继续发展还是立刻叫停"展开辩论。第二步，创设情境，分角度思考。让学生在前面辩论的基础上，分别站在政府部门、共享单车运营企业、普通市民的角度谈谈对待共享单车的正确态度和做法。由于有了前面第一步辩论作为基础，学生在进行第二步情境探究时，无论从哪个角度来谈，都能朝着"一方面，要对未来充满信心，热情支持和悉心保护新事物，促使其成长壮大；另一方面，要做好充分的思想准备，克服前进道路上的困难，勇敢地面对挫折和考验"这一大方向提出建议，自然生成对待新事物的正确态度和做法。

（三）注重以活动为支撑

《普通高中思想政治课程标准（2017年版2020年修订）》中把学科素养作为目标追求，主张通过开展各种形式的活动来培育学生的学科素养。在平时的教学实践中，我认真学习新课程标准，用心组织和策划各种活动，努力将思政小课堂与社会大课堂结合起来，让学生在活动中感悟知识，在活动中提升素养。

从参加工作至今，围绕"传统文化的继承"这一课，我进行过不少于五次同课异构。在课堂上，我曾以视频的形式向学生展示过很多中华优秀传统文化的代表，让他们领略源远流长、博大精深的中华文化；也曾采用小组合作的形式让学生介绍家乡的传统文化，让他们了解家乡的民风民俗，感悟家乡的文化魅力。虽然学生参与上述活动的热情较高，但从效果来看，学生在上述活动的表现总让人觉得有所欠缺，活动的深度还不够。如何才能充分发挥活动教学法在立德树人方面的作用呢？我不断进行新的探索与实践。在我最近一次上这一框题时，恰逢学校举办科技文化节，我积极抓住这个机会，决定带领学生到东莞市非物质文化遗产展厅参观学习，利用社会大课堂的资源开展教学。来到非遗展厅后，学生认真听着工作人员的讲解，仔细看着陈列的非遗展品，眼神里表现出来的专注让我惊讶，也让我欣慰。从那一刻起，我深深感受到了活动教学法的魅力，坚定了我努力把思政小课堂与社会大课堂结合起来的决心。

改革课堂教学、创新教学方式是时代的呼唤，是教师的责任，是课堂焕发生机与活力的重要保证。我们惟有大胆迈出改革的步伐，在教学中做一个有心人，学科核心素养才能在课堂上真正落地生根。

五、他人眼中的我

（一）专家眼中的我

认识刘坚老师近十年，前后听了他五节课，有高一、高二的常规课，也有高三的复习课，还有他参加教学能手比赛的比赛课。他的教学风格整体上看，着眼素养、重视思维、思路清晰、逻辑严谨、紧扣热点、语言简洁。他能够关注社会生活问题，并以此设置情景，进行探究，层层深入，重视课堂生成，引导学生自主建构；着眼培育学科素养，利用社会实践为载体，生成教学资源，把学生在社会实践中遇到的问题、解决问题的过程及成果作为教学资源，开展议题式教学。

广东省名师工作室主持人、资深政治教研员　　王定国

（二）同行眼中的我

刘坚老师是位踏实认真的人，他治学严谨，形成了自己独特的教学风格，每次听他的公开课都有启发和收获。他的课堂有以下三大特点：一是时政材料与知识完美结合。无论是课程预设导入，还是授课过程中的例证解析，刘坚老师总能找到恰当的时政材料与之穿插结合，在选材的难易度把控上，也能做到恰到好处。二是思政课与信息技术的完美结合，这一能力的熟练运用让刘坚老师的课堂变得生动鲜活。三是课堂活动的设置真实有效、丰富多彩。不仅有拓展学习和讨论，还有小组辩论和展示。这些活动有利于培育学生的学科素养，引导学生树立正确的世界观、人生观和价值观。

东莞市高中政治学科带头人、东莞市第一中学教师　　姜燕

（三）学生眼中的我

刘坚老师是一位平易近人、有很强责任心的老师。他的课堂风格与众不同，教学方式独具特色。在平时教学中他善于将最新时政热点融入课堂，不断开阔我们的视野，启迪我们的思维，让我们在思政课上学有所思、学有所获、学有所用。

东莞市第一中学2022届高三（20）班学生　　方玲

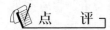 点　　评

　　"三实"（踏实、真实、厚实）是刘坚老师对自身教学风格的凝炼，也是他开展思政课教学的基本遵循。踏实的工作作风，才能为推动教师的专业发展提供不竭动力；真实的教学策略，才能为促进学生的成长成才提供可靠保证；厚实的教学理念，才能让落实立德树人的根本任务成为现实。

广东第二师范学院教授　　　闫德明博士

求真·臻善·至美

莫春梅（高中政治）

个人简介

莫春梅，2002 年毕业于华南师范大学思想政治教育专业，任职于东莞市第一中学。担任政治科组长十二年，先后被评为东莞市"教学能手"和"学科带头人"。担任科组长期间，带领科组走上专业发展之路，先后承办和组织了多个大型省、市级教研活动。多次作为市高考备考中心组成员，在高考备考中发挥积极作用。多次担任市优质课评比的评委，指导市优秀青年教师参加省市级教学大赛，并取得优异成绩。2021 年开始，加入广东省王建新名师工作室，成为省级学员，并担任工作室助手。主持和参与市级课题两项，参与省级课题一项。一篇教学论文发表在《思想政治课教学》，一篇教学论文发表在《试题与研究》，教学论文、教学设计在省、市级评比中荣获一、二等奖。

一、我的教学风格解读

（一）求真：大道至简，本真可贵

首先，教育教学的参与者真实地融入课堂。一个好的思政教师，知道如何利用自己的真情实感和真实经验，轻松做到与学生同频共振。学生普遍喜欢老师在课堂上"现身说法"聊自己的事情。毕业多年的学生，可能早就忘了我在课堂上讲授的知识，却总是记得我聊起的某件生活琐事。其次，教育教学的资源与手段真实可靠。思政课离不开真实生活情境的创设。例如，讲到"基层群众自治制度"这一课题时，我亲自采访了某社区居委会主任，征得对方同意后，拍下了视频，用于课堂教学的导入环节。学生看到真实的居委会主任在视频中隔空与他们对话，立刻产生亲近感，对居委会这个组织的功能也就有了进一步探索的兴趣。思政课离不开丰富的时政素材和形式多样的社会实践活动，这些都有助于学生的真实参与和真实体验。最后，教育教学的效果真实可见。当我在课堂教学中创设了条件让学生真参与、真表达、真感悟后，学生才能有真收获、真成长。我每个学期至少给学生提供两次机会写反思，通常是在阶段性考试之后。学生提交的反思，总会远远超出我的意料。他们不仅会分析自己在学习习惯养成、时间管理等

方面的努力，也会反思自己的理想、人生观等。这是真实发生的成长过程。

（二）臻善：道阻且长，唯善致远

思政课的根本任务是"立德树人"。高中学生正处于世界观、人生观、价值观形成的关键时期，思政课堂在对学生价值观的引导上肩负着重要使命。网络世界的复杂让各种各样的思想和价值观念相互激荡，学生难免会产生思想上的困惑。近十年来，我的政治课堂始终坚持一个习惯——每节课的头五分钟，交给学生开展"时政开讲"，全班学生轮流上台，自拟主题，自制PPT，自我展示。当学生围绕着一个社会热点问题进行阐述，这其实也是学生在自我建构价值观。我会对每个学生的展示进行点评。不管学生分享的主题是什么，我的点评总能引导学生看到社会现象"善"的一面。我在课堂上还会经常不着痕迹地利用各种情境引导学生思考"我们能为国家、为社会、为他人做些什么"，以此来激发学生的责任意识与担当意识。我们不回避真实的社会阴暗面，但教育的任务应该是带领学生拨开迷雾看到光明的一面。老师自身心里充满阳光，才能照亮课堂。

（三）至美：简洁之美，人文之美

好的教学，好的课堂，应该是充满美感的。首先，要有形象之美。师生整洁、干净、得体的穿衣打扮，能给人清新舒爽的感觉，教室的布置窗明几净，干净利索，此谓形象之美。我的衣服不算多，但会用心搭配，希望走进同一个班级时，一周衣服不重样，免得给学生带来视觉疲劳。对于黑板和讲台收拾得整整齐齐的班级，我会很夸张地大肆表扬值日同学，久而久之，学生都知道莫老师很注重教室环境的窗明几净。其次，要有语言之美。教师的语言，清晰准确是基本要求，要是能加点诗意表达，就有了艺术之美；如果能在高度、广度、深度上有所锤炼，那就是更高境界的美了。教师的语言风格因人而异，但学生普遍喜欢的，往往是简洁的、幽默的、言之有物的风格。最后，要有设计之美。老师备课时花点小心思，给课堂增添点设计感，学生就能有耳目一新的体验。这是师生关系永葆新鲜感的不二法门。当下，思政课经历新课程改革，议题式教学、活动型课堂等各种教学形式，使思政课焕发出新的活力，也让思政课堂呈现出富有时代感的美。

二、我的成长历程

惠子曰："子非鱼，安知鱼之乐？"老师这份职业也是一样，当老师"之乐"，谁当谁知道！我作为教师的成长历程，大致有以下四个阶段。

（一）求生存阶段：临渊羡鱼（2002—2005年）

初为人师时，我以为教师就是一份工作，教书就是依托教材去教，教研就是一个人上公开课写论文。站上讲台的第一年，我的学生只比我小六岁，面对这些看着比我高大成熟的学生，我明显缺乏底气。每次上课前，总有马上要登上大舞台表演的忐忑不安。那时候，我几乎每节新课都去听课，比学生听得还要认真，唯恐错过任何一个细节。这个阶段，是我职业生涯的求生存阶段，之所以说"临渊羡鱼"，其实是我每天都活在对老教师的羡慕中，羡慕他们娴熟的教学技巧，羡慕他们云淡风轻的教学心态，羡慕他们跟学生之间既严肃又活泼的关系。那时，我主要的求生技巧就是"依葫芦画瓢"，模仿我学生时代的恩师们的上课风格和技巧，也模仿我科组同事们的上课风格和技巧。

2004 年，我升级为母亲，再次回到教学岗位时，发现我看待学生的眼光不一样了，多了一份母亲特有的温柔和慈爱。不管是在学科教学还是班主任工作上，我对学生多了一份理解与包容，也多了一份期待与要求。这是母亲对待孩子常有的矛盾而正常的心态。新手教师加新手母亲的双重身份，给了我很大的探索动力，我希望两个身份都可以兼顾好。于是，接下来几年，我更加主动地请教、学习、积累、反思。在"依葫芦画瓢"的路上，逐渐画出一只还算像样的"瓢"。

（二）求发展阶段：退而结网（2005—2009 年）

我的教育教学底气，是从第二届学生开始才慢慢呈现出来的。临渊羡鱼不如退而结网。我在观摩了三年老教师的课堂后，虽谈不上有自己的教学风格，但也逐渐形成了自己的课堂教学思路和教学语言，慢慢地在讲台上站稳了脚跟。我喜欢反思，每一节新课，要在五个班重复上，但我可以做到每个班都上得不一样，真正做到了同课异构。因为每上完一个班，我会马上反思，我的教学设计，哪个环节有效，哪个环节无效，不断调整和完善，这样，到了第五个班上这节课，一定是最优状态。现在回想起来，十几年前，我就不知不觉地开始了一个人的"磨课"——自己跟自己磨。这个习惯，一直持续到今天。我始终追求同一个教案，不同班不同学生，应该要上出不一样的状态，这也是克服教师职业倦怠的好办法。

记得上完某节公开课后，当时的科组长黄琦老师评价说："作为一个教学新手，能把这个课题上出经济学味道，能有意识地引导学生突破难点，这表现出了你挺高的学科专业素养。"黄老师的点评，让我记住了"学科专业素养"这个"高大上"的词，这是第一次，通过一节公开课，我朦胧意识到了教师也是一个专业，教学也是个不断寻求专业突破的过程。在这样且思且学且教的过程中，我对学科教学的重难点把握、对课堂驾驭的技巧运用逐渐成熟起来。

（三）求突破阶段：授人以渔（2009—2017 年）

2009 年，因学校工作的需要，我升级为科组长兼备课组长，瞬间感觉重任在肩。科组长的工作，最大的挑战在于作为一个教龄才七年的年轻老师，如何引领科组众多经验丰富的老教师在专业发展路上共同成长。当时的教研员王定国老师看出了我的为难，一语中的地指出："最好能共同参与某个教研项目，这样团队的凝聚力很快就可以形成。"我认真琢磨这句话，很快就找到了合适的项目——为科组一个年轻老师参加全市优质课比赛磨课。我邀请了科组里经验最丰富的几位老师作为指导教师，参加听课、评课，也邀请科组里的年轻教师参与进来，同课异构，这样，一个教研活动，就把科组所有老师都聚集起来，充分调动了大家的积极性。2012年，广东省高中政治优质课比赛在我校举行，在科组老师的大力支持下，整个比赛取得圆满成功，得到省、市教研员的高度好评。宋永成老师以非常明显的优势，荣获广东省优质课特等奖的好成绩。这是我们科组的荣光时刻，荣誉属于科组每一位老师。对我而言，这个活动最终奠定了我作为科组长的底气和信心，也更坚定了我要尽我所能为科组老师的专业发展创造平台的决心。因此，接下来的几年，我积极参加省、市各种重要的教研活动，主要是希望为科组老师寻找更多锻炼机会。这个阶段，我的重心在科组长工作上，虽然自己还没储备多少能量，但我的岗位要求我必须要不断地"授人以渔"，引导科组教师在专业发展路上走深、走实。

（四）专业成长期：如鱼得水（2018年至今）

后来，因考虑到有了二宝后工作与家庭难以兼顾，也考虑到科组发展需要更有精力、更富活力的人去带领，我辞去了科组长的职务。我的职业生涯进入到全新阶段，可以很好地沉淀过去十多年教学教研上的积累，也可以更加自由自在地追求个人在教学教研上的突破。辞去科组长职务后，我有过一段迷茫期，突然觉得自己的职业生涯好像按了暂停键，不知下一步该往哪里走，也缺乏过去那种冲劲和活力了。这应该就是传说中的"职业倦怠期"，也是老师们口中的"瓶颈期"。非常感激我的恩师王建新老师，他是我高一时的政治老师，也是我职业生涯中最重要的导师。王老师一直深耕在高中政治教学教研第一线，是最年轻的省名师工作室主持人，也是最年轻的正高级教师，在全省政治教研都有影响力。我多次在教研活动中跟王老师交流，他勉励我："当教书匠很容易，但是应该还有更高的境界。"他也常常提醒我："工作需要积淀，埋头干活，也要抬头看路。"他是这样说的，自己也是这样做的。让我触动最深的是，我的恩师，几十年如一日地还在专业发展的路上坚守着，既照亮自己，也照亮更多的年轻人。作为学生的我，有什么理由裹足不前甚至是消极懈怠呢？很快地，我就调整好心态，对未来的职业生涯有了清晰的规划——我喜欢教书，也热爱教研工作，喜欢默默地钻研。今后，我要在课堂教学上更有建树，打造师生同乐的高品质课堂。我要在教研上深耕，争取深入扎实地研究一个课题，每年都有高质量论文的发表。当我立下这样的目标时毫无压力，因为我真的很享受，如鱼得水，乐在其中。

学无止境，教无止境，此生为师，终身不悔！

三、我的教学实例

统编版高中思想政治必修3《政治与法治》
第三单元第八课第二框题 法治政府

环节一：导入新课，引出议题

【教师活动】播放时政视频《国务院举行宪法宣誓仪式 李克强总理监督》。

【学生活动】认真观看视频，为国务院宪法宣誓后李克强总理对法治政府提出的要求提取出关键词，并一一列出来。

【课堂导入】国务院举行宪法宣誓仪式，李克强总理对新任命的国家工作人员提出明确要求，希望大家要严格依法行政，做尊法、学法、守法、用法的模范，保障群众合法权益，推进法治政府建设。法治政府是什么样的政府？怎样才能建设好法治政府？本节课我们一起来深入探讨。

环节二：议题论证，学习新课

总议题：建设法治政府 提升政府的公信力和执行力。

子议题1：政府的公信力和执行力从何而来——明晰法治政府的内涵。

【问题情境】

（1）2022年，我国政府工作报告节选内容。

（2）国务院总理李克强详解三张施政"清单"："权力清单""负面清单""责任清单"。

（3）广东省公安厅打击涉疫情违法犯罪的材料。

（4）国务院办公厅印发《2022年政府公开工作要点》，部署全国政务公开年度重点工作。

（5）我国2022年政府工作报告，指出政府工作存在的不足。

（6）近年来一些地方政府的违约现象。

【学生活动】

（1）根据2022年我国政府工作报告节选内容，一一对应找出"宏观调控、市场监管、社会管理、公共服务、环境保护"等方面的论述，并列出关键信息。

（2）结合三张施政"清单"，分析政府的权力和职责没有严格的法律界定将会出现的后果。

（3）分析广东省公安厅打击涉疫情违法犯罪的重要意义。

（4）结合全国政务公开年度重点工作要点，分析政府通过政务公开如何提高公信力。

（5）结合我国2022年政府工作报告，指出政府工作存在的不足，分析如何解决存在问题。

（6）结合近年来一些地方政府的违约现象，分析其对法治政府建设有何启示。

具体活动说明：学生分成 6 个小组，每个小组根据 1 个问题情境落实 1 个学生活动。小组内合理分工，安排专门负责记录和展示的同学。

【教师小结】法治政府的内涵体现在职能科学、权责法定、执法严明、公开公正、廉洁高效、守法诚信，这是政府的公信力和执行力的有力保障。

【设计意图】引导学生关注 2022 年我国政府工作报告等相关时政素材，结合本节课所学知识，在材料中寻找有关信息并准确列出关键信息点。本活动旨在培养学生的文本阅读能力、概括能力、分析能力。

【学生活动】下列漫画从正面或反面展示了法治政府的内涵要求（课件展示漫画）。请选择其中一幅漫画，结合法治政府的内涵加以分析。

【设计意图】精选一些能生动形象地从正面或反面展示法治政府内涵要求的漫画作品，让学生通过漫画分析，准确判断该漫画反映的与法治政府相关的信息，并能准确表达出来。这个活动旨在培养学生的判断、分析和概括能力。

子议题 2：政府的公信力和执行力如何落地——建设法治政府的要求和措施

【问题情境】《法治政府建设实施纲要（2015—2020 年）》贯彻落实五年来，法治政府建设取得的重大进展。

【学生活动】结合材料，谈谈如何建设法治政府。

师：结合材料分析，法治政府建设取得重大进展的原因主要有哪些？

生：党的领导、制度机制的建设与完善、法治意识增强、依法行政能力提高等等。

【教师小结】建设法治政府的总体要求：把政府工作全面纳入法治轨道，让政府用法治思维和法治方式履行职责，确保行政权在法治框架内运行。各级政府及其工作人员要坚持有法必依、执法必严、违法必究，严格规范公正文明执法，规范执法自由裁量权，加大关系群众切身利益的重点领域的执法力度。

【知识拓展】执法自由裁量权

【学生活动】请选择法治政府建设的其中一种措施，结合实例谈谈你的理解。

生 1：公有制企业和非公有制企业都是重要的市场主体，政府应该坚持一视同仁、平等的态度对待各类市场主体，坚持严格规范公正文明执法。

生 2：我觉得"全面提高政府工作人员法治思维和依法行政能力"很重要。在实际执法过程中，有些公职人员简单粗暴、滥用权力、阳奉阴违，这些很明显都是缺乏法治思维的行为。政府工作人员应该不断加强法治思维和能力方面的培训，提高依法行政能力。

生 3：要"强化对行政权力的制约和监督"，需要制度保障，也需要人民监督。近年来我国反腐力度很大，"把权力关进制度的笼子里"的意识已经深入民心。

子议题 3：政府的公信力和执行力有何意义——建设法治政府的意义。

【问题情境】学生利用周末时间在家采访家人或邻居，了解大家对当地政府工作的评价并对政府工作提出建议，最终将这些采访以视频或文字材料的形式在课堂呈现。由学生代表展示。

【学生活动】结合采访中了解到的信息，举例说明建设法治政府有何重大意义。

生1：政府职能科学，我们到政府部门办事就方便多了，以前那种办证难问题慢慢可以解决了。建设法治政府，能提升政府依法行政的水平，更好地为人民服务。

生2：政府权责法定，能够督促政府更好地行使权力，履行职责，减少政府乱作为、不作为的现象。

生3：政府公开公正，我们就可以及时了解到政策信息，例如，现在疫情防控，政府的信息公开，可以很好地安抚群众的焦虑。建设法治政府，有利于增进群众对政府的理解，改善政府与群众的关系。

…………

【教师小结】建设法治政府的意义：

（1）对政府自身：建设法治政府具有重大意义。通过建设法治政府，能够督促政府更好地行使权力，积极履行职责，提高行政服务水平，实现善政。

（2）与群众关系：通过建设法治政府，能够更好地促进政府和公民、社会组织的沟通，形成互信互助的新型关系。

环节三：学以致用 知行合一

【课后实践】请在本市的政府部门中选择其中一个，了解该部门的职能以及办事程序。结合实际，对该部门的工作提出建议。

四、我的教学主张

我崇尚教学即生活的理念。课堂四十分钟既是教师职业生涯中不可重来的时光，也是学生生命成长中不可重来的宝贵光阴。我主张，师生在课堂上应该真情流露，充分表达，尽量让每一节课都生动鲜活而又有意义。

（一）课堂中要有学生的声音

学生是课堂真正的主人。所以，我在备课中会花费大量时间精力来创设情境、设计问题，目的就是让课堂的主人有话要说，有话可说，让课堂教学变成师生的对话与交流。高中生已经具备了一定的生活经验，有些学生阅读经验非常丰富，有些学生利用互联网获取资讯的能力很强，这些条件都为学生在课堂上充分表达提供了可能。

（二）课堂中要有我的声音

我的课堂，不仅有知识讲授的声音，还有很多给学生发展带来深远影响的个性化的声音。我的课堂充满跟学生的对话。每节课的最初一分钟，我喜欢通过跟学生寒暄来给课堂暖场。尤其是下午第一节，我喜欢跟学生分享我的生活经历与体验，把学生从午睡的迷糊状态中唤醒，这些随手拈来的个人话题，往往作为我上课导入的切入点，也往往成为我对学生传达积极正面的人生观和价值观的重要载体。我追求课堂中真实自然的交流互动，它不仅能成就学生的发展，也能滋润我的教学生涯。

（三）课堂中要留下我和学生同频共振的声音

当学生与我都能在课堂中充分表达真实的想法时，我们常常会感受到心声共鸣的美好。学生很喜欢听我对他们回答的点评，对于主讲学生来说，老师看见了他的努力，看见了他的才华，自然有满满的获得感。对于其他学生来说，老师的点评说出了他们的想法，自然有着与老师心有灵犀的默契感。我们常常在富有挑战性的互动中，了解对方的观点，不断完善自己的认知。学生的求知欲激发我的教学热情，我的教学热情感染着学生的求知欲，这是一个教学相长的过程。

五、他人眼中的我

（一）专家眼中的我

莫春梅老师虚心好学，对教育教学研究充满热情，对新的教育教学理念勇于探索和实践，教学基本功扎实过硬。莫老师的教学语言精炼简洁，表述明晰，字字珠玑，充满激情，富有感染力。课堂授课举重若轻，善于把复杂的问题简单化，让学生听得明白，学得轻松。她擅长把政治课堂和鲜活的社会融合，注重培养学生理论联系实际的能力，在潜移默化中提升了学生的学科核心素养。作为工作室助手，她工作认真缜密，积极主动，总是能提出建设性意见和建议，创造性地圆满完成各项工作。

东莞实验中学正高级教师　　王建新

（二）同行眼中的我

我对莫老师的课堂印象深刻。她的课堂有贴近生活的温度，从生活中选材，创造真实情境，让学生从中感悟生活与学习的密切联系，增强学习兴趣。她的课堂有建构知识的厚度，在她的指导与点拨下，学生能够从整体上建构知识，活用知识。她的课堂有指向素养的高度。她一直践行着立德树人的理念，坚持以素养为导向，不断创新教法学法，用心打造高品质的思政课堂，积极为学生的发展贡献智慧和力量。

东莞市第一中学政治科组长　　刘坚

（三）学生眼中的我

莫老师的每一节课，能针对我们的疑惑进行详细的解答，每节课的架构也都清晰易懂，在莫老师身上不仅能学到有效的相关知识，也能学到莫老师身上的闪光点。在课堂上，我们是和谐的师生关系；课后，我们也是倾心交谈的好朋友，我希望成为像莫老师一样博学、知性、聪慧的人。

东莞市第一中学 2021 届毕业生　　吴姝贤

点　　评

莫春梅老师在多年从教生涯中，始终崇尚教学即生活理念，注重给学生创设真实的课堂，促进学生在体验中学习，重视高质量的师生互动，润物细无声地传递真善美，从临渊羡鱼，到退而结网，授人以渔，再到如鱼得水，逐渐形成了求真、臻善、至美的教学风格，深受学生喜爱。

广东第二师范学院教授　　闫德明博士

严谨蕴幽默，专精且博学

龙剑霞（高中历史）

个人简介

龙剑霞，中共党员，华南师范大学历史学硕士，中学历史高级教师，广东省高中历史骨干教师，东莞市高中历史骨干教师；主持多项省、市级学科课题，参与编写大湾区历史特色教材；东莞市"名师工作室"跟岗学员指导老师；连续多年被评为年级先进班主任和校优秀班主任；广东省学生发展指导师（中级）；东莞市第一中学学生发展指导中心生涯备课组长。

一、我的教学风格解读

严谨，幽默，专一，博学

回首从教生涯的点点滴滴，有很多遗憾与欣慰，经过领导、同事们的不断帮助及个人的刻苦与努力，我得到了学校、家长及广大学生的认可，也取得了一些优异的成绩，尤其在教学技能上取得了有目共睹的进步，现已逐渐形成自己的教学风格。具体来说，可以用四个关键词来表达：严谨、幽默、专一、博学。

这四个关键词是两两相对的：严谨对幽默，专一对博学。表面上看，每组皆对立，实则统一。

严谨，治学上认真严肃，公正地对待每一位学生。我一直崇尚严谨的作风。在业务上，主要表现在细致钻研教材和教学资料，严格做好二次备课和课堂预设。在班级管理上，认真公平地严格要求每一位学生，以培养学生具有较高的养成习惯为近期目标。

南京师范大学郝京华教授曾经说："课堂上的气氛全在教师掌控。"试想一下，一个没有生气的课堂，学生怎么能有一个愉快的心情学习呢？课堂气氛全在于教师的驾驭和调节，一个缺少幽默感的教师是很难把课堂气氛调节好的。所以，我的目标就是让学生喜欢上我的课，让我的历史课堂上除了逻辑和思考、感性与共情之外，再多一些笑声和诙谐。课里课外让学生发现历史的乐趣和历史学者的幽默与深刻。

严谨和幽默并不矛盾。只有治学严谨的教师，才懂得适当运用幽默去感染学生，进而调节课堂气氛。

专一。一说起某某人学富五车，博学多才，人人都很羡慕，认为他们什么都懂、什么都会，这样的人，卓尔不凡，光彩照人。受此影响，学习之始，读书很杂，做事之初，啥也想做，结果就是：书也没读成，事也没做好，蹉跎岁月。后来，我终于领悟到，一个人的时间、精力都是有限的，如果没有学会适当分配时间和精力，最终只能是水过地皮湿，半瓶子醋乱晃荡。从教以来，我专注历史教材的研究，使其更好地服务课堂，给学生指引学史的方向，收效甚好。

博学。如果你满怀好奇去询问一位高中同学："哪一门课是你最不感兴趣的?"绝大部分回答是"历史"。的确，历史学科由于自身特点，难以勾起学生们的学习欲望。我希望用我的博学来激活课堂。在课堂上，结合PPT与视频将教材上的知识点讲得活灵活现，将儒、法、道的经典名言和人情世道融会贯通，并融入每一个知识点中，让课堂变得异彩纷呈，别具一格。

专一和博学并不矛盾，专一而后博学，不管是做事，还是做人，也不管学生学习，还是我们师者精进，均能用上。

当然，我的教学风格发展道路绝不应该止于这四个关键词，我希望我的职业生涯后半段涌现更多关键词，为我的教学风格增加无数可能!

二、我的成长历程

年华似水，岁月飞逝，回首望去，我竟已在教育行业耕耘了十八个年头。在每一个与学生相伴的日子里，我都感受着喜悦，脸上总有笑容，心中满满的快乐。

(一) 榜样示范——我成长的起点

我很荣幸，职业生涯的起点，即在2003年9月第一次科组公开课中得到了彭琪安、陈敏红两位老师的亲自指导，顺利开启我的专业发展道路。之后，两位恩师在课堂把控、教学方法、管理学生方面都毫无保留地给了我许多指导和帮助，使我在各方面有了较大的提高。作为一位新教师，最欠缺的就是课堂经验。在这一学期，两位老师一有时间就会来听我的常规课，并对我课中出现的问题给予中肯的建议与指导。同时开放课堂，让我随时去听其他有经验老师的课。听大家的课，我有很多的收获。老师们关注学情，有很强的语言意识，目标明确，条理清晰，具备丰富的评价语言，充分调动了学生的学习积极性。市教研室组织的"课堂教学改革观摩研讨"活动，使我受益匪浅。身边有了有经验老教师的陪伴，我少走了许多弯路。从她们的身上，我不仅学到了教育教学经验和深厚的教学基本功，同时也看到了她们务实的工作态度，这将影响我一生的教学。

我很幸运，有关心我成长的领导，在湛江举行的高中历史教学观摩活动，学校选派我参加学习，我的第一篇获奖论文也作为会议学习材料与同行们分享。这次教研活动让我见识到了"大师们"的风范，同时也让我更加坚信自己要继续用心钻研，细心研究，吃透教材，做学生学习上的引导者。

（二）同事帮助——我成长的动力

我很荣幸，遇到一群真诚合作的好同事。每当我有难以解决的问题时，办公室的老师们总是不辞辛苦地帮助我。我们分享教学课件等各种资料、讨论着如何解决学生的棘手难题，我们高处欢呼，低谷鼓励。我时常感动于在这里的集体生活。

（三）研讨反思——我成长的方向

身边的榜样不断引领着我成长，但是，自身的不断努力，则是成长的必备条件。我喜欢这样一句话：实践出真知，磨砺育新人。我积极参加学校教研组组织的各种研讨活动。在理论学习—课堂实践—总结提炼—反思再实践这个艰辛而充满收获的过程中，我日渐成熟，视野也更加开阔。扎实的学习研讨，助我解决了日常教学中存在的问题。另外，我还会通过读书加深自身底蕴，反思自己的教学。

在教师这条成长道路上，我走得坚定而从容。我的成长源于领导长辈殷切的期望；源于孩子们清澈的双眼；源于第一次因为写教案而奋战到半夜两点；源于严厉的师傅，她让我明白，原来我四十分钟的课会有一个小时也说不完的缺点；源于那些对教育有自己独特见解的家长们，是他们教出了那么棒的孩子；源于参加不完的教师基本功大赛；源于让我战战兢兢的比赛课和公开课；源于一次次的眼泪和汗水；源于那些对公开课有狂热爱好的出色的同行们，是他们让我明白，这是对人生的信仰和追求。

我时常问自己，到底什么才值得赞美，默默无闻还是惊天动地？现在我想，在这默默无闻的三尺讲台上干出一番惊天动地的事业，那，就是一种美。

三、我的教学实例

古代的村落、集镇和城市

（一）教学分析

1. 课程标准

（1）了解人类居住条件的变迁及各地民居的差异及其特征；

（2）了解古代的村落、集镇和城市形成的原因及影响。

2. 教材分析

本课位于高中历史选择性必修二第四单元，单元主题为"村落、城镇与居住环境"。本单元内容分为两课，分别是第10课《古代的村落、集镇和城市》和第11课《近代以来的城市化进程》，由村落走向城市是人类城市化进程的历史，反映的是人类对更优越的居住环境的追求。本课探讨的主要内容是古代史时期人类的早期城市化问题及世界各地人民的居住环境。

3. 学情分析

本课的教学对象是东莞市重点中学的高二学生，学生在以往的地理课中已经学过了人类的城市化问题，在历史课中对农业的出现、集镇的兴起、长安城等城市的布局问题等也有了一定了解，为本课的学习奠定了基础；但学生对于村落城镇兴起的原因及意义理解较为困难、对于影响世界各地民居特点的多方面因素等缺乏系统思考，需要教师于此帮助学生突破学习难点。

4. 教学重点

了解古代村落、集镇与城市的形成和影响；民居特点和自然环境的关系。

5. 教学难点

了解古代村落、集镇和城市发展的时空关联。

（二）教学流程

【情境引入】

教学设计：教师以"家"为切入点走近学生与学生们聊天：

教师："你的老家在哪里？""你未来又希望去哪里安家呢？"

学生："我的家乡在湖南。""我想在东莞定居。"……

进而引出本课问题：历史上人类的"家"又是从哪里来的？人们又更愿意去哪里安家呢？进而引入本课内容。

认真思考，自由回答。

【讲授新课】

1. "村落晚晴天，桃花映水鲜"——村落的产生。

导入："村落晚晴天，桃花映水鲜"的意思是：乡村傍晚雨后初晴的天空格外明朗，桃花映照在水中，显得更加鲜艳。出自清代袁枚的《题画》。这首题画诗描写的是乡村傍晚，雨后初晴时的景色。此处引用作为村落产生的画面，更能增强学生的学习兴趣。

（1）人类居住形式：经历了从穴居、巢居、半穴居到地面筑屋的演变。

教师出示图片并引导学生思考：那村落是不是在人类诞生之时就出现了呢？并不是。我们来看人类最早的居住形式是怎样的，穴居和巢居，然后是半穴居，最后才筑屋定居。村落的产生要以定居房屋为前提。人类为什么从穴居走向了筑屋定居？农业。距今一万多年前，人类开始原始农耕生活，村落出现。

回顾所学知识，通过分析材料理解农业使人类过上了定居生活，孕育出了村落这居住形态。

问题：从图片（课件展示图片）中你能发现哪些因素影响了人类居住形式的变化？

自然条件、生产力发展水平……

（2）农业出现以后，人们筑屋定居，形成具有相当数量和规模的聚落点——村落。

教师出示图片并引导学生思考：原始文化遗址分布有什么特点？

从而引导学生回答村落产生的原因：①原始农业、畜牧业的产生与发展，形成了农业定居地（前提）；②房屋建造技术的改进。

（3）村落的构成和功能。

教师出示姜寨村落遗址图，引导学生观察分析村落里的设施及村落的功能。并向学生具体介绍：

村落建有住宅、仓廪、地窖和公共活动场所等，为人们的定居、繁衍和防卫提供了条件和保障，为人们进行集体活动提供了便利。

拓展探究1：中国传统村落的特征？

①中国传统村落往往_____，居民生活依赖自然界。

②是生产和生活的基地，是最基层的社区，以_____功能、_____生产为主。

③聚居规模较小，并且是内向的，具有保守性（自给自足）。

④具有_____聚集的特点。

⑤承担一定的社会管理和教化功能。

引导学生完成探究并填好导学案。

2. "云山百越路，市井十洲人。"

导入：品析唐朝诗人包何的《送泉州李使君之任》中的"云山百越路，市井十洲人"。泉州自唐代建城开始，老百姓"因井为市"，"市井"就成了最基本的群居形态。泉州是宋元中国的世界海洋商贸中心，古时这里商贾云集，很多外国人都从泉州入中国。此处引用作为集镇产生的画面，更能增强学生的学习兴趣。

教师引导学生理解集镇形成的过程和原因：随着生产力的发展和人口的增长，手工业作为独立的生产产业从农业中分裂出来，手工业者开始在便于交换的地方聚集，形成了古代集镇的雏形。

从中可以看到，生产力的发展和农业手工业的分离，商品交换的发展是导致集镇出现的重要原因。

在这个过程中，它创造了一个不再从事生产而只从事产品交换的阶级——商人。

教师以时间轴的方式，引导学生结合史实和材料、地图等梳理集镇的朝代发展特点和职能变化：

教师提示学生需要注意的是，影响中国古代集镇出现的原因除了刚才老师提到的之外，还有军事和政治也对中国古代集镇的出现有很大影响，甚至部分集镇军事和政治的原因超过了经济的因素。

通过"镇"字的《说文解字注》解释，使学生明确中国古代的"镇"主要是为军事目的而设置的。按照时间顺序分别介绍宋朝、元朝、明清时期中国集镇的发展过程，加深学生理解。

拓展探究2：根据材料，分析中国古代集镇出现的影响？

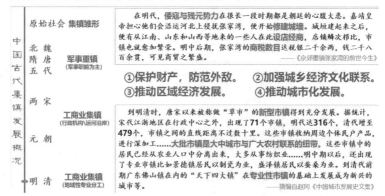

3. 烟柳画桥，风帘翠幕，参差十万人家。

导入：宋代柳永《望海潮》中"烟柳画桥，风帘翠幕，参差十万人家"，表达的是东南形势重要，湖山优美，三吴的都会——钱塘自古以来十分繁华。如烟的柳树、彩绘的桥梁、挡风的帘子、翠绿的帐幕，房屋高高低低，约有十万人家。熙熙攘攘的城市生活的画面便活灵活现地呈现在学生眼前，使其身临其境般走进城市发展的历史时光隧道中。

教师请学生思考："为什么人类文明早期村落、城市等都最早产生于两河流域？"

通过环境气候、政治制度、经济水平、文化发展等方面加以分析。

拓展探究3：请学生进行开放性思考，为什么人们更愿意去城市？

阅读史料，认识生产力的发展使得以工商业为主要经济模式的集镇和城市逐渐产生，并不断吸引着人们由农村走向城镇，体会集镇出现的历史意义。

展示中国古代城市和西方古代城市发展的时间轴版面，引导学生思考城市的职能。

中国古代城市	西方古代城市
中国古代城市布局主要分为宫殿区、手工业区、商业区和居民区。	约公元前3500—前3100年，两河流域苏美尔人生活地区形成一些居民中心，几个较大的居民中心结成城市。（产生）
城市已初具规模，统治者的宫殿和宗庙位于城市中心。	古希腊：城市布局中也反映出行政、防御、宗教和商业的功能。古罗马：城市的道路系统和供水排水系统，成为后来西方城市建设的标准。（古典城市）
周朝城邑大致分为三等，天子王城、诸侯都邑、卿大夫的采邑，各有定制。	欧洲中世纪时期出现了一些以手工业和商人为核心的新兴城市和城镇。（新型城市）

引导学生完成探究：

表14-1　学习探究

分类		古代西欧城市	古代中国城市
不同点		经济、生活、＿＿＿功能更突出	＿＿＿功能更突出，兼具其他功能
		布局较为随意	整齐对称，体现王权、礼制、等级
		城市规模小，人口少	城市规模大，人口多
		以"市"为主	以"城"为主
		建立在＿＿＿经济基础上	建立在＿＿＿经济基础上
		金钱赎买或武装斗争取自治权	处于中央集权管理之下
相同点		都有城墙，有＿＿＿功能；都是政治中心；都有经济功能	

4. "茅檐低小，溪上青青草"——世界各地民居

导入：这句诗出自《清平乐·村居》，是宋代大词人辛弃疾的词作。此词描绘了农村一个五口之家的环境和生活画面，借此表现人情之美和生活之趣。作者把这家老小的不同面貌和情态，以及他们美好的农家生活描写得有声有色、惟妙惟肖、活灵活现，具有浓厚的生活气息，表现出作者对农村和平宁静生活的喜爱。希望同学们从中国古代居民生活中感受民居的气息，更好地投入学习。

以一个连连线活动，帮助学生更快增进对世界各地民居的了解。

（1）房屋建筑的产生。展示《太平御览》引顶峻《始学篇》材料，通过图片，说明人类早期从穴居、巢居、半穴居到地面筑屋的演变发展，说明房屋建筑的产生发展。在此基础之上分别介绍中国、西方及其他地区的民居建筑。

通过观察分析图片及材料，认识中国民居的特点是受自然环境、经济发展水平、文化习俗等多种因素影响决定的。

（2）古代中国民居建筑。在房屋建筑的产生内容基础上，对新石器时代中国北方半地穴式建筑与南方干栏式建筑进行介绍，并举例说明北方发展出地上建筑、南方发展出干栏式建筑的原因。

请学生思考：为何南北会出现民居建筑的不同？分析得出南北环境气候的差别。

（3）古代西方民居建筑。展示遗址照片与建筑复原图，通过《世界建筑史·古罗马卷》的材料说明古希腊罗马的中庭是民居中心的特点。展示万神庙穹顶示意图，通过材料，介绍混凝土、拱券和希腊柱式，并强调此三要素为古罗马建筑的主要特征。

展示材料，说明古罗马城市人口庞大的特点，在此基础之上介绍多层楼板叠加组合而成的集体住宅——"因苏拉"，并展示其模型与遗址图片，引导学生思考其出现的原因与影响。

（4）其他地区的民居建筑。展示图片与《世界建筑史·西亚古代卷》及

《世界建筑史·古埃及卷》的相关材料，请学生对比两河流域与古埃及建筑的相似之处，请学生思考其存在相似之处的原因是什么。

通过摩尔根《美洲土著的房屋和家庭生活》的材料与图片，说明北美大平原与南美亚马孙雨林印第安人不同的生活状态与民居建筑，请学生思考：为什么同属于美洲，南北地区的印第安人民居会有如此巨大的不同？得出结论：自然气候条件与经济发展模式差异导致不同。

展示世界气候分布图，对此前介绍的各地民居建筑加以总结，请学生思考：世界各地民居建筑不同的原因是什么？

经过分析得出结论：自然环境、经济发展水平、文化习俗等多方面因素影响。

引导学生总结：

世界各地的民居。特点：类型多样。		
文明	建筑材料	建筑风格
两河流域	黏土、芦苇混合制成的砖块	墙壁贴着墙壁；结构相同，前庭、前室、主室
古埃及	泥和木材、椰子叶	庭院、院落有柱廊
古代中国	木、砖	布局讲究对称、主次分明、院落有序
古希腊、罗马	木、石、砖、混凝土	混凝土、拱券、希腊柱式、集体住宅、复合式公寓
古印第安	野牛皮、木头	圆锥形的帐篷

各地民居使用的建筑材料有什么共性？

延伸理解：人类三类聚居地之间的关系。

在掌握影响中国民居特点因素的基础上，触类旁通地观察世界其它文明的民居，认识其它文明的民居也是受自然环境、经济发展水平、文化习俗等多种因素影响决定的。

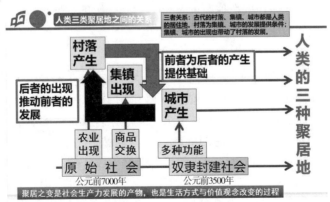

板书设计

落实关键知识，理清思维脉络，理解人类居住环境变迁的历史进程。

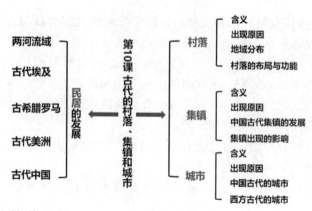

四、我的教学主张

打造高效历史课堂

历史学科与当今世界面临的重大问题直接相关。不论是对于科学发展，还是实际需要，我们都必须加强历史学科教育，尤其是必须加强中学历史学科教育。中学历史学科教育的主渠道是历史课堂教学。

因此，在新课程改革的条件下，如何实现历史课堂教学的高效率是一个很值得探讨的课题。高效教学就是抓住怎样培养人这个关键点，以提高课堂教学效率、优化课堂教学效果为切入口进行研究和探索，说得更加平实一点，就是学生能当堂学、当堂会，教师能保落实、减负担。

笔者认为，"高效历史课堂"中的"高效"是指：

（1）基础知识、基本技能要到落实。

（2）学生的思维能力（特别是对学科重要概念内涵的理解能力、比较分析能力、综合概括能力等）要在原有的基础上得到一定的提升。

（3）外在表征为应对考试有一定的把握。

现结合个人体会，简单谈谈如何构建高效课堂。

（一）依"纲"扣"本"，结合实际，设计高质量的教学方案

教学大纲和课本是教师教学的依据。教师只有认真学习教学大纲和吃透教材，才能准确把握课堂教学的目的和要求，才能在教学中做到有的放矢。

教学方案是教师课堂教学意图的体现。要创造高效的课堂，用好这四十分钟，充分的课前准备非常重要。没有预设的课堂是放任的，必然也是低效的。

教学方案设计的前提是教学目标的制定，这要兼顾好、中、差三个层次，因材施教、因人而异，不同层次的学生要求达到的目标也应各不相同。要保证80%以上的学生掌握课堂教学内容。对于优等生，我们可以在课外延伸一些略带挑战性的练习，而对于那些后进生，我们也可以为他们制定一些浅层次的要求，让他们循序渐进。

教学方案设计的重点是教学过程的设计。教师在设计教学过程时，一定要针对学生已有的知识基础设计符合其能力水平与思想水平及学校现有的实际条件的课程方案。这样设计出的教学方案才切合实际，才具有可操作性。

（二）精心的导入设计，制造扣人心弦的三五分钟

就像一部优秀的电影，一般都有一个精彩的开头，其目的在于能够把刚刚入场的观众迅速带入充满艺术魅力的殿堂。在教学中，教师的"导"是为了学生的"入"。要把学生的注意力从课前状态尽快吸引到课上，教师应该细心观察、精心设问。课的开端，是教师谱写第一首优美的教学乐章的前奏，是师生间情感共鸣的第一个音符，是师生心灵沟通的第一座桥梁。在整个教学中，它起着从旧知到新知的诱导作用，起着新旧知识逻辑的衔接作用，起着诱发学生学习新知识的兴趣乃至激情的作用，它是课堂教学结构中一个不可忽视的环节。新课伊始，用几句贴切而精炼的引语导入，用几种别出心裁的模式导入，不仅可以使学生分散的注意力集中起来，诱发思维，强化求知欲，还可以借此交给学生一把打开新课大门的钥匙，使教学收到事半功倍的效果。

（三）加强直观教学，培养学生学习兴趣

历史知识的最根本特性是它在时间上的单向性，即历史事件不可能重演，因此，它既不能直接观察到，又无法在课堂教学中加以演示、实验。而教学所面对的对象是高中生，其认识历史的经验和知识都非常有限，与历史知识的多样性产生矛盾，教师可以通过充分利用书本上的插图和形象说明来加强直观性教学，也可以在板书中通过图表形式加强直观性教学，在教学过程中运用具体的例子来较直观地阐述历史现象，也可利用幻灯片提供鲜明的形象感知，加深学生对教材的理解。如此，学生的历史知识才有血有肉，课堂才有高效可言。

（四）不断优化教学模式，调动学生的学习积极性

课堂上，教师最大的困惑就是学生参与意识不高。我们可以改变教师的角色，不断优化教学模式，如采用小组学习的模式，让学生成为学习的主人，老师起组织、引导的作用。开放、自主的课堂，让学生的主动发展成为现实，让老师变成了他们学习的伙伴。

（五）教学反思不可少

有人说：教学是一门遗憾的艺术。精心设计的一堂课，在实施过程中，可能会有灵感闪现，为自己的课堂增加亮色，也可能会出现意想不到的问题，让自己措手不及。课后教学反思就应该把这些散落在课堂记忆中的碎片拾起并记录下来，作为自己专业发展和自我成长的养分，这也会成为构建高效历史课堂的阶梯。课堂结束不代表教学停止，我们会继续攀登，高效优质的历史课堂永远是我们追求的目标。

五、他人眼中的我

(一) 同行眼中的我

龙剑霞老师以饱满的热情、诚恳的态度投入教育教学工作中。教书育人，尽职尽责，积极奉献。工作上，踏实肯干，精心备课，教学内容充实、丰富，能吸收学科新知识、新成果，不断更新教学内容和教学方法，结合学生实际进行教学，出色地完成本职岗位承担的工作量和工作任务。她经常深入到学生当中去，除了做好学科辅导外，还细致地了解学生，循循善诱，诲人不倦，与学生建立了民主、平等、和谐的师生关系，工作中谦虚谨慎、礼貌待人、以身作则、严于律己、为人师表。她充分发挥自己的引导作用，耐心细致地指导青年教师，共同提高本组教师的业务水平。

东莞市第一中学历史科组长　　孙振楚

龙剑霞老师治学严谨，要求严格，能深入了解学生的学习和生活状况，循循善诱，平易近人；教学内容丰富有效，教学过程中尊重学生，注意启发和调动学生的积极性，课堂气氛较为活泼。总之，龙老师是一位不可多得的好教师。

东莞市第一中学历史教师　　尹沁沁

(二) 学生眼中的我

十多年的教书生涯，我遇到了很多学生，收获了很多感动，提及同学们对我的评价，我想用几张特殊的照片来表达：

第一张照片，时间定点2007年，在我工作的第五年。2005年首次当班主任所带的高一 (6) 班，同学们虽然因分科而解体班级，但是一起悄悄地筹备了一个盛大的祝福仪式。2007年11月29日上午的第二节长课间，在高三面向高二的教学楼上徐徐展开了两幅新婚祝福语，刚从课室下课归来的我在众多围观学生的欢呼声中接过学生代表的鲜花，既愕然又激动。虽然我们已不是同一个集体，但是，同学们心中始终惦念着我，宠爱着我。这一份爱，承载于两幅祝福语，也展示在了我的婚礼现场，亲友们津津乐道于这份难得的师生情谊。这是我的首批"亲"学生们给予我的最高评价！(见图14-1)

图14-1　2007年11月29日学生惊喜展示现场

第二张照片，时间定点依然是2007年，我任教的高二（4）班的全体同学在学期末送给我的一份惊喜——一生中只送给"龙虾"（"龙虾"是同学们取自我名字谐音的爱的绰号）的东西！原来同学们利用课余时间，以宿舍为单位各自制作了一个祝福的小舞台剧视频，以六个故事来演绎对我的爱。逐一看完，热泪盈眶，同学们的用心准备和创意呈现都是对我最好的评价！（见图14－2）

图14－2　2007年学生的爱的六个故事小舞台剧

第三张照片，时间定点2011年，高三（6）班同学们送给我五十份明信片作为毕业礼物，每一张明信片里真挚的话语，是我们相处两年一起奋斗的日日夜夜、分分秒秒的回忆和总结，更是对我历史教学和班主任工作的回馈。他们记住了我的口头禅"有我在，怕什么"！更记住了这一句话背后我的担当与勇气，最终六班奋勇向前，所向披靡！（见图14－3）

图 14-3 2011 年学生的五十份手写祝福明信片

第四张照片，时间定点 2017 年，高三（4）班，锦旗背后是一个孩子心酸的人生的挽救过程，她被情绪病困扰，时常失控，痛苦不堪，无法集中精神学习。我和班级的同学们为她制定陪伴方案，分配好学生批次，来陪伴她的生活和学习，在保障其个人安全之余，给予她最多的关爱和鼓励。我鼓励她进行"南瓜计划"，想象从种子到果实的成长过程来感受生命的力量和意义。高考后孩子顺利进入大学继续学习，家长非常感动，送来锦旗。这是我职业生涯里的第一面锦旗，更是一份最重份量的肯定和评价！（见图 14-4）

图 14-4 2017 年学生家长所赠锦旗

第五张照片，时间定点 2017 年和 2020 年，图 14 - 5 是 2017 年高三（4）班同学们团结协作、奋力拼搏摘取了运动会年级第一的荣誉称号，同学们将所有的奖牌和奖状献给我的情景！图 14 - 6 是我 2020—2021 学年在东莞一中集团中堂实验中学交流时所带的初三（6）班，同学们由弱转强，同心同力摘取了全级最多奖牌和奖状献给我，他们说一定要超越师兄师姐们带给我的荣誉感和幸福感！我是一个体育弱生，却在从教带班生涯里收获一个又一个年级冠军，我相信这绝对是源于同学们对我的深沉的爱，这一份评价，我很骄傲！

图 14 - 5　2017 年高三（4）班荣誉

图 14 - 6　初三（6）班荣誉

最后一张照片，时间定点 2017 年，我想以高三（4）班两位同学的留言，作为结语。（见图 14 - 7）

"你已经成为影响我生命的人，我也要一生都感恩你，我的好老师。"

"谢谢您的付出，永远不会忘记老师那奔跑的影子，无微不至的关心，还有那灿烂的微笑。"

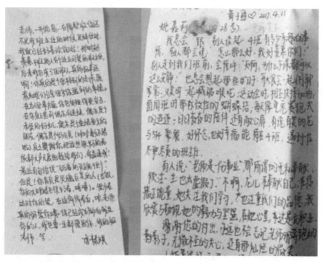

图 14 - 7　左右图分别为 2017 年高三（4）李慧琪和姚嘉莉同学的留言

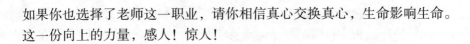

如果你也选择了老师这一职业，请你相信真心交换真心，生命影响生命。这一份向上的力量，感人！惊人！

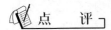点　　评

龙剑霞老师的历史课堂，不仅严谨有序，还机智诙谐；不仅历史学科功底扎实，而且其他学科也广泛涉猎，这使她的历史教学，既有趣又高效。"严谨蕴幽默，专精且博学"是她教学风格的生动写照。

广东第二师范学院教授　　闫德明博士

问题驱动，思维互动

孙振楚（高中历史）

个人简介

孙振楚，历史科组长，教育硕士，中学高级教师，市教学能手，校优秀教师，曾获"一课一名师，一师一优课"部级优课、省优秀课例评比一等奖，市优课、微课评比一等奖。

一、我的教学风格解读

亚里士多德认为，思维从惊奇和疑问开始；我认为，历史课堂也应该从惊奇和疑问入手创设教学情境，激活学生的思维。

导入设"卖点"。"卖点"就是兴奋点。如何制造"卖点"，一开始便把学生牢牢地吸引住？我的策略是抓住学生好奇心强、求知心切的特点，适时地设置悬念。设置悬念既可"凝神"，又能"起兴"，还能"点题"，可谓"一箭三雕"。

过程击"痛点"。历史学习的"痛点"就是重点、难点、易错点、关键点。突破这些"痛点"，让历史学习变得豁然开朗。要直击"痛点"，授课内容就不能贪多，范围不能过宽、过大。贪多就必然导致赶时间、节奏过快、讲解不明，导致学习者跟不上，效果极差。

结尾备"沸点"。历史课需要借助结尾来升华主题。好的结课应该做到言有尽而意无穷，给人留下无穷的韵味。在结尾巧妙发问，引发学生思考，将主题的意蕴加以深化升华。

二、我的成长历程

当我还是一位高中生的时候，就曾经在历史课上问过自己这样的一个问题："假如我是一位历史老师，这节课我会怎么上？"没曾想自己还真的成了一位历史老师，"这节课我会怎么上？"成了我十七年来日常不得不思考的问题。回顾十七年来的教师生涯，我把它总结为三个阶段——"仿""磨""悟"。

仿。模仿阶段，教师生涯的前三年基本属于这个阶段。这三年模仿的对象很多，其中，模仿最多的莫过于林浩老师。2004年刚工作时，刚好碰上实施新课标，采用新教材，与自己熟悉的旧教材相比，新教材简直"面目全非"。市面上新教材教学参考书不少，但基本没有真正实用的，大都是空头理论，网上可供借鉴的教案、课件也几乎没有，对于一位"菜鸟"来说，这太难了，好在当时遇到了一位好师父——林浩老师。那三年，林老师的新课，我几乎一节也没落下。林老师非常幽默，常有神来之笔，段子信手拈来，他的课堂总是充满欢乐。我的笔记做得非常详细，恨不得把每句话都记下来。三年下来收获满满，不仅积累了大量的教材素材，而且习得了很多实用的教学技巧。那三年，市教研室开展了很多教研活动。我也积极地从市里很多名师身上汲取养分，其中从东莞中学的几位老师身上学到的东西最多，例如，从卢何生老师身上学会如何充分挖掘历史图片信息，点燃学生思维，从杨建平老师身上学会如何利用归纳和演绎两种方式开展概念教学，从柴松方老师那里学会如何引导学生利用大事年表来梳理历史发展脉络，从张光洋老师那里学会如何利用背景铺垫开展情景教学，从高级中学孙春明老师那里学会如何开展小组竞赛。那三年，中央电视台的百家讲坛非常火爆，而历史老师是最受欢迎的群体。我从纪连海、袁腾飞老师那里学到如何制造教学悬念，如何"抖包袱"。经过三年的模仿学习，我的课堂也渐渐得到了学生的认可。

磨。研磨阶段。教师生涯的第四年到第十年，经过之前一轮高一到高三的循环教学，对教材和学生都已经有了一定了解，对课堂的要求也随之提高，已经不再满足于把知识点讲透，也不再执着于课堂的热闹，而更加关注史料的选取裁剪、框架的构建、历史脉络的梳理，更加注重对学生历史思维能力的培养，这就需要对历史课堂反复地推敲，不断地研磨。这个阶段，我参加了几次教学比赛，经历过很多次磨课。有人说磨课就是"磨人"，事实也的确如此，一次次调整教学思路，一遍一遍地修改方案，千锤百炼，精雕细琢，这个过程是非常煎熬的，但经历之后，就会发现磨课其实是一个可以遇见更好自己的过程，这不只是说这堂课你能上得多好，而是经历了这种"事无巨细"的全方位打磨，你之后的教学设计会有更多的思考，因为你的眼界和水平，在一次次的打磨中，都得到了提高。难怪有人说，"学习有些时候，不一定体现在结果上，而是藏在过程里。所以要抛开对结果的执念，看清自己在过程当中的收获"。

悟。渐悟阶段。教师生涯第十一年至今。经过十年的积累和沉淀，渐渐发现，过去自己更多的是在从事历史教学，而不是历史教育；是在教书，而不是育人。因为过于关注知识点的落实，关注考试能力的提升，而忽略了情感的渗透。这几年，我渐渐明白了历史老师所肩负的"育人"责任，对很多教学环节做了调整，在教学目标的设定上，越来越注重教学立意，着眼于塑造更好的学生：课堂上利用一个个鲜活的历史故事引导学生去感悟历史事件蕴含的普世价值；通过中外比较不断地去开阔学生的视野，增进学生对国家和民族的认同；通过引导学生古今"穿越"，角色扮演，力争使学生对历史能多一份温情与敬意，学会换位思考，更好地去理解他人，理解社会；课后，积极引导学生阅读历史名著，提升人文素养。历史学科具有极其丰富的教育资源，然而历史育人功能的发挥却是一个潜移默化的过程，效果很难被测量，这就意味着极可能你做了很多，但很难被看见，这就需要我们少一些浮躁，多一份情怀，多一份坚持与守望。

成长是幸福的，在自己成长的过程中还能帮助别人成长，那就更幸福。

三、我的教学实例

联 邦 制

导入：在很多中国人看来，美国是一个奇怪的国家。拥有众多著名的私立大学和州立大学，竟然没有一所国立大学。一个国家竟然同时存在五十种不同的汽车牌照和五十种不同的警徽。美国为什么会发生这些怪事呢？

【设计意图】设置悬念，力求达到三重目的："凝神"——集中学生注意力；"起兴"——激发学生学习兴趣；"点题"——引出联邦制。

（一）联邦制从何处来

美国最早用来处理中央与地方关系的体制不是联邦制，而是邦联制，1777年11月19日，大陆会议通过了《邦联条例》。1781年3月1日，随着马萨诸塞州的正式批准，《邦联条例》正式生效，13个州结成一个联盟。

1. 沙土制成的"绳索"靠不住——邦联应付不了危机

由于主权不在邦联政府，而在州政府，美国俨然成为一个松散的国际联盟。麦迪逊和华盛顿对此都有过形象的论断。

（1）邦联制的特点。

展示材料：

一只头脑听从四肢指挥的怪物。——麦迪逊

一根沙土制成的绳索。——华盛顿

【设计意图】阅读麦迪逊、华盛顿等开国元勋对邦联的评价，认识到即便是当时，人们也认为邦联是一个松散的联盟。深刻理解邦联制的特点，是全面理解联邦制的重要前提。

（2）邦联应付不了危机。这个松散的联盟应对危机的能力如何呢？我们通过当时邦联政府所遇到的一件事——"海盗来袭"来一探究竟。

展示材料：

1785年7月25日，北非海盗劫持了美国两艘商船"玛利亚号"和"多芬号"，抓获115名船员，要求支付66万美元的赎金。——《杰斐逊传》

设问：邦联政府该如何应对？出兵剿匪还是缴纳赎金？

解读：如果出兵剿匪，它没有征兵权，不掌握军队；如果缴纳赎金，它没有征税权，平均每年的财政收入，不足50万美元。邦联政府陷入了两难的境地。最终的结果是这115名船员十年之后才被营救出来。这件事充分暴露了邦联政府的软弱无力，由于邦联政府对外不能维护国家利益，对内不能巩固国家统一，于是不少人认为应该建立一个强有力的中央政府，而要建立一个强有力的中央政府就得修改《邦联条例》。

【设计意图】借助"海盗来袭"这个案例，让学生神入历史情境，体会邦联政府的软弱无力，认识邦联制存在难以克服的弊端，理解建立强有力中央政府的必要性。

2. 谈出来的"联邦"——制宪会议的争斗与妥协

为了解决邦联政府面临的危机，1787年5月，美国的开国元勋们在费城秘密召开了会议，准备修改《邦联条例》。会议开始不久，麦迪逊和伦道夫等国权主义者便提出了自己的主张。

（1）国权主义者的主张。

展示材料：

州的独立和自尊自大，是这个国家的祸根。——麦迪逊

应该建立一个强有力的大一统政府，在这个体制之下，主权州的观念将近于废除不存。——伦道夫

小结：从麦迪逊和伦道夫的言论不难看出，国权主义者主张建立强有力的中央政府，没收各邦政府权力，倾向于建立中央集权制。

（2）州权主义者的主张。伦道夫和麦迪逊的主张一提出，便遭到了兰辛、乔治·梅森等人的强烈反对，甚至远在欧洲出差的杰斐逊也写信给麦迪逊表示反对。

展示材料：……（中央集权制）剥夺人民的权利和自由……吞没和摧毁各邦司法。……宁愿斩断自己的右手，也决不签署这样的宪法。——乔治·梅森

小结：从乔治·梅森的言论不难看出，州权主义者认为中央集权制有违各州的自治传统，剥夺人民的权利，倾向于坚持邦联制。

（3）妥协的新方案（联邦制）。一方倾向于建立中央集权制，另一方倾向于坚持邦联制，会议陷入了僵局。后来经过各州制宪代表的激烈争辩和相互妥协后，国权主义者和州权主义者最终达成了一种分权的新方案。

展示材料：宪法列举的权力归中央，宪法未列举的权力归州和人民。——联邦宪法

【设计意图】叙述联邦制的出台过程，理解联邦制是相互争斗和妥协的结果，而不是某位伟人的创造发明，深刻认识联邦制的本质在于中央与地方的分权，并强调中央与地方权力划分是在宪法的框架下进行的，也就是说联邦制是建立在法治的基础之上的。

观看短片：宪法到底列举哪些权力归中央呢？我们来观看一段视频（用动画的形式来展示联邦制的内容）。

短片内容：新的（联邦）政府有权建立一支自己的军队，有权征税应对其开支，还能发行货币，有权制定一切"必要和适当"的法律，以履行其职责……

制宪者们同样也限制政府权力，他们对政府的权限列出清单，说："这就是（联邦）政府所能做的、别无其他。"各州可拥有自己的警察部队，监控选举，开办学校，按其认为合适的方式制定执行他们自己的法律，所以，联邦政府可以做比如说建立军队或者高兴的时候入侵加拿大之类的事，但它不能因为人民乱扔杂物就逮捕他，或是给他们开停车罚单。

【设计意图】借助形象、生动的动画，展示枯燥、乏味的法律条文，帮助学生理解联邦制的内涵，为下一环节的分析打下坚实的基础。

（二）联邦制新在何处

1. 新体制新在何处

从这段视频中不难看出，联邦制不同于邦联制，也不同于中央集权制，而是一个崭新的体制。到底新在哪呢？我们不妨来做一下比较。

与邦联制相比，中央权力得到加强，例如，拥有军事、立法、征税等大权。美利坚合众国从国家的联合，变成了联合的国家。与中央集权制相比，地方保留很大的自主权力，例如，教育、警政、立法、司法等权力，在自己的权力范围，不必按照中央的指令办事，不受中央干涉。这就是美国拥有众多著名私立大学和州立大学却没有一所国立大学的原因，也是一个国家同时拥有五十种不同的汽车牌照和五十种不同的警徽的原因。

【设计意图】把联邦制与邦联制、中央集权制进行比较，进一步认识联邦制与中央集权制是两种不同的体制，进一步突出联邦制的分权特点，明确中央政府与地方政府在各自的权限内享有最高权力，不受对方干涉。

2. 新体制的好处

这样分权有什么好处呢？一方面，中央权力加强，这就有利于集中国家力量对外维护国家利益，对内维护国家统一；另一方面，地方保留了自主权，这就有利于发挥地方的首创性和积极性，避免国家"一刀切"扼杀地方的活力。相比较中央集权制和邦联制，联邦制可谓取其精华，去其糟粕。对此，中外两位著名的历史学家曾有过精彩的论断。

展示材料：

既避免了邦联制的极端，又避免了中央集权制的弊端。——齐世荣

既像一个小国那样自由和幸福，又像一个大国那样光荣和强大。——托克维尔

【设计意图】根据联邦制的分权特点，结合齐世荣、托克维尔两位著名历史学家的论述，分析分权的好处，理解联邦制的价值。

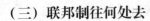

（三）联邦制往何处去

联邦制的巩固与发展

联邦制为美国的稳定和发展作出了巨大贡献，然而，它的发展却并非一帆风顺。宪法规定了中央与州的分权原则，但是留下争权余地很大。公说公有理，婆说婆有理，这种争执，两百年几乎不断。

1. 联邦制的巩固——南北战争的法理对决

1860 年 11 月，林肯当选为美国总统。不久南方十一个蓄奴州宣布脱离联邦。当时蓄奴州退出联邦的法理依据是什么？联邦政府在法理上又是如何应对呢？

蓄奴州：根据"联邦宪法未列举的权力归州和人民"的原则，州有退出联邦的自由（分离权）。

联邦政府：根据宪法"联邦政府有权强制各州实施联邦法律"的条款，有权采取战争的方式维护联邦。

（战争结束后）联邦政府：根据宪法"联邦政府有权制定一切必要和适当的法律"的条款，制定第十四条修正案，把分裂联邦的行为列为叛国罪，并强调联邦法律至上性。

第十四条修正案再次肯定联邦法律的至上性，联邦制得到了巩固。

【设计意图】叙述联邦政府与蓄奴州之间的法理对决，帮助学生理解南北战争与联邦制巩固的关系。认识联邦制的调整是建立在现实需要的基础上，具有较强的实用性。

2. 联邦制的发展——罗斯福新政的法理争议

1929 年，美国爆发了经济大危机，而各州对危机却无能为力。1933 年，罗斯福总统一上台就实行"新政"，联邦政府开始全面干预国家经济和社会生活，介入传统属于州权范围的经济和社会领域。这一做法引起了最高法院的强烈反对。罗斯福对此又是如何应对呢？

最高法院：根据"未列举的权力属于州和人民"的原则，新政干预经济的做法违宪。

罗斯福：宪法的解释要根据时代需要。

（后迫于各方压力）联邦法院：对联邦州际商业管理权作从宽解释。

小结：至此，联邦政府干预经济的做法获得了法理支持。联邦政府的权力得到进一步增强。然而，时至今日，联邦政府的权力到底应该加强还是削弱，依旧争议不断。也许争议正是联邦制得以不断发展完善的动力吧。

【设计意图】叙述最高法院与罗斯福之间的法理争议，帮助学生理解罗斯福新政与联邦制发展之间的关系。明确联邦制的调整是在不违背宪法的前提下进行的，充分体现了原则性和灵活性的完美结合。

四、我的教学主张

我的教学主张是，巧用史料，创设悬念式课。一个扣人心弦的课堂悬念就好像是一剂兴奋剂，能激发学生学习历史的无限热情；一个引人入胜的课堂悬念犹如一把钥匙，它能快速开启学生思维的大门。巧用史料，制造悬念式课堂，最关键的有两步，一是精选史料，二是精心设计问题。哪些史料比较适合用来设计悬念呢？怎样设问才有悬念效果呢？下面，我们分别从文字类史料、图片类史料、图表类史料三个角度进行考察分析。

（一）文字史类料

文字史料是数量最多、包罗方面最广和内容最丰富的。在众多的文字史料当中，下面这两种文字类史料，非常适合用来创设悬念式课堂。

1. 故事性强的文字史料

大多数学生都喜欢听故事，选取故事性强的文字性史料，创设悬念，往往能吊起学生的胃口，极大地激发学生主动探究学习的欲望。例如，在学习"宋明理学"这一课时，我们可以先精选清代学者姚元之《竹叶亭杂记》里的一段史料："道光十一年，安徽桐城发生水灾。大水中，一女子躲避未及，水快要淹到腰部了，有一男子伸手救援，拉了一下女子的左臂。女子呼号大哭：'我几十年的贞节，怎么能让陌生男子污了我的左臂。'抢下一起逃难者带的菜刀，将左臂砍下。"学生读完这段史料，心中难免会充满疑惑，你只需要把学生心中的疑惑说出来，然后顺理成章地引导这节课到主题上来即可，所以，我们可以这样设问："这位清朝女子为什么会把贞节看得比自己的身体还重要呢？是什么影响了她的思想观念呢？你想知道其中的奥秘吗？那我们就先来学习'宋明理学'吧。"又如，学习"新文化运动"这一课，我们同样可以这样设计悬念式导入：第一步，精选"民国课堂（大先生的背影）"里一段故事性极强的史料："陈独秀拍着桌子对胡适说：'你要是认我这个朋友，你今天就跟你的老婆离婚。'"然后顺理成章地设问：俗话说："宁拆十座庙，不毁一桩婚。为什么陈独秀会执意要求他的好友胡适离婚呢？要想解开其中的谜底，我们需要先来学习新课'新文化运动'。"思想史、政治史当中故事性强的史料比比皆是，所以，精选故事性强的史料，设计悬念式非常适合思想史、政治史类的课题。

不过有些故事强的史料，学生读完未必有疑惑，需要我们适当的补充和引导，才能产生悬念的效果。例如，我在制作"联邦制"这节微课时，我就曾这样来设计悬念式导入，首先精选《托马斯·杰斐逊与海盗：美国海权的崛起》中的一段史料："1785 年 7 月 25 日，阿尔及利亚海盗劫持了美国两艘商船'玛利亚号'和'多芬号'，抓获 115 名船员，要求支付 66 万美元的赎金。"读完这段史料，学生未必会产生疑惑，很难起到悬念的效果，这种情况就需要我们给予适当的补充，我们可以这样设问："当时的邦联政府想出兵剿匪，但没有征兵权，不掌握军队。想缴纳赎金，但没有征税权，平均每年的财政收入不足 50 万美元。这种情况下，这些船员还能被营救出来吗？如果能，又是什么时候营救回来的呢？带着这些问题，我们进入'联邦制'这一课的学习。"

还有一种情况，学生读完史料也会感到疑惑，但学生的疑惑点跟教材的主题却未必契合，这时候需要你及时指出史料中的关键信息点，并围绕着该信息点设计悬念。例如，我们在学习"金门战役"这课题时，首先精选了凤凰网的一则新闻："2015 年 5 月 15 日，台湾立法委员周倪安质询台湾军方时指出'金门目前对大陆观光客实施落地签，而且每天不限人数，本席假想一个情况，假设有 2 万名解放军，以便装、不带武器方式，用观光落地签到达金门，然后就地取材，利用当地名产菜刀作为武器，兵不血刃占领金门，军方如何因应？'"读完这则新闻，很多学生感兴趣的是接下来台湾军方如何应对，而眼下台湾军方如何应对却跟我们的主题有所偏离，这时我们应该及时指出重要的信息点——当地名产菜刀，并围绕这一信息点进行设问："今天我们先不讨论台湾军方如何应对，我们先来谈谈金门名产菜刀，菜刀的主要原料是钢铁，但金门并不生产钢铁，也没有从外地进口钢铁，那制作菜刀的钢铁到底从哪来呢？"

2. 评价性史料

事实上，不仅故事性强的史料可以用来制作悬念，评价性的史料同样也具有悬念的效果。那么，哪类评价性史料效果会更好呢？经验告诉我，这两类评价性史料用来制作悬念式导入的效果比较好：一是形象比喻类评价，二是对比转折类评价。形象比喻类史料能一下子就吸引学生的眼球，快速进入学习情景。例如，在学习"联邦制"这节课，我们也可以这样设计导入，先精选两位伟人对建国初期美国的评价。

材料一：一只头脑听从四肢指挥的怪物。[1] ——麦迪逊

材料二：一根沙土制成的绳索。[2]——华盛顿

然后，再围绕这两种形象性评价进行设问：麦迪逊为什么把美国比喻成"一只头脑听从四肢指挥的怪物"？华盛顿为什么把美国比喻成"一根沙土制成的绳索"？要想知道其中的答案，我们先来学习"美国联邦制的建立"这一课题。

对比转折类的评价性史料，由于对比强烈，往往具有戏剧性效果。例如，在讲授新课"太平天国"时，我们也可以这样设计悬念式导入。

第一步，精选两则国民党对太平天国评价转变的史料。

材料一：太平天国之历史，为十九世纪在东方第一光荣之历史。[3] ——蒋介石（1929 年）

---

① 汉密尔顿、杰伊、麦迪逊：《联邦党人文集》，商务印书馆 1980 年版，第 450 页。
② 汉密尔顿、杰伊、麦迪逊：《联邦党人文集》，商务印书馆 1980 年版，第 449 页。
③ 方之光、袁蓉：《国民党对太平天国评价转变的历史启示》，载《南京大学学报》2010 年第 1 期。

材料二：1929 年，中华民国国民政府通过《禁止诬蔑太平天国案》，不得使用"长毛发匪粤匪"之类的称呼。1930 年后国民党政权对太平天国运动则进行了全面否定和批判。[①] ——《国民党对太平天国评价转变的历史启示》

第二步，围绕这种转变进行设问：为什么 1930 年之前，国民党会给太平天国以高度的肯定？1930 年之后国民党对待太平天国的态度会发生 180° 的大转变呢？

（二）图片类史料

历史图片比文字叙述更简洁、鲜明、生动和真实，更容易产生历史的现场感。哪种图片适合用来设计悬念呢？我认为以下三类是比较合适的。

1. 有违常识的图片

这类图片具有震撼性，能瞬间激发学生的学习兴趣。例如，我们在学习"太平天国"这一课时，我们便可以这样来设计悬念式的导入：第一步，精选一枚天国圣币的图片，天国圣币中的"天"和"国"字跟我们常见的很不一样，"国"字少一点，"天"字上横长比下横长，我们可以围绕这种有违常识的写法来设计问题：这枚货币有何特别之处？为什么"国"字少了一点，"天"字上横比下横长？要想解开这当中的谜底，我们先来学习中国近代史上规模最大、持续时间最长的一场农民运动——太平天国。"

又如，在学习"西学东渐"这一课题时，我们可以也这样设计悬念式导入。第一步，精选能够反映中国明清时期的典型油画——《马戛尔尼会见乾隆》。这幅油画把中国人画得特别高大，把英国人画得特别矮小，这是有违常识的，我们可以围绕这种奇怪的画法来设计悬念：这幅画有何特别之处？为什么会把中国人画得特别高大，把英国人画得如此矮小呢？这反应了中国人的什么心态？这种心态何时发生改变？带着这些疑问，我们进入"西学东渐"这一课的学习。这类史料相对比较难找，属于可遇不可求的类型，需要我们用心慢慢地积累。

2. 时代痕迹明显的实物图片类史料

中央电视台的鉴宝节目是一档非常受欢迎的节目。其最大的卖点在于几乎每件宝物都充满悬念。到底是真的还是假的？是哪个朝代留下的？大概值多少钱？事实上，我们的历史课堂也可以借助实物类史料的图片来设计悬念。但是，大多数一线历史教师和广大学生都不具备专业鉴定知识和能力，所以，我们在选择这类史料时最好选择那些时代痕迹特别明显、学生能够借助课本知识加以辨别的实物类史料，这样才不至于打击学生的积极性。采用鉴定法来创设悬念式，通常有两种思路：一是鉴定时间，二是鉴别真伪。

鉴定时间。每件史料都会有它特定的年代，每个年代的史料都会有特定的一

---

① 方之光、袁蓉：《国民党对太平天国评价转变的历史启示》，载《南京大学学报》2010 年第 1 期。

些特点，所以，我们可以利用时代特征来设计悬念式课堂。例如，我们在学习"中国古代手工业"这一课题时，我们可以这样设计悬念式课堂导入。第一步，精选两幅反映古代陶瓷发展变化的陶瓷图片，《鬼谷子下山图罐》和《明成化斗彩鸡缸杯》，引导学生观察分析这两件作品各有什么特点，然后依据中国陶瓷发展的时序性，设计悬念式课堂。设问："你觉得这两种风格的陶瓷，哪一种更早出现？"

《鬼谷子下山图罐》于 2005 年 7 月 12 日伦敦佳士得举行的"中国陶瓷、工艺精品及外销工艺品"拍卖会上，以 1400 万英镑拍出，加佣金后为 1568.8 万英镑，折合人民币约 2.3 亿。2014 年，《明成化斗彩鸡缸杯》又以 2.8 亿的天价成交。为什么这两件陶瓷作品如此昂贵？

鉴别真伪，同样需要先引导学生分析图片类史料的特点。例如，我们在学习中国"近代邮政事业的起步"这一课题时，首先精选两枚中国近代早期几张著名邮票，然后用画图工具对这两枚邮票的日期和图案适当的改动，然后围绕这种改动进行设问："大家是否有集邮的习惯？集邮首先得学会辨别邮票的真伪，下面，我给大家出示两枚邮票，请大家结合教材的内容，来鉴定一下它们是否是真品。"

3. 漫画类图片

漫画是以夸张的艺术形象来反映历史的活动，带有明显的讽刺意味，具有形象性、生动性、趣味性和教育性。它蕴涵着深刻的寓意，给人以无穷的历史韵味。例如，我们在学习"东欧剧变"这一课题时，可以向学生展示柏林墙上弗鲁贝尔笔下的著名漫画《兄弟之吻》，然后设问："画中的这两位男人是谁？从这幅漫画可以看出苏联和东德的关系如何？这种亲密的关系何时破裂？"

历史漫画以幽默夸张的手法再现历史现象或事件，使抽象的历史概念变成直观形象，能增强学生对教学内容的吸引力和感染力，起到先声夺人和引人入胜的效果。

（三）数据类史料

大数据时代悄然而至，数据类史料大量涌现，这为我们利用数据优化历史教学提供了便利。利用数据图表类设计悬念，既可以利用围绕差距来设计问题，也可以围绕变化趋势来设计问题。

围绕数据的差距设计悬念，例如，我们在学习"国民革命"这一课题时，可以先精选现代学者王奇生撰写的《从"容共"到"容国"——1924—1927 年国共党际关系再考察》中的一段史料："……改组前夕的国民党号称有党员 20 万……中共以一个人数不过 400 余人的小党……"[①]，然后围绕国共两党悬殊的力量对比

---

① 王奇生：《从"容共"到"容国"——1924—1927 年国共党际关系再考察》，载《近代史研究》2001 年第 4 期。

来设计问题"当时的国民党是全国第一大党，号称拥有 20 万党员，为什么愿意和只有 400 余人的小党合作呢？你想了解其中的奥秘吗？我们先来学习'国民革命'这一课题"。

围绕发展变化趋势设计问题，例如，我们在学习"宋明理学"这节课，我们可以先精选《古今图书集成》中的一段记载："节烈妇女，唐朝只有 51 人，宋代有 267 人，明代达到 36000 人。"[1] 然后围绕节烈妇女的变化趋势，设问："节烈妇女是指刚正有节操、殉夫而死的女子。为什么明代烈女的数量会出现几何级的增长呢？"

数据类史料非常多样，有表格、曲线图、柱状图、扇形图等等，相对于文字描述，这样的史料更加直观、明了。这类史料在经济史当中，非常常见，所以利用数据类史料设计悬念式课堂导入，非常适合经济史的教学。

美国现代著名心理学家布鲁纳说过："学习的最好刺激，乃是对所学材料的兴趣。"巧用史料，创设悬念式课堂，就可以给学习带来强烈的刺激，触发学生弄清未知事物的迫切愿望，诱发出学生的探索性思维活动，能给历史教学带来无限生机。新一轮的课改正如期而至，如何借助史料创设出更加扣人心弦、引人入胜的悬念式课堂，打造兴趣盎然、活色生香的历史智慧课堂，还有待我们继续探讨和研究。

五、他人眼中的我

（一）专家眼中的我

孙振楚老师重视情景的创设，特别擅于设置教学悬念去激发学生的学习兴趣，引发学生深度思考。教学过程注重情节性和思辨性的结合，既紧扣教材，又不拘泥于教材，驾轻就熟，开合自如，得心应手，课堂生动有趣，既有温度又有深度。

广东省高中历史名师工作室主持人、正高级教师　　陈维坚

（二）同行眼中的我

孙振楚老师通过创设教学悬念，引导学生进入教学情境，用鲜活的史实加深学生对历史概念的理解；思路清晰，层次分明，节奏感强，重点突出，对课堂教学的把握驾轻就熟，既紧扣教材，又不拘泥于教材。课堂生动有趣，韵味十足。

东莞市第一中学历史教师　　龙剑霞

孙振楚老师，教学魅力十足，课堂贯通中外，以层层追问的形式与学生探讨三个冷战地标：柏林墙、佛罗里达海峡、夏金海峡，引导学生通过冲击性极强的历史照片和材料去思考每一个冷战地标背后的真正赢家，是冷战双方任一方还是

---

① 陈梦雷、蒋廷锡：《古今图书集成》，齐鲁书社 2006 年版，第 26 页。

世界人民，分析其冷战思维，追究其冷战原因，促使学生理解世界体系在经历了一个世纪的裂变、重构后，进入了一个更具一元性的、发展程度更高的形态，震撼且发人深省，帮助学生建构正确的世界观和价值观。

东莞市第一中学历史教师　　谢永诚

（三）学生眼中的我

孙振楚老师教学严谨，认真负责。他上课生动有趣，善于带动同学们的学习积极性，在课堂上经常举出一些有趣的历史故事把同学带进历史知识当中，做到真正的寓教于乐。他的课堂氛围轻快活跃，同学们总会踊跃回答问题并且积极提问，对于同学们的问题他也一个个细心回答。孙老师是一个知识丰富、平易近人的好教师。

东莞市第一中学 2022 届毕业生　　叶浩鹏

孙振楚老师的历史课幽默有趣，教学张弛有度，风格沉稳，深受广大学生的喜欢。上课思路清晰，节奏顺畅。

东莞市第一中学 2022 届毕业生　　林思耀

点　　评

孙振楚老师着力于历史思维课堂的研究，教学语言形象、生动，深入浅出，擅于创设教学悬念，把学生引入教学情境，激发学生思辨兴趣，开展深度学习，鼓励学生多角度论证问题、多方法解决问题，让学生在思想的碰撞中不断提升，感受历史的魅力，真正做到"通情""达理"。

广东第二师范学院教授　　闫德明博士

"和"风细雨，求真务"实"

王丹丹（高中历史）

个人简介

王丹丹，女，中共党员，硕士研究生，中学历史一级教师，市教师能手，校优秀教师。曾获市高中历史品质课堂活力组一等奖，市班主任能力大赛高中组一等奖，市高中历史微课比赛一等奖，市政史同构一节课评审中，团队优课一等奖，第二届省青赛东莞初赛二等奖，市双新实施优质课例二等奖等。此外，多次承担市级公开课和校开放日公开课，积极参与多项市级课题并顺利结题，多篇论文在市级评选中获奖，并发表于中文核心期刊。

一、我的教学风格解读

"和"与"实"

从教十三年来，我听过无数次课，也上过无数次课；得到过不少同行们的鼓励与批评，也收到过很多学生的肯定与建议。在比较、总结与反思中，我得出了自己教学中"和"与"实"的显著风格。

"和"是指教师的亲和、师生的和谐。古人云，"亲其师，信其道"，良好的师生关系有利于教育的开展。"和"的前提是对学生发自内心的尊重。由内而外，体现在一句贴心的问候、一个礼貌的称呼、一个友好的微笑、一个赞同的手势，甚至是一个理解或鼓励的眼神。苏联教育家马卡连柯说过，教师的威信首先建立在责任心上。因此，"和"的内核是责任心，愿意把精力放在学生的成长和发展中，体现在备课的严谨、上课的激情、课后的细致，反映在学生困难时的帮助、焦虑时的安抚、收获时的分享。此外，令人舒适的声线和语调，为我的"和"加分不少。

"实"首先体现在教学理念的朴实，即以人为本。教育的本质是传承文化、创造知识、培养人才，立德树人是教育的根本任务。为了落实立德树人这一根本任务，在教学中必然要坚持"以人为本"的理念。

"实"也体现在教学过程的务实，即以学生为中心。在教学设计中立足学情，分析学生的学科基础和认知能力，以学科素养的培育为导向，以学生学科疑

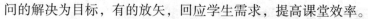

问的解决为目标，有的放矢，回应学生需求，提高课堂效率。

"实"还体现在教学成效的扎实，即仰望星空，脚踏实地。高中历史教学要面向分数、面向高考、面向未来。通过务实的课堂教学、及时的作业批改和反馈、精准的个别化辅导，夯实了学生的基础知识，培育了历史学科的核心素养，影响着学生的思维认知和终生发展。

"和"为方式和方法，"实"为目标和效果，两者相辅相成，从不同方面推动着我的教育教学实践。

二、我的成长历程

我出生并成长在一个普通的农村家庭。父母勤劳善良、乐观开明的生活态度和作风，深刻地影响着我。他们不懂什么是教育理念和生涯规划，但始终坚信要让孩子读书，并要坚持读下去。所以，对幼年的我来说，读书是理所当然的。

读书期间，接触最多的人就是老师。陪伴我成长的每一位老师都有着自己独特的魅力：认真、严厉、幽默、温柔、板书漂亮、笑容灿烂……他们的言行举止渐渐勾勒出我的人生愿景图——教师。

在人生理想的树立中，我的外公不可或缺。打我记事起，很长一段时间和外公外婆生活在一起。懵懂的我只知道外公很忙，很少做家务，不是读书读报，就是写字画画。长大一点，我才知道他以前是老师，尽管退休在家，但从不闲着，村里的大事小事都来找他。每次和外公出去，幼小的我都万分自豪。那时，我的内心形成了自己朴素的逻辑：外公是教师，外公代表自豪，所以，教师就是令我自豪。

高考志愿填报中，我毫不犹豫地报考了师范类院校。

（一）启航——师父们的引领

2011 年研究生毕业后，有幸就职于东莞市第一中学。开学之初，学校开展了新教师师徒结对活动，这让"小白"的我有幸拜师彭琪安老师和宋永成老师。在我的职业生涯启航阶段，他们时刻为我保驾护航，始终在背后给予我信心。

学科教学方面，面对模块式的教材编排，我顿感手足无措。庆幸有彭老师的指导，让我在学科教学方面慢慢消除恐惧。入职第一年，彭老师的每一节课我基本上都去听，除收获了清晰的知识点和学科体系外，更被他的艺术文雅、睿智博学所折服。

带班育人方面，起初步履维艰，庆幸有两位师父护航。当时，彭老师是级长，宋老师是同年级的班主任，遇到班级问题，我总能及时得到他们的帮助。作为级长，彭老师更多地给予宏观大局上的指引；作为班主任，宋老师更多地给予微观细节上的点拨。两年的朝夕相伴，我除了收获了班级管理的思想理念和很多问题解决的技巧方法外，更被彭老师的包容亲和、顺势无为及宋老师的稳重威严、雷厉风行所折服。

（二）领航——同仁们的相助

俗话说，"师傅引进门，修行靠个人"。作为教师，教育教学工作还要靠自己摸索。

学科教学上，最好的历练机会就是上公开课，级别越高，收获越多。每个学期，我都会在校内开一次公开课。2013年3月，因市教研员夏辉辉老师的信任，我代表青年教师在全市上了一节研讨课。2016年5月，在市历史教研活动"东莞好课堂"中，有幸拜新一批学科带头人李小萍、樊远庆、付昭权、曹军辉几位老师为导师，组建"蚂蚁战队"，上了一节市级研讨课。

在科组前辈们的指导下，每一节课都是在否定中逐步走向完善。"磨课"的过程是艰辛和痛苦的，从学习目标的设置到教学环节的推敲，从学生活动的预设到教法学法的辅助，从课堂动态的生成到教学细节的斟酌，常常思虑阻塞，忽而又柳暗花明。但伴随着艰辛与痛苦的还有"磨"出来的严谨与欣喜、成熟与顿悟。虽然，每一节课在最后呈现时都会有遗憾和瑕疵，但这些都不能掩盖我在准备过程中的收获和成长。

正是因为同仁们的倾情相助，我才能逐渐站稳讲台，并获得一系列教育教学成果。

（三）远航——走向职业成熟

经过十年的摸索和实践，我对教育教学有了很多的感悟。接下来，我要做的就是，走向下一个阶段成熟期。对教育事业，实现从"立足、立功"到"精业、享业"的转变，享受一名教师教书育人的快乐。对学生管理，实现从"要求、规则"到"尊重、顺应"的转变，对师生关系做到"亦师、亦友、亦生"。把责任和自主的接力棒交还给学生，善于以生为师，享受师生同行的幸福和乐趣。对学科教学，实现从"讲理"到"悟理"的转变。从初上讲坛，以自己为主角，靠"讲理"把学生"讲"服；到以学生为出发点和目的，紧贴学生实际，注重思想性、趣味性和启发性，情理交融，师生"悟理"。

在各级领导的信任和支持下，未来的职业生涯中，我将把"和"风细雨，求真务"实"的教学风格走实走远，为教育事业的发展做出自己的更大贡献。

三、我的教学实例

纲要下第16课 亚非拉民族民主运动的高涨教学设计

导入新课

美国黑人领袖杜波依斯在1918年写道：这场战争既是一个结局，也是一个开端。（亚非拉地区）迟早将出现独立的中国、自治的印度、代议制的埃及、非洲人的非洲。

教师："一战"结束后，杜波依斯为什么做出这个预言，依据是什么？要想搞清楚这个问题，我们需要回到当时的时代。

设计意图：用预言引起学生兴趣，进而用问题激发学生的好奇心。

（一）风云突变："一战"后的世界

1."一战"后的西方殖民国家

材料：（"一战"中）英国的对外贸易联系破坏了，使它不能像过去那样执世界之牛耳。法国在战争中被德军占领了 10 个省，工农业生产损失严重。沙皇俄国永远从帝国主义列强的名单中勾销了。德国战败，受到的削弱比英法更甚，并且陷入经济困境。

——《世界经济史》

图片："一战"墓地；"一战"后的英国城市。

教师：亚非拉民族民主运动高涨中，矛盾的双方是殖民国家和殖民地。请问大家看到了什么？

学生："一战"后，西方殖民国家力量受到削弱。

2."一战"期间的殖民地

材料："一战"期间，帝国主义宗主国忙于互相厮杀，暂时放松了对殖民地半殖民地的控制。殖民地半殖民地的民族工业得以发展，民族资产阶级和无产阶级的队伍也随之壮大起来，成为反对帝国主义的重要的政治力量和社会力量。

——摘编自吴于廑《世界史：现代史编（上卷）》，P54

教师：接着，我们再把目光转向矛盾的另一方。请问大家看到了什么？

学生："一战"期间，殖民地半殖民地国家的经济和政治力量得到发展。

教师：在殖民国家衰落的情况下，亚非拉国家的实力得到发展，但因为长期被压迫，他们缺乏的是反抗的勇气。请问，谁可以给他们勇气？

学生：十月革命。

3."一战"后殖民地与宗主国的关系

材料：（尚不能自立的殖民地）委诸资源上、经验上或地理上足以承担此项责任而亦乐于接受之先进国，该国即以受任统治之资格为联盟施行此项保佐。

——《国际联盟盟约》

教师：在实力削弱的情况下，西方殖民国家是怎么做的？带来什么后果？

学生：委任制度加深了殖民地和宗主国之间的矛盾，促使殖民地半殖民人们起来反抗。

设计意图：用文献和图片等史料来设置历史情景，用问题来引领课堂思路，使学生身临其境，快速进入那个时代并理解历史事件的发生和发展，让学生对两次世界大战之间亚非拉民族民主运动高涨的原因有深入的认识。

教师：在这样的背景下，亚非拉民族民主运动风起云涌。接下来，我们重点了解印度的非暴力不合作运动。

4. "一战"后的印度

（1）材料：（"一战"后）印度迎来了有关民族自决的种种口号和成千上万名带着新思想和新观念返回家园的士兵。战争刚结束后几年中的一系列灾害也促成了动乱：1918年印度的许多地区出现了饥荒，而1918—1919年的流行性感冒则至少造成了1300万人的死亡！促成动乱的另一个原因是英国在战后奉行压制政策。

——斯塔夫里阿诺斯《全球通史》，P666

教师："一战"结束前，英印关系看上去很和谐。战后的印度为什么会反抗英国？

学生：进步思想的传入推动了印度的民族解放；英国的剥削压制和自然灾害，使印度人民生活困苦。

设计意图：通过英印关系从和谐到对抗这一明显的反差，调动学生的好奇心，进而了解印度发动非暴力不合作运动的背景。

（2）图片：印度种姓制度；印度宗教分布。

教师：在甘地站到印度政治舞台之前，国大党也曾经反抗过英国，但因为没能发动广大群众，所以，效果不大。要解决广泛发动群众的问题，一定要面对国情。请问，印度最大的国情是什么？

学生：印度社会矛盾尖锐，缺乏凝聚力；宗教信仰普遍且复杂，非暴力是各个宗教的共同特点。

设计意图：通过引入国大党之前在反抗英国过程中的不足，让学生明白，在问题的解决过程中，面对国情的重要性，同时，也为接下来理解甘地的非暴力思想做好铺垫。

（二）风起云涌：亚非拉国家的斗争

1. 印度的非暴力不合作运动

图片：甘地及其成长历程。

设计意图：一个人的成长环境和历程，深刻影响着他今后的一言一行。要真正理解甘地的思想和行为，一定要从他的成长历程中去了解。

（1）甘地的斗争思想。

材料：非暴力抵抗主义的力量在于对真理坚忍不拔的追求。这种真理，用强有力的字眼来表达就是爱。

——甘地《论非暴力》。

（2）甘地的斗争目标。

材料：课本P96史料阅读。

教师：甘地的思想核心是什么？

学生：爱、真理、非暴力。

教师：要斗争一定要有明确的目标。请问甘地的斗争目标是什么？

学生：实现自治。如有可能，在英帝国内自治；如有必要，就脱离英帝国

163

独立。

设计意图：要想了解一个人的思想，最直接的方式是从他讲过的话、写过的文章中去探知。

（3）印度的非暴力不合作运动。

第一阶段（1920—1922 年）

图片：阿姆利则惨案；甘地亲自纺纱。

第二阶段（1920—1934 年）

图片：甘地和信徒在食盐进军的路上；食盐进军路线图。

第三阶段（1940—1942 年）

图片：希特勒给德国士兵训话；甘地给广大印度群众讲话。

设计意图：通过历史图片设置情景，在每组图片的变化中，让学生在直观的历史细节变迁中，理解非暴力不合作运动发展的前因后果。

2. 亚非拉国家的斗争特点

表格：国家、领导力量、目标、斗争方式、结果。

教师：观察表格，概括亚非拉国家斗争的特点。

学生：多样性。国家类型不同，领导力量广泛，斗争方式多样，结果各有不同。

设计意图：通过概括表格特点，训练学生观察和概括的解题能力。同时让学生感悟国情对每个国家发展的重要影响。

（三）响彻云霄：亚非拉国家斗争的影响

1. 印度非暴力不合作运动的影响

材料：尼赫鲁，一个精神萎靡不振、落后的、四分五裂的民族忽然昂首挺胸参加全国有纪律的行动，这种行动本身就使群众产生了不可抵抗的力量。

印度总督欧文（1926—1931 年在任）：不管我们如何谴责不合作运动，但假如我们低估了今天印度的民族意识，我们可能会产生严重的错误。一味采用高压，不可能永久地解决问题。

图片：10 月 2 日"国际非暴力日"宣传图。

教师：印度非暴力不合作运动的影响有哪些？

学生：在当时，沉重打击了英国的殖民统治，推动了印度民族民主运动的发展。在今天，依然影响着世界和我们每个人的生活。

2. 亚非拉国家斗争的影响

材料：两次世界大战之间的民族民主运动，为第二次世界大战以后亚非拉民族民主运动新高潮的到来、西方殖民体系的彻底瓦解奠定了基础，为民族独立国家现代化浪潮的兴起开启了先机，在世界现代史上占有重要地位。

——张建华《世界现代史（1900—2000）》

教师：两次世界大战之间的民族民主运动，给世界带来了哪些影响？

学生：沉重打击了帝国主义和殖民主义，动摇了世界殖民体系，成为影响国际秩序的重要因素。

设计意图：要评价历史人物和事件，我们不能只限于当时的时代，更要有放眼未来的眼光。

（四）凌云之志：家国情怀

图片：甘地、孙中山、毛泽东、苏加诺、桑地诺、扎格鲁尔、卡德纳斯。

教师：通过这节课的学习，看到这些人物，你得到哪些启示？

学生：要有爱国心、家国情怀，在民族危难之际挺身而出；每个民族都有自己的英雄；要结合国情，才能更好地解决民族问题；要有实干的勇气，不管成败，敢于尝试……

教师：大家谈得都很棒。习近平总书记讲过：崇尚英雄才会产生英雄。争做英雄才能英雄辈出。爱国，是人世间最深层、最持久的情感，是一个人的立德之源、立功之本。相信同学们在今后的人生中都能树立凌云之志、满怀家国情怀。

设计意图：通过小组谈论，让每位同学谈谈感想，试图把本节课的知识内化为学生自己的感悟，以达到培养历史核心素养、树立家国情怀的目的。

四、我的教学主张

苏霍姆林斯基说过，求知欲、好奇心，这是人不可改变的永恒特性。其实，只要调动学生的好奇心必然能激发其求知欲。问题教学便是调动好奇心很好的方式。问题可分为两类：一类是历史中的问题，即历史中的人们面对的问题，这问题由历史人物来解决；一类是课堂中的问题，即面向学生设置的问题，这类问题交给学生自己来回答。我把这一围绕问题解决的做法，称为"STEAM＋历史"的教学策略。不管是哪一种问题，都指向问题的解决者——"人"，所以，"以人为本"是我在历史教学的核心理念。在此，我以"中外历史纲要（下）"第16课亚非拉民族民主运动的高涨为例，简要呈现以人为本理念下以问题为导向的"STEAM＋历史"教学策略的教学实施路径。

（一）依据课标，设定目标

新课标对本课的要求是：理解两次世界大战之间亚非拉民族民主运动对国际秩序的影响。基于课标要求，从学科核心素养的培养出发，我把教学目标设定为通过史料、时间轴、地图等方式，呈现该时期亚非拉民族民主运动高涨的具体史实，培养学生的时空观念。结合相关史料，以问题为导向，培养学生史料实证与历史解释的能力。通过了解甘地等领袖人物的事迹，感受他们远大的个人理想与强烈的社会责任感，培养学生的家国情怀，增强对中华民族的认同感。本课教学重点是，理解甘地的非暴力不合作思想及斗争和亚非拉民族民主运动对国际秩序

的影响。教学难点是培养学生的家国情怀。

（二）依托史料，设置情景

历史情景可以让学生真切地回到过去、感知历史。而设置历史情景最好的途径就是各种形式的史料，如文献、图片、实物、口述等。本课中，为了能让学生更好地感受和理解"一战"后的世界和印度，我在对相关历史有了全面、深入理解的前提下，选取对学生有吸引力的典型史料，并依托史料设置情景，把学生思维带入当时的时空。

（三）立足情景，提炼问题

"STEAM＋历史"教学策略的核心，是探寻历史中的人们如何解决问题的，所以，提炼历史问题是一节课的重要环节。一个历史问题并不会凭空产生，而是生成于所处的时代。本课的教学中，学生在依托史料设置的历史情景中，认识到印度非暴力不合作运动的时代背景，在此基础上，提炼出"一战"后印度面临的问题是如何摆脱英国的殖民统治。

（四）以人为本，解决问题

以人为本，是我的教育理念。在教学过程中，"以人为本"的理念体现在两个方面：一是以历史中的人为本。通过史料设置情景，让学生的思维回到特定的历史时空下，用"STEAM＋历史"的教学策略，引导学生感受和理解历史中的人们怎么去思考问题、解决问题。二是以学生为本。在课堂中，以史料为载体，以问题为导向，让学生成为解决问题的主体，体现学生在学习中的主人地位。正如新课标指出的，学生历史核心素养的发展，绝不是取决于对现成的历史知识的记忆，而是要在解决问题的过程中理解历史。

五、他人眼中的我

（一）专家眼中的我

王丹丹老师的课堂教学能紧扣新课标、新教材、新高考的要求和东莞市品质课堂理念，从学生的学科学习困扰出发，合理设置教学目标，科学整合教学资源、深入浅出、循序渐进地推动课堂教学开展，很好地诠释了一中的"幸福教育"理念。

东莞市历史教研员   胡波

（二）同行眼中的我

王丹丹老师课堂讲述中娓娓道来犹如抽丝剥茧，条理清晰。课堂亲和，节奏适中，语言感染力很强。课后任务细致明确，学生笔记逻辑清晰。

东莞市第一中学历史教师   彭琪安

（三）学生眼中的我

老师上课思路清晰，善于运用 PPT 辅助教学，课堂语言生动活泼，清新自然，音色动听。知识点讲得很详尽，有一些恰到好处的过渡来活跃课堂氛围。老师改作业很认真，会很仔细且耐心地讲评作业，为我们答疑解惑。

东莞市第一中学 2023 届 7 班学生　　刘晓桦等

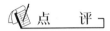 点　　评

王丹丹老师结合自身的多种优势，用清晰的逻辑思维、扎实的专业功底、认真的工作态度、亲和的交往方式以及动听的音色表达，在教育教学实践中充分展示出"和"与"实"，真实体现了"和"风细雨、求真务"实"的教学风格。

广东第二师范学院教授　　闫德明博士

执着而灵活

杜凤梅（高中地理）

个人简介

> 　　杜凤梅，女，中学地理一级教师，2007 年获"东莞市中学中青年地理教师优秀课评选活动"一等奖，2011 年"东莞市中小学骨干教师进'名师工作室'跟岗学习"学员，2013 年获"广东省中学地理优秀论文"二等奖，2016 年获"东莞市高中地理第二批教学能手""东莞市中学地理教师片段教学比赛活动"一等奖，2020 年获"东莞市中小学优秀自制教具评选活动"二等奖。

一、我的教学风格

（一）执着于信念与理想

　　戴安娜·塔文纳（Diane Tavenner）创办萨米特的初衷只有一个想法："什么才是对孩子最好的?"[①] 从父母的角度，我们希望孩子学会宝贵的自我认知，培养自主学习和反思能力，了解自己想要什么，知道未来的目标，并能在日后过上有经济保障且有意义的生活。

　　2012 年，经济合作与发展组织（Organization for Economic Cooperation and Development，OECD）发布《为 21 世纪培育教师　提高学校领导力：来自世界的经验》的研究报告，指出二十一世纪的学生必须掌握以下四方面的核心技能：

　　（1）思维方式，即创造性、批判性思维、问题解决、决策和学习能力；

　　（2）工作方式，即沟通和合作能力；

　　（3）工作工具，即信息技术和信息处理能力；

　　（4）生活技能，即公民、变化的生活和职业，以及个人和社会责任。

　　这些核心技能在众多的国家和组织机构中，统称为"素养"，反映社会对人在未来的期待：拥有批判性思维，具有创造性，能主动学习，并在跨文化的理解中顺利实现交流与合作从而解决问题。

　　诚如能力所限，我不能达到"用课程结构之变去撬动学校的学与教凝固的讲授

---

① 　[美]塔文纳：《准备》，利渊、屠铎铎译，中信出版集团 2020 年版，第 247 页。

常态"①，但我仍希望能在常态讲授课堂上，哪怕是方式上的灵活改变，让学生能有思绪的颤动，激起学习的兴趣与自信。

（二）灵活于过程与方法

如果说，我的课堂有那么点风格的话，那就是"活"！

"活"在生活里，首先是为生活而学，其次是从生活中学。

"活"在课堂上，首先在课堂上有"活"可干，其次在课堂上当一个"活"的人。

曾看过这样的话题："怎样的孩子最接近幸福？"其中有一个回答让我深有同感："眼神里，有自信的光芒。"我曾经见过很多学生有这样的表现："空洞"的眼神、"麻木"的抄写、人云亦云的模板式语言……所以，我一直希望在我的地理课堂上，学生能有自己的想法，能知道自己想要什么，然后采取行动。我希望，他们能明白自己为什么而学——这就是学习的内驱力。

总结这些年课堂上的"活"动，有以下方面。

1. 跨学科融合——连接微观知识与宏观世界

上知天文，下知地理，是对地理学科的高度赞美，我们生活在天与地的联系当中：当我们（北半球）脚踏实地仰望星空，就能看到逆时针方向旋转的延时星轨，这是相对运动最直观的表达；日落时，霞光万丈的震撼是空气分子、尘埃等对光的散射造成的丁达尔效应；在地表做水平运动的物体在惯性作用（不受其他外力作用）下应沿直线运动，但因地球自转，以地表作为参照系改变了惯性运动物体的运动方向，这就是"非惯性系"的大地实验室；当把我们手中拿着的任意一个平面，想象成我们星球的赤道，那么，它就能跟我们脚下的地平面在空间中形成一个"面面角"，使其角度等于90°（当地纬度），最后在平面上垂直插一根牙签，它就是能适应我国各地使用的古老时钟——日晷；还有最经典的微观地质过程的化学解释：溶洞的形成—— $CaCO_3 + H_2O + CO_2 = Ca(HCO_3)_2$（地质作用：流水侵蚀），与钟乳石的出现 $Ca(HCO_3)_2 = CaCO_3 \downarrow + CO_2 \uparrow + H_2O$（地质作用：流水沉积）等，从宏观到微观，从微观到宏观，或在两者间自由切换，凡此种种跨学科融合恰是让学生建立宏观世界与微观世界联系的桥梁。也正是通过这些"原理"——"哦，原来它们是这样子的！"学生体会到自己能有理解深奥东西的能力，并形成了"成就感"——这也是高中地理让孩子着迷，并能体验到课堂"幸福"的瞬间！

2. 图文转换——文科与理科的衔接

不同学段，地理学科的文理属性不同，中学阶段它被视作文科，至大学又划作理科，这大概与学科内容密不可分。在系统架构中，地理包含两大核心板块：自然地理学和人文地理学。而真实的情况也许更复杂：一个概念既能用文字概

---

① 张悦颖、夏雪梅：《跨学科的项目化学习："4+1"课程实践手册》，教育科学出版社2021年版，第49页。

括，也可以用图直观表达，而图文转换恰好实现相互印证。

以"太阳直射点"为例，教材的文字概述为："地表接受太阳垂直照射的点。"文字短、浅，教师多半认为学生易懂，学生也认为自己已经懂了，但实际上在太阳光照图（见图17-1）的考题中，学生常常在正午太阳高度角的相关题目中出错，恰好证明了其没有真正理解"太阳直射点"的概念。因此，运用恰当的设问引导学生作图，能较好地实现对概念的核心理解。

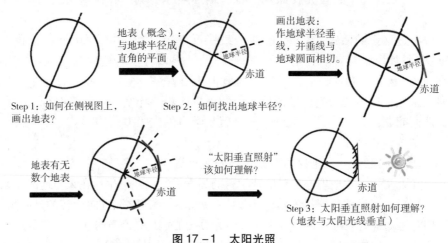

图17-1 太阳光照

3. 思维可视化——学科特征的完美呈现

上面提到在系统架构中，地理包含自然地理学和人文地理学两大核心板块。自然地理学因其现象空间尺度大、规律隐藏深，学生难以用眼睛去学习。现实可视化教学资源众多，如现成地图、板图板书、视频、flash动画，更有基于3S技术等软件开发的具有"人机交互功能"的三维视图等，但其共性地表现为二维平面展示，缺乏对地理现象或原理的空间表达，又或因部分视频、地图的制作需要跨学科的专业知识，而不利于普通的地理教育工作者的实践开展，因此，结合自身的教学实践，我创设了"活动化情景"、自制教具等简易方式展示核心知识，让学生在看中学，在动中学，从而提高教与学的效果。

案例展示：三圈环流的空间再现（见图17-2）。

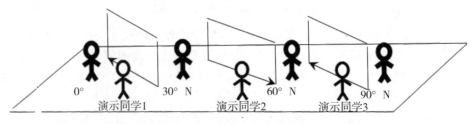

图17-2 三圈环流的空间再现

案例展示："昼夜长短变化仪"（此教具为笔者自制，故名）（见图17-3）。

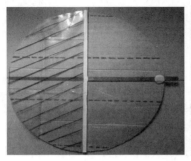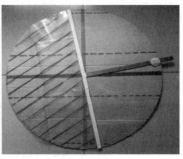

图17-3 昼夜长短变化仪教具

　　教具的自制一方面要求教师不断提高学科素养，优秀的教具制作更是要求教师能高度融合相关的知识点，并深化教具的使用。另一方面，自制教具的使用，同样是对学习者学科思维的高度要求，只有学习者具备一定的专业学科素养，才能更好地发挥教具对其学习的正面影响①。故此，教具的制作与使用都能在极大的程度上深化教师与学生在本专业知识上的造诣，更是培养双方创新意识的重要途径。

　　人文地理不如自然地理的线性思维逻辑清晰，往往呈现出一因多果或多因一果的发散式思维。因其逻辑思维要求不高，课堂上学生少有听不懂的感觉，但当落实在纸面上就是"一听就懂，一做就错"的"完美诠释"。在文字层面上，学生表达的最大障碍就是脱离材料、因不对果、词不达意，但深层细想则是思路混乱的结果。因此，利用思维导图清晰展示因果间或直接或间接的联系，从而帮助学生筛选主次、清晰因果关联，稳定答题思路就显得尤为重要。如在"产业转移"中，为什么转出传统产业有助于产业升级？从思维导图（见图17-4）中你能看出多少个原因？

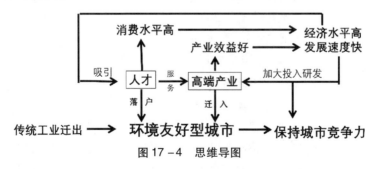

图17-4 思维导图

---

① 罗亚明：《自制地球运动教具及其在教学中的应用》，载《中学地理教学参考》2012年第5期。

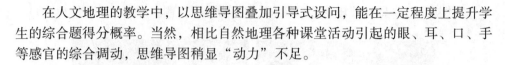

在人文地理的教学中，以思维导图叠加引导式设问，能在一定程度上提升学生的综合题得分概率。当然，相比自然地理各种课堂活动引起的眼、耳、口、手等感官的综合调动，思维导图稍显"动力"不足。

二、我的成长历程

（一）职业奠基阶段（2005—2011 年）

当一名老师是父辈的祝愿，"不能误人子弟"是对这个职业的尊重与责任。

相比其他人，我的职业生涯要幸运得多，因为我遇到了我的恩师——殷青云老师，她的教诲让我的职业生涯有了良好的开端：她要求我每一节课都必须先有自己完整的初稿后才能去听她的课，因为她知道每个人都有自己的特色，她的要求是：发展自我。比如，我会结合体育器材——体操丝带，让学生在课室中真人模拟三圈环流。不管我的这种指引方式多么天马行空，她都没有质疑，没有鄙夷，只是分析、解决、执行以及鼓励。截至 2011 年，新教材的所有知识体系我都走了一轮，为日后的创新埋下伏笔。

（二）专业提升阶段（2011—2021 年）

2011 年是我大学毕业后的第六年，熟悉基本教学的我第一次朦胧地感觉到教学倦怠：开始觉得课堂乏味（尤其对于已经上过的内容）。此时，恰逢东莞市举办全市性的"名师工作室"活动，我加入了首个地理名师工作室——"黄道才名师工作室"，在这里，我了解到职业生涯规划，更重要的是，我开始思考我的课堂：我不想我的课堂是照本宣科完成的，更不希望是学生想睡觉的地方。我想看到学生眼里的光——不但是学习的光，更是人生的光！我要让学生在课堂上"动起来"——可以是思维颤动，可以是凭空想象，可以是跟同桌聊会儿天，起码，要有事情干。现在回想起来，这段时期我在课堂上不断打磨的就是一个词——"活动化"，尤其是"思维可视化"。在这个朴素的想法下，我用硬纸盒自制教具"昼夜长短演示仪"演示昼夜长短变化（2011 名师工作室展示课），此后重新制作教具参赛，此展示课获 2020 年"东莞市中小学优秀自制教具评选活动"二等奖。此后，我把这些的活动整合，并出版——《高中自然地理课堂可视化教学的实践初探》，并获 2013 年广东省论文二等奖。

（三）风格明晰阶段（2021 年至今）

2011 年至今，又过去了十多年！虽然课堂的幸福感一直高位平稳，但学校组办的"卓越班"给我带来了一个问题：名师在"明"不在"名"——如何成为有独特教学风格的专家型教师。我想：我应该是有一点风格的，但具体是什么？我不明确。专家型是怎样的表现？其表现中又有哪些能与我的风格相辅相成？闫德明教授的指引让我觉得，现在是时候把这十来年的实践，好好地上升到理论的层面，让自己更清晰地规划一下我职业生涯！

三、我的教学实例

概念教学理解下的生态脆弱区可持续发展，以"西北荒漠化"为例

（一）设计思路

在学情分析的基础上，首先突出对"荒漠化"概念的理解，并尝试形成以概念反推此环境问题的发生、发展过程，从而推测其发生位置、原因、危害的思维模式。在环境问题治理的教学中，以典型案例——思维导图解读的方法突出可持续发展理论在具体区域的具体应用。

（二）教学过程

1. 情景导入：呈现商代甲骨文"𠂢"

师：猜猜这是什么字？（双向演变，意"化"）同学们觉得"荒漠"和"荒漠化"的最大差别是什么？

生：荒漠是"－ed"形式，为结果；荒漠化是"－ing"形式，为过程。（学生的真实回答）

设计意图：先声夺人，激发兴趣。引发学生对"荒漠"和"荒漠化"两个概念的差异比较，铺垫本课宏观背景：荒漠化地区此前的自然生态环境并不恶劣。

承转：课件展示石漠化、红漠化、盐碱化微观图片，以及各自在我国的主要分布。

师：在我国，荒漠化的表现多种多样，广义的荒漠化干旱、湿润地区均可发生，而本课我们只学习狭义的荒漠化——沙漠化。

学生：细读狭义荒漠化概念；思考促使沙漠化产生的自然条件是什么；完成（活动1）学案——填写关联图。

【活动1】根据对狭义荒漠化定义的理解，完成下列西北地区荒漠化发生发展关联图。（将下列选项填入关联图中）

A. 蒸发强　　　B. 昼夜温差大，风化强烈　　　C. 高原面平坦，摩擦力小

D. 深居内陆　　E. 植被难存活　　　　　　　　F. 沙丘移动

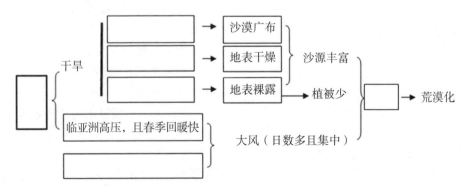

设计意图：关联图能高效呈现事物发生、发展各核心要素间的时空关联，或动态展示事件的发生、发展过程。

2. 递进：概念解读

师：西北的自然条件天生有利于荒漠化的发展，但从概念中我们可以发现，即使有这样的有利条件，荒漠化也不一定就能发生、发展，因为自然界本身就有一个脆弱的生态平衡，使荒漠化不会无休止地扩展，那么，这个平衡是什么呢？

［活动2］自然界用以制衡荒漠化扩展的方式是什么？（小组讨论）

师提示：课件展示中国主要沙漠、沙地分布图，中国季风、非季风区界线图，中国干湿区界线图，结合前述西北利于荒漠化发展的关联图，综合思考。

师生总结：在西北，很大一片区域处于季风、非季风区的过渡区，这些地区因夏季风不稳定，降水变率非常大（有的年份夏季降水多，有的年份夏季降水少）。自然界正是通过降水的多寡从而影响植被覆盖率，进而控制荒漠化的发展（降水多的年份植被生长旺盛从而抑制沙丘移动，降水少反之）。

设计意图：以西北荒漠化发生的位置，深化理解生态脆弱区概念中区域过渡性特征；以西北荒漠化的扩展，清晰生态脆弱区的生态脆弱性产生的原因——牵一发而动全身的整体性。中国自然地理过渡区是高考常考点，也是学生的学习难点，学习认知中的易混淆点。生态脆弱区的拓展案例学习，有利于培养学生区域认知能力。

3. 过渡：反向推导、辩证分析

师：根据上述原理，我们是否可以说降水多的地方就一定不会发生沙漠化？

明确：展示季风区内半湿润区科尔沁沙地、呼伦贝尔沙地景观图。

学生：思考引起这些降水较多地区也发生沙漠化的决定性原因是什么？

明确：不当的人类活动。

设计意图：感性认知"不当的人类活动"才是近代西北沙漠化加剧发展的决定性条件，并铺垫人为防治荒漠化措施的必要性。

情景烘托：播放自编辑视频"近代严重沙漠化对当地生产生活的严重影响"。

师：近代西北沙漠化的严重发展是不当的人类活动长时间累积的结果。经济发展是人类社会的客观需求，它必然会引起生态环境破坏等问题吗？生态与（经济）发展谁才是基础？这就是今天我们提倡的可持续发展观。

师总结：治沙治穷是绿水青山就是金山银山在西北地区最朴素的体现。

设计意图：展示沙漠化的危害，铺垫绿色发展观的形成背景。

递进：生态基础与经济发展，我们能鱼和熊掌兼得吗？

师：播放自编辑视频"库布其模式"，学生带着创设思维导图的任务观看。

［活动3］学生观看视频"沙漠经济学：库布其模式"，以四人小组为单位，在学案上合作创设思维导图。

设计意图：虽然视频只能展现线性的事件罗列，但能帮助学生获得良好的感性认知，在此基础上，以"创设思维导图"来培养学生的综合思维能力，并体验从实践中总结理论的学习方法，以感性理解可持续发展及这一科学发展观在生活中的具体应用。

4. 总结与呈现：师生思维导图 PK

师：借助学校 seewo 平台等展示不同小组的思维导图，并请相关小组的学生代表上台尝试解释本小组对库布其模式的理解，及其如何体现可持续发展的内涵。

学生选派代表上台阐述。

教师展示教师自创的思维导图，引导学生理解可持续在真实生活中的应用。

设计意图：让学生体会思维导图对思维表达的优势，在宏观、微观不同角度的思维导图创设的应用目的，并培养学生的图文转换能力。

5. 升华：爱国主义教育

教师播放自编辑视频"库布其模式在世界范围内的推广"，讨论其对人类的贡献。

设计意图：在"一带一路"的国家级顶层国际区域合作新平台上，中国积极推进世界生态环保合作，促进世界各国人们美好生活的实现。

（三）教学反思

（1）在实际的课堂教学中，学生往往将思维导图表现得过于细致，且主次不分，使思维导图整体过于凌乱而不能很好地表达核心思想。教师需在平常教学中加以适当指导。

（2）对于本课思维导图，教师的引导在于用可持续发展的思想统领整个思维导图的构建，使视频的感性认知上升到理论的总结。

（3）思维导图一般不存在严格的标准答案，所以，教师讲解了自己的思维导图后，可将学生合理但过细的思维导图融合在更高层次的思维导图中，以更好地鼓励学生表达个人观点。

（4）教师还可以利用思维导图设置开放性问题，如本课思维导图后可追问："有效的沙漠治理使当地人们安居乐业，但当区域人口大量甚至过度增长之后，会产生什么样的问题？"从而不断地延伸既有的思维导图，培养学生用发展的眼光思考问题。

四、我的教学主张

创新是永恒的旋律

我所主张的创新，并不是惊骇人群的颠覆，也不是搏人眼球的跟风。我希望它是日常教学中，老师们灵光乍现瞬间的感悟，然后把它实现——可能只是一次实验！

　　我的创新跟我的经历关联。我的经历又有一点点的特殊：高中时代，我上的是中师专业（中专），制度使然，我后来又从中专考上了华南师范大学，被我哥形象地描述为："绕道"上大学。也许是因为没有高中的浸润，我总觉得自己"技"不如人，这可能就是日后我为什么那么追求理性、逻辑的原因。也许正是因为没有高中的背景，才促成了我今天的风格——灵活创新。很多时候的创新其实就是我把自己对这个内容的理解过程展示出来而已！

　　那老师们灵光乍现瞬间的感悟又是从哪里来的呢？

　　这些瞬间首先产生于与学生的交流——有时候是同学们的问题，有时候是倾听同学之间的交流，有时候是课堂上学生突然打断你的提问，有时候是热心学生向你推荐的一些信息……在这些与学生的交流过程中，你能发现一些特别有效的教学方法。

　　例如，新课改内容"气候形成的影响因素"一节提到，影响因素之一的寒流其实对气候影响的形式是："降温减湿，但也易形成云雾。"在我的教学理念中，一直执行着"知其所以然"的教学要求，所以首先阐述了寒流对海雾形成的过程，进而总结雾形成所需的条件：下垫面较冷、充足水汽、静风/微风、凝结核。它们之间的递进关系：冷使原有暖空气水汽达到饱和，低温也使近地面空气下沉而使风力不强，凝结核为独立条件。在我自认为讲得清晰明了的感觉中，课后竟然先后有一男生、一女生问到同一个问题：既然寒流减少了空气的湿度，为什么还能满足产生云雾所需的水汽？乍一听，感觉这问题特别合理，充分展现了逻辑上的矛盾，侧面也说明学生听得认真，只是中间忽略了主语，所以半懂不懂，但还好来问了！我的回答是：寒流自身带来的空气一定是相对干燥的，而产生云雾所需的水汽，则是当地原有暖气团自带的。回想起这幕，我感觉：老师们习惯多讲，但真的讲到点子上了吗？我们备课备什么？所谓的"备学生"，可能就是欢迎学生来问，从中发现学生们一般的思维方法、思维误区、思维亮点……然后，在课堂上着重提醒。在这个小小插曲中，我提炼出这样的备课要求：当一个地理事件的发生涉及两个不同的主语时，老师们应当明确每句话所对应的主语，以减少学生的疑惑。同时，它也可以是一个很好的课堂活动创设的方式：应用语法创设逻辑矛盾以设问，来明确表述中主语的关键性，这也是高中地理生为什么上课全懂，下笔丢分的主要原因之一。

　　这些瞬间，可能是在你某个阅读过程中，作者给你的一些提示——一句话，或者某种做法。有时我会想，教学能不能与一些行业一样，去解决一些问题，这样，教育行业才能有比较显性的实用价值。

　　老师自身应该有一股希望改变的心，不排斥新事物，不惧怕新事物给自己带来可能的潜在"威胁"，而应该觉得它们是机遇，或者你也可以让自己觉得：那样更好玩！

五、他人眼中的我

（一）同行眼中的我

雷厉风行，干脆利落，逻辑性强是我对你的最大印象。总是以最快的速度、最有逻辑的思维导图，引导学生掌握知识和方法，出题快、准、狠！这是我一直追赶但却从未到达的目标！

东莞市第一中学业地理科组　　关晶莹老师

（二）学生眼中的我

《六月五日》

我欲折桂庭流芳，爱惜铄石金蝉响。凤鸾转而扶摇上，梅花数绽十里香。

（注：老师，悄悄告诉你第一列的字有小秘密）

东莞市第一中学 2022 届高三学生　　陈怡菲

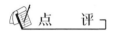 点　　评

杜凤梅老师的地理教学，既执着于信念与理想，追求让孩子得到最好的教育，又灵活于过程与方法，激起孩子学习的兴趣与自信。且思且行，跨界创新。执着而灵活，是杜老师教学风格的生动写照。

广东第二师范学院教授　　闫德明博士

活力与自然

关晶莹（高中地理）

个人简介

　　关晶莹，女，中学地理高级教师，东莞市第一中学教务处副主任，南粤优秀教师，东莞市优秀教师，东莞市地理学科带头人、教学能手，东莞市先进地理工作者，广东省网络空间应用优秀教师，东莞市信息化中心组成员。参加市里各类教学比赛获得奖项三十余项，获 2022 年东莞市地理品质课堂"实力组"一等奖。

一、我的教学风格解读

　　教学是一门艺术，我一直在追寻的路上。在自己信念的支持下，经历了二十多年的磨练，活力与自然，成了我教学风格的主调。从开始的茫然，追求繁花似锦、喧嚣绚烂，活动多于思考，形式多于内容，到如今回归最朴实的材料，靠近生活，重视学生能力的培养，采用简约的过程设计，开展有效的学习活动，让课堂回归理性。

（一）诱人的导言点燃课堂活力

　　生动诱人、精练点题、设有悬念、可探讨性强的导入，对好奇心和好胜心都很强的高中生来说，有很大的吸引力。兴趣和好奇，促使全体学生积极主动地学习，直到把悬念化解、问题解决，找到答案为止。话题往往可以选择与新课内容密切相关的地理热点问题、最新事件、乡土内容、奥秘探讨等。例如，讲到"乡村内部的空间结构"这一课的时候可以选择东莞古村落南社，从航拍图像引入南社村落存在什么问题，你如何帮助他们发展。学生一下子就被身边的例子吸引，跃跃欲试，急着要出谋划策，课堂气氛马上热烈起来。此外，请来神秘嘉宾，开展"晶莹有约""来自援疆的任务"等活动，这些都能瞬间点燃课堂的活力。

（二）活泼多样的教学方式让课堂鲜活起来

　　走出传统讲授方式的困境，积极尝试探究型教学。对此，我经常运用实验探究或理论探究的方式，通过小组合作，让学生在活动中学习知识，提升能力。如在"厄尔尼诺、拉尼娜现象及其影响"的教学中，引导学生合作、分析、探究，让学生分组讨论，轮流分享，重视学习过程，强调体验感悟，构建开放式的地理课堂。给予学生思考、交流和表达的空间，让学生在活跃、高效的课堂中学习对生活有用的地理。又如，讲工业区位的时候，让学生扮演政府官员去德国投资，不同的企业选择不一样，让学生体验不同角色的视角。再如讲到"植被"时，带学生到植物园去观察记录，总结提升。与单纯在教室里听讲相比，学生参与性更强，整个课堂都鲜活起来。

（三）图文并茂是最自然的地理教学

复杂、抽象的地理事物和现象，往往用一幅或几幅地图（包括地理示意图表、地理漫画及素描图、人地关系相关图、地理模型图等）便能生动直观、清晰明了地展示出让学生一目了然并难以忘怀的知识点。运用地图可剖析难点，排除疑点，强化重点，巧妙联系已有知识，形成知识体系，构建知识网络。同时，使用多种语言技巧营造宽松、和谐、探讨性强、竞争型的课堂气氛，使学生善于向知识的广深处质疑、解疑。

课堂选图很重要，不能喧宾夺主，要回归地理，突显地理性，要素简洁，干扰因素少，这才是最自然的地理课堂。

（四）活力热情保持课堂教学的激情

苏霍姆林斯基曾说过："学校里的学习不是毫无热情地把知识从一个头脑里装进另一个头脑里，而是师生之间每时每刻都在进行心灵的接触。"这说明教师的情感对学生有直接的感染作用。所以，我一直保持饱满的热情，努力做到以情动情，感染学生，激发学生的求知欲。在课堂上，我经常走到学生中间去，通过轻拍他们的肩膀、进行眼神交流等方式鼓励所有的学生参与进来，引导所有学生发表看法。我通过改变语速、语调来激发学生的学习兴趣，并通过停顿强调重点，增强变化。我用我的热情去感染学生，去点燃学生的学习激情。

充满活力而回归自然的课堂，少一点浮夸，多一点真实。这就是我一直推崇和践行的课堂教学风格。

二、我的成长历程

2002年7月，走出校门的我从此踏上三尺讲台，开始了教师生涯。

（一）初上讲台，摸索前进

刚出大学校门，青涩未去的我，站上了讲台。台下的学生只比我小几岁，底气并不足，每次听课、磨课的时候看着身边的同事侃侃而谈，自己却缄口无言，那些时刻我深知自己还要学习的地方有很多。

那时候每天都疲于备课，根本不知道如何钻研课标，也不知道一节优秀的课是什么样。因我校马上面临初高中分离，当时我们的科组长卢厚远老师当机立断，让我跨级去上初中的课。一开始我很不理解，备课压力本来就很大，还要在没经验的情况下当班主任，为什么还要让我跨不同学段上课？虽然不理解，但我依然按要求照做。刚开始的时候，我一直手忙脚乱，但也都努力完成任务。那时每个办公室只有三台电脑，刚出来工作的几位同事结伴备课，办公室的灯每天亮到凌晨一两点，第二天我们挣扎着爬起来，和学生一样冲向教室。一年后，回头发现，在自己的拼搏下，不知不觉中积累了很多经验，也理解了科组长的良苦用心。他的目的是抓住最后的机会让我上一轮初中地理教材，从而构建完整的知识体系。

工作的第二年，再上高一的我明显从容了很多，也有了自己思考的空间，慢慢地悟出要做自己，而不是一味地模仿的心得。当时脑里并没有"风格"这样的词语，但脑中却有一个概念，要留住自己的特点。

（二）雷厉风行，潜心钻研

上完一个高中循环后，我对高中知识已经比较熟悉，课堂对我来说也能驾轻就熟。这时候我遇上了我科研道路上的导师——殷青云老师。她是一位非常有冲劲，而且喜欢钻研的人。她一直引领着我前进，参与课题研究，写论文，研究高考，积极备考。我第一次担任高三备课组长时，她手把手地引领我去钻研，设计专题，研究学生，科学备考。这一年，我成了市中心组的成员，还被评为东莞市优秀地理工作者，渐渐展露出我的锋芒。

这个阶段，我从开始能上完一节课，慢慢地转变到关注如何上好每一堂课的内容，关注我的备课材料是否充分，是否能让学生更好地理解知识，关注我的课堂活动的设计。经过多年的磨合，我发现轻松活泼的课堂氛围比较适合我，如何将枯燥的内容用风趣的语言表达出来，如何设计让学生参与度更高的课堂活动是我要努力的方向。

在这个阶段，我还到东莞市黄道才名师工作室里跟岗，在这里我开阔了视野，见识了不同风格的教学案例，也静下心来跟着黄老师去研究，去打磨自己，慢慢地让自己沉下心来，去沉淀和积累经验，去打造有自己特色的课堂。

（三）比赛磨练，沉淀成长

这一个阶段，我遇到了我成长过程中另一位对我影响很大的人——蔡溢老师。在他当科组长期间，他的要求和引领对我的成长起了至关重要的作用。这一段时间是我潜能暴发的时期。由于蔡溢老师把很多机会给了我，所以，我在他的激励下努力展示了自己的特长。这一时期，我陆续参加了板图比赛、命题比赛、片段教学、优质课比赛、微课比赛……对自己要求比较高的我，在一次次的比赛中激发出了潜能，一张张的奖状，记录了我的付出与收获。这些比赛磨练了我，使我成了东莞市地理教学能手，我被评为东莞市优秀教师。

从这个阶段开始，我更关注学生的需求。学生的需求才是我备课的第一动力。我认识每个学生，并根据他们的特点来设计我的课堂教学安排，设计我的课堂活动。学生积极参与课堂几乎成了我的课堂标志。我经常对学生说："花最少的时间，获得最大的收益。"学生在课堂上紧跟我的步伐，培养好思维能力，学习地理事半功倍。

虽然我离名师还有很大的距离，但感谢一路走来影响和陪伴我成长的同事、同行们。未来我会更坚定地朝着自己的方向努力前进。

三、我的教学实例

第四节　德国鲁尔区的探索（第 1 课时）教学实例

（一）教学内容

《德国鲁尔区的探索》是中国地图出版社出版的《地理·必修 3》第二章区域可持续发展中的第四节。本节内容以世界著名的鲁尔工业区的发展为例，分析能源和矿产资源合理开发与区域可持续发展的关系。

（二）学生分析

高二的学生经过高一的学习，掌握了一定的区位分析方法，而且学生整体素质较高，阅读能力和理解能力较强，已经具备一定的自学能力和理论联系实际的能力，思维也很活跃，这对教学有很大的帮助。同时，教师与学生有较好的沟通与交流基础，这便于在教学中加强情感交流。

（三）教学目标

1．知识与技能目标

（1）用区位分析的方法，分析鲁尔区经济辉煌和衰退的原因。

（2）探索鲁尔区可持续发展的途径，思考传统工业城市的可持续发展对策。

（3）提高学生地理思维能力、综合分析能力及解决实际问题的能力。

2．过程与方法

（1）通过读图分析，讨论共享地理信息，尝试运用所学的地理知识和技能对地理信息进行整理、分析和研究，并把地理信息运用于地理学习过程，去分析鲁尔区辉煌的优越区位和衰退的原因。

（2）通过讨论和小组合作，探索鲁尔区的可持续发展道路，提出解决问题的措施。

3．情感态度与价值观

理解能源和矿产资源合理开发与区域可持续发展的关系，树立对人类发展与环境关系相协调的信心和责任感。

（四）教学重点与难点

重点：鲁尔区可持续发展的策略。

难点：鲁尔区辉煌与衰退的区位分析。

（五）教学过程

1. 导入新课

（1）播放"二战"德国大型武器的图片，引出课题。

教师活动：播放图片，问：德国凭什么发动"二战"？

学生活动：学生回答，引出重工业发达，尤其是钢铁工业，而德国的钢铁工业主要布局在鲁尔区。

（2）出示鲁尔区位置图。

教师活动：介绍鲁尔区概况（面积、人口、年产钢量），鲁尔区很辉煌，鲁尔区为什么那么辉煌？我们这一节课就对鲁尔区展开探索。

［设计意图］

通过大型武器给学生一种震撼，引起兴趣。

2. 教学过程

（1）鲁尔区辉煌的优越区位条件。

教师活动1：出示"鲁尔区优越区位图"和"鲁尔区资源分布图"，问：鲁尔区位于欧洲的什么位置？（中部）

结论：地理位置优越。

问：鲁尔区有何种资源。

教师活动2：问：钢铁工业还需要哪些原料？从何来？

学生活动1：丰富的煤炭资源。

学生活动2：从图上找出：法国洛林铁矿，还有通过鹿特丹从瑞典的进口。得出结论：近铁矿。

教师活动3：出示"鲁尔区交通图"，问：路上有哪几种主要的交通。

学生活动3：水路、铁路、公路，刚好位于西欧交通的"十字路口"。结论：交通便利。

教师活动4：莱茵河除了提供运输外还提供了什么？

学生活动4：结论：充沛的水源。

教师活动5：出示"西欧政区图"，问：西欧的国家大部分经济如何？引导学生想想欧洲的名车。

学生活动5：鲁尔区拥有了巨大国内的市场和国际市场。

［设计意图］通过展示图片，引导学生分析图片而得出结论。

学生高一时已掌握此部分理论基础，因而在此加以引导即可。

过渡：

然而好景不长，在20世纪60年代鲁尔区却渐渐地衰落了，为什么呢？

思考：

（2）衰落的原因。

出示"世界能源消费结构""鲁尔区煤层深度的变化""鲁尔区生产部门""环境污染"等图片。

学生读图分析，同桌讨论。

结论：①煤炭危机（煤炭的需求量下降，开采成本增加）。②钢铁危机（世界钢铁过剩）。③生产结构单一。④环境污染。

引导学生善于发现。

过渡：

作为鲁尔区政府，是否坐以待毙呢？（不）那下面我们展开探讨，为鲁尔区寻找一条出路。

（3）可持续发展的有益探索。

探究活动。

教师扮演的是鲁尔区政府代表向社会公开招标，寻求鲁尔区未来发展方案。

指导学生讨论。

全班学生分为两大组，进行竞争。

规则：每组先进行商讨，自己制定措施，并说明如何实施，然后指派代表发言。每次发言只能说一个建议，而每组派出的代表不能重复。

第一轮：短兵相接。（双方轮流发言，至少每队派出两名代表）

第二轮：唇枪舌战。（采用抢答的形式）每条建议加 10 分。

得分高者为赢，胜出的小组可获神秘礼物一份！

讨论时间：8—10 分钟。

［设计意图］学生在讨论过程中，学会如何对材料进行处理，也在此过程中学会协作，通过一个自主的过程去获得信息，而非被迫接受。

用角色扮演的方法增强了学生的责任心，小礼物更是激起学生的好奇心，更积极地参与到活动中来。

可持续发展的有益探索。

将学生的建议板书于黑板。

发表自己的看法。

表扬学生，肯定他们的表现，对他们的建议加以小结，突出课本里提到的几点，对有创意的学生大力表扬。

同学们今天表现很好，你们提出了很好的建议，经过整治，鲁尔区的经济由衰落转向繁荣，而且改变了重工业区环境污染严重的局面，成为一个环境优美的地区。目前，本区又成为一个让世人瞩目的工业区。（停顿后）那我就带同学位去参观一下经你们建议改造后的鲁尔区（展示鲁尔区新貌的视频、图片）

观看视频和图片。

通过鲁尔新貌的图片给学生以震撼，也让学生充满成就感，享受了学习的

快乐。

3．课堂总结

总结。

当然，鲁尔区并非所有的问题都解决了，如何实现可持续发展，这将成为鲁尔区今后一个很重要的任务。通过这节课的学习，我们知道要分析一个地方的区位条件可以从资源、交通、市场、劳动力、其他条件等进行分析。先找出其存在的问题主原因，然后对症下药。世界上还有很多像鲁尔区一样的工业区面临着这样的问题，鲁尔区的经验对于这些地区来说是非常具有现实价值的，但不能全盘照搬，必须根据自己的实际，走有自己特色的可持续发展道路。

听讲，回答问题。

总结本课内容，特别是总结本课分析问题的几种方法。

4．课外探究

课外探究。

出示中国的矿业城市图，树立危机意识，布置课题：探索大庆的转型道路。

通过查资料，小组讨论等完成。

学会把所学的知识应用到解决问题上来。

（六）学习评价

1．学生自评

（1）这节课你学到了什么？

（2）你觉得在讨论中你积极参与了吗？

（3）你觉得你和小组成员合作得怎样？

2．作业评价

通过"大庆转型道路的探索"这一课后研究，评价学生是否已掌握了这一节课的内容。

（七）教学反思

本节课比较成功之处是后面的探讨部分，引导得好，学生也比较积极，有不少有创意的观点，让学生在角色扮演中获得能力的提升，在轻松的氛围中学习。

四、我的教学主张

地理教学不仅仅在于传授地理知识，更在于润泽心灵和形成观念，培养地理实践力。地理是一门综合性学科，会对学生产生深刻影响。当今社会生产力飞速发展，科学技术日新月异，人类面临的环境问题越来越具有全球化特征。人地关系也正向着人地协调的方向发展，这就需要地理老师在地理课程上向学生潜移默化地渗透可持续发展的观念。通过有效的地理实践，提升学生的学习能力和思维能力，从而提升学生的知识储备和人文素养，为终身发展做好铺垫。

（一）地理课堂传授的知识应该是生活中有用的地理

学习对生活有用的地理是当代地理教育的一个重要理念。学习生活中有用的地理，是这一轮新课程改革强调的一个重要内容，学习对生活有用的地理有利于让学生认识地理在现实社会生活中的重要作用，从而使学生产生学习地理的内驱力，使学生积极主动地投入到地理学习中去。

地理基础知识和地理基本技能在现实生活中具有十分重要的作用，能帮助人们理解世界上其他国家和中国经济发展的地区差异及今后的发展趋势，能帮助人们理解国家和地方政府的产业政策和地区政策，也使人们懂得生活中的各种地理事物和地理现象的形成原因及发展变化规律。在经济全球化和人类面临日益突出的各类环境问题的形势下，地理教育受到今日世界各国政府的普遍重视。因此，学习对生活有用的地理，有利于学生认识到地理学习对于提高人的素质的重要性。

（二）地理课堂教学应该是充满生命气息的课堂

有学者说，所谓的充满生命气息的课堂，应当是课前有期待、课中有创新、课后能品味的生命活动过程。让学生喜欢上我的课是我努力的方向，不同的教师有不同的风格，有的走文艺路线，有的走学术路线，而我更偏向于让我的地理课堂充满生命气息，学生更愿意参与到课堂中来。

课堂素材往往来源于现场实录，平时养成收集的习惯：如在讲农业时，使用橙子园（见图18 - 1）、荔枝、火龙果等视频、图片；又如，讲沉积岩的特点的时候，来一张我与石灰岩的合照等（见图18 - 2），教师在现场边讲边录，学生兴趣会比较浓。他们更容易感知生活中的地理，更热爱生活中的地理。

图18 - 1　橙子园

图18 - 2　笔者与石灰岩的合照

（三）地理课程应该从传统的课程延伸向更广阔的时空

地理课堂教学更多在于地理实践力的培养，地理知识的掌握不在于学生记住了多少，更在于学生能否运用知识去解决生活中的问题。地理知识和技能更多的是从实践中获得。纸上得来终觉浅，带学生走出课堂，走近自然，走近人文，在实际中锻炼，这是提高地理实践力的重要手段之一，同时也是课堂形成的观念在实际中展示的机会。如讲到地域文化的时候，"喝早茶"是广东有特色的文化，为了让学生更好地领略这种味道，我亲自带学生去实践，在欢声笑语中感知文化，比讲授深刻得多。

又如，让学生走访身边，去了解文化，用美食文化来介绍每个镇区，通过调查去了解自己所在镇区的状况，学会表达，发现问题并解决问题，在实际中锻炼能力。

（四）地理课堂应该让学生树立科学的人地观

学生到学校里来，是为了学习生存的本领，获得生活的智慧，体验生命的意义、价值和尊严。而我们的地理课堂，正是基于生命之本——地理环境而展开的，因其能直面生命、遵循生命、为着生命。科学正确的人地观是二十一世纪各行各业从业人员必须具备的最基本的素质，是学校教育必须培养的一种观念。地理课堂教学就是要让学生懂得人类是地球环境的产物，是地球大家庭的产物。

高中地理新教材中介绍了许多当前人类面临着的全球性的环境与发展问题：人口剧增、资源过度消耗、环境严重污染、生态平衡遭到破坏、温室效应加剧、酸雨增多、臭氧层出现空洞等。在教学中，我十分注重剖析这些案例，分析其成因、后果及解决办法，从而帮助学生树立正确的人地观，认识到自己应承担的责任和义务，认识到保护环境就是保护自己的生存权利，就是保护人类赖以生存的家园——地球。

五、他人眼中的我

（一）同行眼中的我

"师也者，教之以事而喻诸德也"。关老师就是我们教书育人的示范、学生幸福成长的导师、教学管理干部的榜样。她视野开阔、知识丰富、善于研究、勇于创新；对待同事热情友善、对待学生关爱备至、对待工作严谨认真，是新时代优秀教师的代表。

深圳科学高中教学处副主任　　宋永成

关老师在教学中坚持教学"六认真"，备课时认真钻研教参，学习好大纲，虚心向其他老师请教。力求吃透教材，找准难点。为了上好一节课，上网查资料，集中别人的优点来确定自己的教学思路，为了学生能更直观地感受所学的知识内容，她积极查找课件，制作课件，制作教具。上课时认真讲课，力求抓住重点，突破难点。运用多种教学方法，从学生的实际出发，注意调动学生学习的积极性和创造性思维，使学生有举一反三的能力。

东莞市海德双语学校德育处主任　　罗淑桢

（二）学生眼中的我

关老师在讲台上的谆谆教诲还历历在目。她带领我们游览知识的海洋，把晦涩难懂的知识变成了一个个清晰明了的知识点。在育人上，关老师作为我们高二、高三时的级长，把每一个学生的终身发展放在首位。她不仅教会我们知识，还培育我们各方面的专长。

东莞市第一中学 2015 届高三（7）班　　李曼彤

在我眼里，关老师特别亲切、特别友善。她会用很多有趣的方法教会我们学知识。在我当课代表的时候，她一直给我支持，我有什么伤心难过的事她都会很耐心地安抚我。关老师是我高中最喜欢的老师！

东莞市第一中学 2018 届高三（1）班　　黎子莹

已从一中毕业几年，但关关的教诲仍铭记于心。关关是一个不可多得的好老师。教学严谨，风趣幽默，举例充分恰当；课堂下，时刻关心学生，为我们排忧解难。

东莞市第一中学 2018 届高三（1）班　　何诗炜

初次见面，就对关老师喜欢得不得了，她比我想象中更加"宝藏"。在上课过程中，关老师的板书并不是很多，但写上去的必是精华，像考前的归纳板书就是精华之一。她的 PPT 层次分明，又结合课外有趣的地理知识，配合恰当的练习题目。课上，我们除了学习课内知识，还可以结合地理知识了解老师丰富的生活经历，每一节地理课都感觉过得非常快。

东莞市高级中学 2018 级高一（15）班　　李曼莹

点　评

关晶莹老师的地理课堂，既充满活力，又自然而然。生动诱人的开篇导言、活动多样的教学方式、图文并茂的课件展示、热力四射的教育情怀，让学生终身铭记与收益。活力与自然，是关老师教学风格的生动写照。

广东第二师范学院教授　　闫德明博士

谈天说地，析图明理

徐安芳（高中地理）

📝 **个人简介**

　　徐安芳，女，毕业于华南师范大学地理科学学院，高中地理一级教师，东莞市"教学能手"，东莞市地理教学研究学会常任理事，现任东莞市第一中学地理科组长。2023年获广东省地理原创命题比赛二等奖，2022年教学论文《指向地理实践力培养的野外考察活动设计与探索——以"植被"为例》获东莞市二等奖，2021年课例"地理信息技术的应用"获全国中图版新高中地理优质课评选一等奖，2021获东莞市青年教师教学能力大赛一等奖，2021获东莞市高中地理"品质课堂"教学能力大赛一等奖，多节微课获东莞市一等奖，参与多项市级课题，多次被评为校优秀教师、优秀党员以及优秀科组长。

一、我的教学风格解读

探地明理，师生相长

　　地理学是一门综合性很强的基础学科，高中地理涉及的内容非常广泛，既有自然方面的气象气候、地质、水文、天文、生物等，又有人文方面的人口、城市、经济等，可以说是包罗万象，具有"博物性"的特点。因此，在地理课堂上，我希望能带着学生一起领略世界之博大、世界之多彩、世界之奇特；希望将来我的学生能拥有"地理眼"，看懂地理现象，解决实际地理问题，建立正确的地理观。

（一）用一段优秀记录片敲开地理大门

　　古往今来，人们都把"读万卷书，行万里路"作为一种追求，因为这两者都能使人开阔眼界、增长知识和提升能力。学习地理，更需要有广阔的知识面和丰富的经历，但在有限的课堂时间内，这确实很难实现。因此，在每节课的前五分钟，我都会给学生看一些经典的纪录片片段。一部优秀的纪录片可以帮助学生开阔视野，增长见识，陶冶情操，是了解自然、地理、人文、历史等各方面知识的重要途径之一，可以把有限的地理课堂延伸到广阔的空间和时间里。通过纪录片，让学生感受地理的博大、多彩和奇特，为学生打开一扇通往无限天地的大门。

（二）用一个真实情境展开地理探究

教育家怀特海说："教育只有一个主题，那就是五彩缤纷的生活。"地理学的内容渗透了生活的各个方面，真实情境可以打通书本和现实世界的通道。地理教学的鲜活素材很多，选取生动真实的情境，设置紧扣主题的问题链，通过地理过程的推演和探究，既能帮助学生在系统、有序、规范的基础上科学地构建地理概念和地理原理，又能让学生在自由开放的环境中主动发现、生成和涵养地理素养，体现地理学科的价值和功能。同时，师生在自主探究过程中构建学习共同体，使"教"亦是"学"，"学"亦是"教"，促进师生共同成长。

（三）用一张思维导图承载地理原理

综合思维能力是高中地理学科的核心素养之一。高中地理复杂的知识和理论，通常给学生们制造了很多障碍，思维导图可以很好的解决这一问题。思维导图将复杂的知识点进行梳理，系统的将知识串联起来成为一个系统的整体，以多种形式和严谨的逻辑思维来展示高中地理复杂的知识内容。思维导图突出重点原理，把复杂的内容简单化，有助于学生们提高学习效率和综合思维能力。

开阔的视野，真实的世界，浓缩的原理，让学生浸润在地理课堂中，掌握地理知识，提升学科素养，享受地理的魅力，养成用地理的视角去解读生活的习惯；让学生胸怀祖国，放眼世界，珍惜当下，期盼未来！

二、我的成长历程

（一）积极听课，站稳三尺讲台

2006年，我从华南师范大学地理科学学院毕业，满怀热情地走向了我的工作岗位，光荣地成了东莞市第一中学的地理教师。初出茅庐，我信心满满地站在了三尺讲台上，而且还申请做高一的班主任。因为班级管理中琐碎的事情多，再加上自己是新手，所以天天忙得晕头转向，时间都变得碎片化了，想静下心来备课都是一件奢侈的事情。常常在晚修放学后，人去楼空时，我才有属于自己的时间，安下心来做课件，准备第二天的教学内容。那时候，基本天天如此，披星戴月。尽管我努力付出，熬夜备课，但仍然收效甚微。站在讲台上的时候，我十分紧张，还要故作镇定，经常漏讲一些知识点，甚至讲错题目。每天上课的时候，如站"针毡"，小心翼翼地讲，手忙脚乱地板书，学生的成绩也不尽如人意。到了高二后，每周有四个新课时，工作量在成倍地增长，这更让我焦头烂额。

正在自己毫无头绪、不知所措时，科组的前辈，也是当时的科组长蔡溢老师为我指明了方向，他语重心长的告诉我："平时可以多去听听老教师们的课，向他们学习。一个年轻教师只有站稳了讲台，学生都信服他，才能更好地完成班主任工作。"从此以后，我每天像个"跟屁虫"一样，跟着蔡老师听他的课。无论是上午第一节，还是下午最后一节；无论是教授新课还是评讲练习，我一节课都不落下。我像一个小迷妹追随偶像一样，端坐在教室的最后一排，把蔡老师讲出的每个知识点、每个精彩案例、每个重难点剖析、每个课外拓展、每个习题评讲，甚至是每个笑话，都一一记在了听课本上。就这样，我一听就是两年，从高二听到高三，正是疯狂的听课、尽力地模仿，让我迅速从一个小白成长为一个高三教师。听课、揣摩、模仿，让我逐渐站稳了属于自己的三尺讲台，找回了自信；让我多次出现在学生评出的"最喜欢的老师"行列，和学生关系更加融洽，同时也让我爱上地理教师这个职业。

（二）精细研磨，赢得比赛擂台

2012年，是我工作的第五个年头，在完成了一轮高中三年的循环教学以及留任高三两年后，我重新回到了高一。再一次面对高一的学生，我镇定了许多，并且游刃有余，我默默告诉自己，不能停歇，要再做点什么。

这一年，东莞市地理教研室举办青年教师优质课大赛，经过科组讨论后，推荐我代表学校参加比赛。比赛分为初赛和决赛，每一轮都需要抽签、备课、现场上课。每次确定课题后，我都会先自己演练好几遍，邀请科组的老师来听课，课后集体研讨，提出修改意见，再演练、修改。就这样，在一遍又一遍推翻重来的过程中，在精细研磨的每一个教学细节中，我快速地积累经验并且成长起来，稳稳的以第一名的姿态赢得比赛。通过这次比赛，我深刻地体会到了两点：一是一节高品质的课，是不断反思、推敲、打磨的结果，渗透着老师们的汗水和智慧；二是能成为大校的一名教师是多么幸运。前辈们不吝赐教，同辈们热心帮助，在集体的力量和智慧中，我站得更高，望得更远，前进的步伐更加有力。

（三）发现短板，挑战教研舞台

2020年，我被聘任为学校地理教研组的组长，任期五年。当手里捧着那张聘任书时，我感觉到沉甸甸的责任。在上岗之前，学校组织了中层干部的集中培训，我也有幸参加了这次学习之旅。在聆听了多位专家和优秀教育者们的分享后，我对自己的专业发展道路重新进行了审视。虽然在前面十多年的历程中，我取得了一些成就和荣誉，比如优课、微课评比、版图版画比赛等等，但都主要集中在教学部分；在教研方面，我仅仅参加过两次东莞市学科论文比赛，仅仅荣获市二等、三等奖。优势和短板清晰地摆在了面前，未来五年发展的方向也清晰明了了许多。

对于学科教研，我不擅长，总感觉那些理论的东西枯燥无味，远没有课堂教学来得更有趣、更直观。因此，在前面十几年的教学过程中，这个方面也被我忽略和放弃了。现在要重新拾起来谈何容易。幸运的是，学校开展了"卓越教师培养工程"，为老师们请来了专家和学者，教老师们怎样撰写论文，如何做课题的开题报告，在这一场场的讲座中，我的斗志又被重新点燃，决心要挑战课题研究和论文，让自己在专业发展的道路上"文武并进"，再向上一个新台阶。

三、我的课堂实例

课题：一花一叶一世界——植被与自然环境的关系（片段）

理念：探究式教学，问题情境化、情境生活化、知识思维化、思维可视化，注重联系实际地理现象，注重逻辑推演。

（一）自然环境如何影响植被

流石滩是高山地区特有的生态系统，这里为较平坦的扇形岩屑坡，年均温在－4 ℃以下，经常出现霜浆、雪雹和强风。植被稀少，多具有速生、叶片厚、根系发达等特点，多呈班块状、簇状匍匐在地面零星分布，花色艳丽。

（1）高山流石滩自然环境有何特点？

（2）连连看。

探究一：高山流石滩上的"空中花园"。为学生播放高山流石滩的相关视频和图片，并提出问题：依据高山流石滩上植被的特点，推测其生长的自然环境如何。

生：气候比较严寒，降水较少；土壤不肥沃，地势较陡峭……

师：植被的生态特征与其生长的环境密切相关。请同学们把以下植被的特征与其对应的环境要素连起来。

生：连线。

设计意图：通过创设情境，引导学生总结自然环境由五大要素组成，初步认识到植被与自然环境的关系密切。

探究二：寻找故乡。展现不同区域的植被景观图，或植物局部根茎叶的图片，让学生们推测其分布的区域位置。

师：比较三个点的典型植物外部形态特征的差异，分析与当地环境的关系。

生：第一张：茎粗大肥厚，肉质多浆，叶退化为刺，主要为了适应夏季高温干旱的气候特点；第二张：森林茂密，叶片宽大常绿，说明气候湿润；第三张：森林较稀疏，叶子呈现针状，说明气候寒冷并且降水较少。

师：热量和水分是影响植被类型的重要因素。

设计意图：通过对比分析，为植被找故乡，引导学生得出，水分和热量是影响植被类型的最主要的因素。

探究三：神秘的乞力马扎罗山，展现乞力马扎罗山的景观图和垂直带谱分布图。提出问题：为什么乞力马扎罗山栖息着热、温、寒三带的野生动植物？

生：地形原因，山体高大，所在纬度较低，气候垂直差异显著。

设计意图：通过乞力马扎罗山的垂直变化，引导学生得出，地形等其它自然要素通过影响水分和热量进而影响植被类型。

（二）植被如何影响自然环境

探究案例：塞罕坝林场的"前世今生"。

为学生提供以下学习材料：材料1：塞罕坝区域地图；材料2：塞罕坝林场的资料和视频；材料3：人工林与天然林的区别。学生活动如下：

（1）描述塞罕坝的气候特点，列举导致塞罕坝植被覆盖度下降的人类活动。

（2）思考植被覆盖度的下降对大气运动、水循环、土壤物质循环及生物多样性有哪些影响？请绘制思维导图说明。

（3）根据材料3，总结"人工林"与"天然林"的差别，说一说人类应该如何保护环境。

（4）你如何理解"绿水青山，就是金山银山"？

设计意图：通过此案例探究，引导学生得出，植被与自然环境之间相互影响；人类可以通过合理的措施，改善区域生态环境的结论。树立学生对尊重自然、顺应自然、保护自然的观念。

（三）应用思维导图（见图19-1）

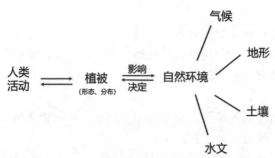

图19-1　植被与自然环境相互影响的思维导图

四、我的教学主张

我心中的地理课堂，应当是课前有期待、课中促思考、课后能品味的生命活动的过程。地理知识来源于生活，服务于生活，在地理课堂上，学生不仅能体验学科知识的魅力，更能学习生存的本领，获得生活的智慧，体验生命的意义。

基于对地理学科教学本质规律的认识与把握，以及新课标的要求，我主张"疑·探·辨·悟"的地理教学模式。旨在培育学生善于从多角度观察、思考、发现地理问题，主动灵活地运用地理知识分析和解决现实问题，培育批判性和创新性的思维方式和地理科学思辨品质，从而利于学生构建全面合理的知识结构，提升学科能力，培养健全的人格素养。

（一）以疑导学——在心中播下质疑的种子

疑问是学习的起点，也是调动学习兴趣的重要来源。形成思辨能力的基础是主动思考，只有创设具备探究性和趣味性的问题情境，才能促进学生积极思考，主动学习。以疑导学，就是基于地理现象和地理故事，挖掘能引起学生兴趣的疑点，在导入、承转等环节创设悬疑性问题，以此激发兴趣，引起质疑，训练思维。

某种特定情境的预设，可以使学生置身于情境中，营造一种由此而发的主观情境，激发学生的学习兴趣和求知欲，从而在上课伊始就能使学生全身心投入认识活动和意向活动。情境的预设有三类：一是形象情境，即教师选用或制作有关图片、漫画、三维动画、录像等实物在教学中向学生展示；二是艺术情境，即将诗歌、纪录片等艺术作品引入课堂，对情境进行有效的问题预设，在解决预设问题的基础上，让学生再生成问题，激发学生的积极性和主动性，让学生在艺术欣赏过程中学习地理；三是现实情境，即挖掘学生周围的实际生活资源，为学生创设与教学内容有关的生活情境，激发学生学习兴趣和求知欲。

问题是学生掌握知识、形成技能、全面发展的主要源泉。根据预设的情境，设置科学、合理的问题，引导学生自学有关教学内容，自行探究问题，激发学生的探究思维。在这一环节中，教师要充分尊重学生的自主权，及时反馈信息，必要时进行个别指点。

（二）以探明理——让思想碰撞出理性的光辉

课堂教学进入到核心阶段：自主探究过程。在这一阶段，老师的角色定位是"导"师，不是"教"师。作为导师，应尊重学生的主体性，努力创设让学生自主探究的情境，提供足够的时间和空间让学生去探究，让学生有机会绽放智慧的火花，展示自己的创新才能。

这个环节主要是学生充分探究，教师依据趣味性、科学性、思想性相统一的原则，设置有一定思维质量的、能调动学生主体意识的问题，以小组为单位，在小组长的领导下探究问题，同时，教师要深入各组，获取准确信息，并从中穿针引线、因势利导点拨学生，激发探讨热情。

（三）以辨启发——为思维增添宽度和厚度

以辨启发，就是借助一些类似的地理问题，创设具有更大难度的问题情境，通过课堂思辨活动，引导学生联系所学知识，深度思考和分析地理现象。在活动中，帮助每个学生积极参与、主动思考、批判质疑、阐述观点、解决问题。这一环节重在在教师主导性和学生主体性相结合的基础上，引导学生积极质疑，启发学生积极思维，让学生得到思维过程上的锻炼。

教师的点拨应坚持的原则是：一是激励性原则，要能及时肯定学生的优点和进步，以便逐渐培养学生的兴趣，发挥非智力因素的作用。二是启发性原则，一般不宜直接地肯定和否定学生，应引导学生一起发现错误，尤其不能直接指出或指责学生的过错，而是针对过错、偏差提问、点拨。三是精练性原则，教师的讲课要能画龙点睛，突出阐释问题中心和主要观点。

（四）以悟化情 ——引发学生的情感共鸣

这是教学内容的延伸，学生素质养成的过程。以悟化情需要创设能引发学生情感共鸣的真实情境，需要营造能提高学生地理核心素养的课堂氛围，因此，教师在课前必须精心构建、巧心设计，才能在课堂过程中以润物细无声的方式，浸润学生的心灵，引发学生道德情感的共鸣和升华。

五、他人眼中的我

（一）专家眼中的我

徐老师专业技能突出，教学过程中重视以学生为主体，促进学生的知识生成，善于利用丰富的地理素材创设情境，设计问题链，引导学生发现问题，解决问题，个人能力突出，多次获得市教育教学比赛奖项。

东莞市地理教研员　　李宏定

（二）同行眼中的我

徐老师，对人真诚，热爱学生，人际关系和谐融洽；专业能力扎实，善于分析问题和解决问题，课堂效果好，深受学生爱戴；教研能力强，完成教学任务之余，积极撰写论文，多次参加教学类比赛，均多次获省、市大奖，是我校地理老师中的佼佼者。在担任地理科组长一年期间，她身先士卒，吃苦在先，积极参加各种活动，组织各年级教学，成绩都位于市五大校前列，也带领科组被评为校优秀科组。

东莞市第一中学地理教师　　蔡溢

（三）学生眼中的我

如果地理是浩瀚星辰、汪洋大海，那么，徐老师就是我地理学习的启明之灯、引路之人。徐老师的课堂内容丰富，延伸性与趣味性很强。复杂的地理现象在她的剖析下变得条理清晰，我得以窥见自然科学的魅力与地理学习的要义。在课后答疑的过程中，老师真诚细致的讲解让人如沐春风，增强了我学习的自信。在我的理解中，徐老师教授的不仅是知识，更是给予了我观察地理世界的全新视角。

东莞一中 2022 届高三（20）班学生　　田菁

点　　评

　　徐安芳老师善于应用纪录片、生活生产经验等素材营造真实情境，设置问题链，通过地理过程推演和学生自主探究，既能帮助学生构建地理思维导图，明晰地理原理，培养学生的逻辑推理能力，又让学生在自由开放的环境中主动发现地理问题、生成和涵养地理素养，发挥地理学科的价值和功能。同时，师生在自主探究过程中构建学习共同体，促进师生共同成长。令人敬佩！

广东第二师范学院教授　　闫德明博士

萃取生活精华，点燃学习热情

何少萍（高中化学）

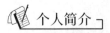个人简介

> 何少萍，女，东莞市高中化学学科带头人，东莞市教学能手。曾受邀在普通高中新课程化学骨干培训者省级研修班、省高中新课程化学选修课教学与评价研讨会、新课程化学市级培训班等会议上作主题报告；获省化学教研积极分子称号、省高考化学科质量优秀评卷员称号，连续多年获市教研网学科网站优秀管理员、学科网站资源建设积极分子称号。曾获省实施高中化学新课程能力大赛一等奖、第二届广东省青年教师教学能力大赛（初赛）一等奖。多篇教学论文获省、市级奖励；多个优课、微课、教学设计被评为省、市级比赛一等奖。被东莞市第一中学评为校优秀教师、优秀班主任、科研先进教师。

一、我的教学风格解读

化学是一门让学生有复杂感情的科目。还没有学习化学的时候，学生觉得化学实验很有意思，特别好玩。开始学习化学后，学生便会被化学又多又杂又难的知识点吓得望而却步。要让学生一直对化学充满热爱，只有让他们常从生活中发现化学的身影。所以，萃取生活中化学的精华，点燃学生学习化学的热情是我一贯的教学风格。

（一）萃取生活精华

生活中处处有化学的身影。化学与生活密切相关，高度关联。生活细节、社会热点、成语、魔术、诗词等经过加工处理、萃取提纯后，都能成为化学课堂的良好载体。平时生活中，我总是留意观察，把生活中与化学相关的场景、操作、视频等都记录下来，作为课堂重要的真实情境素材。

1. 日常生活中的化学

可以用热水溶解苏打代替洗涤剂，洗得干净还不怕残留，在外面吃饭时妈妈再也不用为我用水涮碗了（盐类的水解）；发黑的银饰品可以用铝箔加醋一起在瓷锅里加热片刻，立即光亮如新（置换反应）；晶莹剔透的钻石跟黑不溜秋的石墨是同种元素组成的物质（同素异形体）；红酒打开后容易变酸（乙醇氧化成乙

酸）。有趣的化学就藏在日常生活中。

2. 社会热点背后的化学

毒奶粉中的三聚氰胺不是食品原料，也不是食品添加剂，禁止人为添加到食品中。加入三聚氰胺，主要是因为其含氮量高，能使过多添加蔗糖的奶粉蒙混过关。苏丹红是一种禁止将其作为食品添加剂使用的工业染料，但是不法商人把苏丹红添加到饲料里，目的是让鸡产出来的蛋颜色更好看。三聚氰胺和苏丹红都表示"很无辜"，化学不坏人心坏，这些负面新闻化学不"背锅"。反而没有了化学，我们的衣食住行都将难以保证。化学为我们的生活保驾护航。

3. 浪漫中也有化学

情人节的那句"你的'镁'，偷走了我的'锌'"——金属镁置换了金属锌。元宵节五彩缤纷的烟火，背后是焰色试验，大多数烟花就四种颜色：黄是钠、绿是铜、砖红是钙、紫是钾；如果还有其他颜色，那就说明烟花成本更高：洋红是锶、黄绿是钡、蓝绿是锌。醉人情诗：你看似冰冷，我却懂得你的脆弱，愿意给你狼对羊的守护——这是铁对冷的浓硫酸的"真情告白"，是属于化学人才能看得懂的浪漫。

4. 诗词成语中的化学

甘之如饴、含饴弄孙中的"饴"指糖类物质，可通过风干的麦芽或谷物发酵酿造得到。百炼为什么能成钢？因为烧红的生铁反复在空气中不断锤打，铁中的碳就会被氧化，从而减低铁中碳的含量，变成含碳量更低、韧性更好的钢。

生活中处处有化学，只要善于萃取，化学精华无处不在。

（二）点燃化学热情

知识脱离了生活就变得空洞，学习脱离了生活就变得无趣。同样是一个成语，从语文的角度理解和从化学的角度去解读，学生的收获可能完全不一样。爱因斯坦说："如果把学生的热情激发出来，那么学校规定的功课就会被当作一种礼物来接受。"只有当学生发现化学这门学科不是纸上谈兵，而是时时刻刻能跟生活联系起来，才能对该学科产生兴趣。当学生发现于谦可能不仅仅是个诗人，还可能是一个懂化学的诗人，《石灰吟》可以从化学的角度分析其涉及的原理，学生惊喜的程度不亚于哥伦布发现新大陆。每次的化学课堂，我都刻意播种一颗与生活相关的化学种子，使化学课堂变得灵动有魅力，激发学生学习化学的兴趣，点燃学生学习化学的热情。相信总有一天，当有合适条件的时候，这颗化学种子一定会生根发芽，开出灿烂的鲜花。

二、我的成长历程

读书时期的我，对社会中现有的职业了解甚少，更加没有什么职业生涯规划。对于涉世未深的孩子来说，教师这一职业肯定是最先了解、最多接触的一种职业，所以，很多人从小就会有一个教师梦。而我想成为教师的想法是从初三学

习化学学科后才萌生的。

（一）成长中渴望成为您

虽然是女孩，但从小我就不那么的"安分守己"，喜欢在课堂上"插科打诨"，特别是初中处于叛逆期的我，初一和初二基本在浑浑噩噩中度过，成绩忽上忽下。进入初三开始学化学后，我们班来了一个很特别的化学老师——罗麟祥老师。他是一个临近退休的白发老头，但是诙谐幽默的他让课堂充满了色彩。罗老师说话总是慢条斯理，笑容满面。他的每个眼神都能让人感觉到闪烁的智慧，特别是做化学实验的时候，简直就像表演魔术，精彩绝伦。第一次接触化学这个学科就让我感受到科学的魅力。不经意中我开始认真听讲，课后作业也变得轻松有趣，我尤其喜欢写各种方程式。不出所料，第一次化学测验我拿了全班唯一一个满分。这让成绩平平的我有了一个学霸梦。

到了高中，也许是与化学有缘分，依然是一位非常优秀的化学老师——刘殿林老师担任我的班主任。刘老师敬业、专业、爱业的精神深深影响了我。在化学课堂中，我再次感受到化学学科的博大精深，成为罗老师和刘老师的接班人的想法不断强化。

（二）长大后我成为了您

高中三年里，化学成了我的优势科目，化学刘老师成为我努力的方向、学习的楷模。刘老师也特别关心和照顾我，他的人格魅力、专业水平让我钦佩。高考之后，我如愿以偿地被华南师范大学的化学系录取，即将成为一位与罗老师和刘老师一样的老师。化学是一门以实验为基础的科学，大量的化学实验填充着我的大学生活。有机化学实验反应时间长，一个实验常常从早上操作到晚上，看着不断翻腾的反应物，我常常思考：我以后要成为什么类型的老师呢？如果要成为治学严谨的老师，我必须在大学里努力学习各种专业知识；如果成为诙谐幽默的老师，我就要在枯燥的专业知识中发现生动有趣的知识点，让专业知识"活"起来，让学生更愿意学习化学。

在一次高中同学聚会的时候，我的高中班主任刘老师很激动，眼中泛着泪光对我说：我很欣慰你能继承我的"衣钵"，成为一名化学老师。成为一名人民教师责任重大，你的一句话、一个眼神、一个动作，可能改变学生的一生。作为老师的你，必须时刻反思自己的言行……刘老师一席肺腑之言感动并点醒了初出茅庐的我。长大后，终于成为老师的我学会了反思。我时常会因为一节自认为上得好的课而兴奋不已，也因为一节上得不太流畅的课而懊恼许久。治学严谨，是刘老师烙在我心中的印记。看到学生被我生动的语言逗乐，被生活中各种化学相关知识吸引，从而更愿意学化学后，我会更加坚定：治学严谨，不等于古板生硬、照本宣科，也可以像初中罗老师那样诙谐幽默。刘老师和罗老师一直是我模仿的对象。工作五年后，我开始思考：难道我一辈子都要模仿刘老师和罗老师的风格？难道我就不能有自己的风格？

（三）追赶中我超越了您

思考让人成长，改变让人进步。作为一名科学教学工作者，我有义务和责任对学生进行科普，特别是在充斥着各种伪科学的当今社会里。如果学习化学的目的仅仅是为了一个分数，不能学以致用，那么，化学必定是无味和脱离实际的。每次我看到母亲被周围不明真相的朋友欺骗，买入价格高昂且没有作用的各种养生仪器、保健药品的时候，我就在想：我要给我的学生播种一颗科学的种子，哪怕以后他们不从事化学专业，也能有科学的思维、智慧的眼睛，可以正确的分析、准确地判断这些披着"科学"外衣的伪科学产品。

于是，我开始收集各种伪科学、假广告的说词，在课堂上跟学生一起用科学的知识去分析各种社会热点话题和产品。例如，讲到电解池的时候，我用水素水杯、洗脚盆的工作原理分析；讲到缓冲体系的时候，我加入酸性体质、亚健康状态的分析；讲到金属与水反应的时候，引入河南南阳出现的"水氢发动机"的新闻，揭开"水氢发动机只须加水即可跑上千米"的骗局；等等。逐渐地，学生觉得化学不再只有书面知识的严谨、严肃，也会有诙谐、幽默之处，看似无聊的科目也可以有趣、生动。我在常规课堂外开展校本课程，把各种夸大的广告、隐藏的骗局剥丝抽茧，用所学知识帮助学生一起分析。我自己也在不断地模仿和追赶罗老师和刘老师的过程中，慢慢形成了自己的教学风格：萃取生活精华，点燃学生学习热情，做一名有情怀的老师。

我的成长历程没有什么惊天动地的大事件，就像涓涓细水，缓缓地带着我成长，有一种水到渠成的感觉。从"成长中渴望成为您"，到"长大后我成为了您"，再到"追赶中我超越了您"，我都在模仿、学习和成长中一步一个脚印，让自己慢慢强大起来。或许，这就是教育。教师除了要让学生成长，也要让自己成长，只有教学相长，才能生生不息。

三、我的教学实例

萃取传统文化精华，点燃学习化学热情
——以"金属矿物的开发利用"为例

（一）设计思路

1. 教学思想与创新点

本课例以《诗经·国风·卫风》的诗句"有匪君子，如切如磋，如琢如磨。有匪君子，如金如锡，如圭如璧"为切入点。早在四千多年前，金属在《诗经》中已有所记载，然而，金属的使用和冶炼则可以追溯到更早。课程从西周开始，引领学生形象重现金属的发现、使用、冶炼等历程，从古至今，把富集法、热分

解法、热还原法和电解法，逐步以古诗词的形式贯穿。引导学生用金属冶炼方法及金属生产成本等因素分析社会热点——水氢发动机全面推行的可行性；以《绝命毒师》开锁视频引出铝热反应，让学生在视觉上感受铝热反应的威力，为铝热反应有焊接铁轨、定向爆破、冶炼高熔点的金属等作用作好铺垫。最后结课前再次回到《诗经》，用金属活动顺序表中的金属性质与人的品质进行讨论，帮助学生树立正确的人生观和世界观。通过这些方法，我在传统文化中融入 STSE 教育①，强调人文与科学、技术与社会及环境的相互关系，重视科学技术在社会生产生活环境和社会发展中的相互作用。

2．教学流程（见图 20 -1）

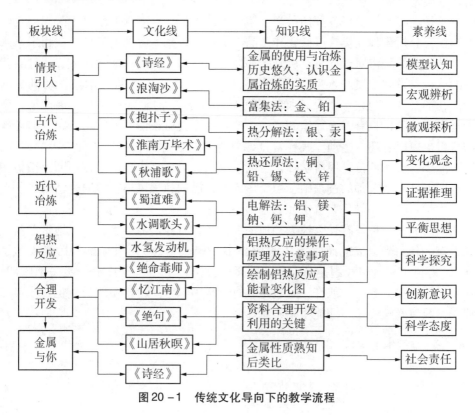

图 20 -1　传统文化导向下的教学流程

---

① STSE 是科学（Science）、技术（Technology）、社会（Society）、环境（Environment）的英文缩写。STSE 教育强调科学、技术和社会、环境的相互关系，重视科学技术在社会生产、生活环境和社会发展中的作用，是指导和实施学科教育的新理念。

（二）教学过程

环节 1：情景引入

师：《诗经》有云："有匪君子，如切如磋，如琢如磨；有匪君子，如金如锡，如圭如璧。"从诗句中可知，古人在四千多年前就已经开始使用金属，说明金属的冶炼源远流长。什么是金属冶炼？金属冶炼的实质是什么？

生：金属化合物得到电子变成金属单质的过程。M^{n+}（化合态）$+ ne^- \rightarrow M$（游离态）。

环节 2：古代冶炼

师："美人首饰侯王印，尽是沙中浪底来。""千淘万漉虽辛苦，吹尽狂沙始到金。"这两句诗说明了什么？

生：金化学性质稳定，在自然界中以单质形式存在。我们常用富集方法获得单质金。

师："微风忽起吹莲叶，青玉盘中泻水银。"晋代葛洪在《抱扑子》中提到"丹砂烧之成水银"，三仙丹烧之也成水银，三仙丹即氧化汞。请写出汞冶炼的反应原理。银与汞在活动顺序表中位置相邻，请猜测银的冶炼方法。

生：$2HgO \xrightarrow{\triangle} 2Hg + O_2 \uparrow$。银的冶炼与汞相似：$2Ag_2O \xrightarrow{\triangle} 4Ag + O_2 \uparrow$。

师："东风不与周郎便，铜雀春深锁二乔。"铜是如何冶炼的？西汉的刘安《淮南万毕术》有云"曾青得铁则化为铜"。分析其中的化学本质。

生：湿法炼铜：$CuSO_4 + Fe = FeSO_4 + Cu$ 置换反应。

火法炼铜：$Cu_2S + O_2 \xrightarrow{高温} 2Cu + SO_2$。

师：秋浦歌："炉火照天地，红星乱紫烟。赧郎明月夜，歌曲动寒川。"这首诗的前两句描写高炉炼铁场景，后两句表达了作者怎样一种心情？

生：高炉炼铁：$Fe_2O_3 + 3CO \xrightarrow{高温} 2Fe + 3CO_2$。

主要表达他对眼前的辛勤工作的劳苦大众的由衷的钦佩之情，民生在于勤。

环节 3：近代冶炼

师：诗词中少有出现活泼金属 K、Ca、Na、Mg、Al。只见古人吐槽与感叹。李白说："蜀道难，难于上青天。"苏轼说："不知天上宫阙，今夕是何年？"为什么充满诗意的古人只剩下吐槽与感叹？

生：金属太活泼，古人无法冶炼。

师：近代冶炼技术的发展使活泼金属的冶炼成为可能。有了铝、镁等金属后才能生产飞机，让过"蜀道"不再"难"；可以制造飞船，能飞到太空探个究竟。铝、镁等活泼金属是用什么方法冶炼？

生：电解法：$2Al_2O_{3(溶融)} \xrightarrow[冰晶石]{电解} 4Al + 3O_2 \uparrow$ $4MgCl_{2(溶融)} \xrightarrow{电解} Mg + O_2 \uparrow$

金属活动性与金属单质出现的时间密切相关。活泼金属的冶炼受社会生产力的发展影响，社会生产力的发展引发科学技术的发展，而科学技术的发展反过来推动生产力进一步发展。

环节4：铝热反应

师：河南南阳出现"水氢发动机"的新闻，报道称"水氢发动机只需加水即可跑上千公里"。你觉得可能么？

生：不可能，水不可能自发分解，即使加催化剂也需要吸收能量才能分解。

师：调查发现，水氢发动机除了加水，还加入特殊方法制得在常温下能与水反应产生氢气的铝合金。请从金属冶炼方法及成本的角度，分析水氢车发动机广泛推广的可行性。

生：不可行。活泼的金属铝是用电解法来冶炼的，需要耗费大量的电能，成本太高。

师：播放《绝命毒师》片段，分析其真伪。（反应瞬间完成，发出耀眼光芒，门锁瞬间被破坏）

生：这是铝热反应。

师：阅读书第89页实验4－1，并口述铝热反应的操作。

生：在纸漏斗中加入铝粉与氧化铁混合，加入氯酸钾，点燃镁条。

实验现象：（边演示实验边讲解）镁条剧烈燃烧，纸漏斗内的混合物立即剧烈反应，发出耀眼光芒，产生大量的烟。纸漏斗被烧穿，有红热状的液珠落入蒸发皿内的细沙上，液珠冷却后变为黑色固体（落下的是铁珠）。

环节5：合理开发

师："日出江花红胜火，春来江水绿如蓝。""明月松间照，清泉石上流。"读这样的诗有何感受？

生：感受到了大自然美。

师：习主席说"绿水青山就是金山银山"，先污染再治理的方式不可取。"孤帆远影碧空尽，唯见长江天际流"是看不见的，因为有雾霾。"接天莲叶无穷碧，映日荷花别样红"是不可能的，因为水体被破坏。思考我们应该如何合理开发利用金属矿物资源？

生：①提高金属矿物的利用率。②减少金属的使用量。③加强金属资源的回收和再利用。④使用其他材料代替金属材料。

师：废旧金属可回收利用，某化学兴趣小组用合金废料（含 Fe、Cu 和 Al）制取 $FeSO_4$ 溶液和回收金属铜，请你根据所学知识设计一个回收合金废料的可行方案。（见图20－2）

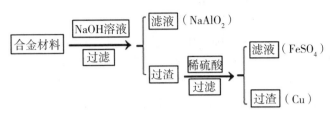

图 20-2　合金废料回收的可行方案

环节 6：金属与你

师：活泼性不同的金属用不同的方法冶炼，性质越稳定的金属，冶炼和使用的历史就越久远。回到刚上课的《诗经》"有匪君子，如金如锡，如圭如璧"。古人很早便用金和锡来形容君子的优秀品质，像金与锡一样坚韧。你会用金属活动顺序表中的哪种金属来形容自己的哪种品质？或者说你希望成为哪种金属？为什么？

生 1：金。希望自己像金子不易被氧化一样不易受外界影响。另外，是金子总会发光，希望自己的才能会像金子一样闪闪发光。

生 2：钾。觉得自己像钾一样活泼，与很多人都能发生联系，容易被影响。

生 3：镁。希望自己能像镁一样，燃烧自己发出耀眼的光，同时像引发铝热反应一样引发别人的发光潜能。

（三）教学反思

课例以传统文化为主线，在金属矿物的冶炼中渗透化学核心素养。化学的育人价值决定了化学课程能促进学生求真、求善、求美的品质，具有育人功能。以传统文化为导向但不拘泥于传统文化，结合水氢发动机、热播美剧等社会热点的教学设计，让学生体会到化学学科能指导人们科学认识和理解判断生活和社会中所涉及的化学问题，有利于形成化学科学价值观。金属冶炼的发展过程，体现着生产力的发展影响科学技术的发展，只有科学技术的不断发展才能使人民生活幸福，国家强大。

四、我的教学主张

2020 年，学生体验了在家上网课的生活，一直难以全面推行的网课进入每一个学生的日常生活，从小学到大学、从国内到国外，不分年级、不分国度、不分学科的全覆盖。AI 课堂、人工智能自适应学习、拍照搜题、AI 改作业、智能测评……这一条龙的线上"服务"貌似完全可以实现学生们不去学校、在家学习的梦想。云课堂、云考试、云班会、云毕业等新名词层出不穷，有人甚至担心传统教师存在的必要性问题。

我在很早之前便思考过这个问题。当我看着我们家的洗碗机取代我把碗洗得光洁如新；扫拖一体机取代我把地板清洁得一尘不染；洗烘分体机取代我不仅把脏衣服清洗干净，还烘干得柔软暖和；连外面看似只能"蜘蛛侠"吊着钢丝才能擦干净的高空玻璃窗也因为擦窗玻璃机器人的到来而透明无痕。科技在发展，人类在进步，随着人工智能时代的到来，作为老师的我是否会被机器人取代？活生生的人与机器人在教学上最大的区别可能在于老师的课堂是否能点燃学生学习的热情。人生有涯，难以在各个方面超越数据库的知识量，但是，有温度的课堂、有态度的教育和有高度的思想是智能机器人永远无法超越的。

（一）课堂有温度

知识可以通过网络来获取，而温度只有人与人之间才能传递。作为一名化学老师，我认为不仅要教会学生化学知识、发展学生的高阶思维，还应该通过有温度的化学课堂培育有温度、有情怀的学生。

化学是一把双刃剑，它的好坏取决于使用化学的人。每次讲到氮及其化合物的章节中，我总会介绍一名出色的化学家——哈伯。1906 年，哈伯发明了通过高温、高压、催化剂合成氨的方法，因此获得了化学诺贝尔奖。然而，他却向德国军方提出了一条灭绝人性的建议：建立了世界上第一支毒气部队，他指挥着毒气部队一次次投放毒气弹。在"一战"和"二战"期间，哈伯只是一个缩影，还有很多有知识没温度的科学家泯灭了人性，他们手里的化学知识成为毒气、子弹甚至是氢弹。

教育的意义不仅仅在于教会知识、教会方法，更应该教会学生热爱生命、敬畏生命、明辨是非，做一名有温度的人。教师有温度，课堂才能有温度，课堂有温度，学生才能成为一个有温度的人。

（二）教育有态度

教师是学生心中的楷模，是学生学习的引导者和校园生活的陪伴者，教师的一言一行对学生的影响是不可言喻的。我们常说教书育人，教书的最终目的是为了育人。我在开展化学教学工作的过程中，一直以严谨而耐心的教育态度对待每一位学生。每次演示实验前，我都必须自己先行实验，确保操作规范、现象明显才开始课堂演示；我会时刻注意学生实验操作的规范性、对实验现象描述的准确性、解题步骤的严谨性，从小处入手，养成严谨认真的态度。

所以说，教育不同于教知识，有温度、有态度的老师会比知识丰富的智能机器人更能帮助不同类型的学生，让他们逐渐成长。

（三）思想有高度

接手每届新生的第一节课，我都会问一个问题：你为什么要学化学？答案出奇的相似——拿高分，赢得高考。"拿高分，赢得高考"固然没有错，但是，如果整个高中生涯只为了"拿高分"就本末倒置了。我常常在新闻媒体上看到一些简单的骗局、可笑的伪科学横行霸道，把人骗得团团转，内心很不是滋味。作为一个理科老师，我觉得我有义务、有责任提高全民，特别是高中生的基本素质。所以，我经常在课堂上给同学们播种一颗远大理想的种子——为人类能过上高品质的生活而学好化学。

作为一个老师，我认为只完成课堂教学任务是不够的，在完成课堂教学任务的同时，我希望我的教师生涯里还有温度、态度和高度。若干年后，如果有学生返校跟我说："老师，我已经不知道苯环是什么，但我知道正是凯库勒对研究的执着和认真，才会梦到苯的结构。""老师，我已经不知道碳酸钠、碳酸氢钠谁受热会分解，但我知道侯德榜在国家最需要的时候站了出来。""老师，我已经把您教给我的化学知识忘得差不多了，但我总能想起你那具有温度、态度和高度的课堂。"我想，这样的教师才能从生活中萃取出精华，点燃学生学习的热情，自己实现终身成长的同时也让学生念念不忘。这或许是智能机器人不能替代人类教师的重要原因。

五、他人眼中的我

（一）同行眼中的我

少萍即烧瓶，着实与化学有缘。所有认识她的老师在提起她的时候，都会说："她能力超强。"确实，不管是化学专业知识，还是教学理论、教学实践、教学研究，她的能力都是杠杠的，几乎包揽我们化学科组所有对外展示课。

而最让我佩服的还是她对自己教学主张的坚持和落实。她坚持有温度的课堂，课堂中正能量满满，教育学生在掌握知识的同时，还要正确认识化学发展的两面性，努力成为热爱生命、明辨是非的人。她还坚持严谨的科学态度并落实在课堂中，主要表现在严谨的语言表达、严谨的实验操作、严谨的解题思路和步骤。她更坚持思想有高度的教学主张，化学学习绝不仅仅为考试成绩，更多的是提高学生的素质，乃至树立为人类更美好的生活而学好化学的理想。

东莞市第一中学化学科组　　庞达藕老师

（二）学生眼中的我

初中时候的我化学成绩不太稳定，忽上忽下。现在分析当初的心理状态，主要问题可能在于太在乎成绩，反而忽略了学习的过程。从高一开始，我就是何老师的学生。化学不算强项的我有点忐忑。然而，何老师的课堂充满了魅力，语言生动，处处联系生活，时不时还会讲讲化学中的哲理，如稀硫酸变成浓硫酸的过程，是量变引起质变的表现。何老师常常说："学好化学，让你过上高品质的生活。"还记得高一第二学期春节我们班的化学对联，着实让其他班的同学羡慕了一把：上联 Ag Zn Na F Ga Hf Mg（迎新纳福家和美），下联 Re Sg Tc Au As Sc Ti（来喜得金身康泰），中间还有一个倒着贴的 F（福），不是化学班的同学根本看不懂。如今，我也是一名化学师范生；以后，我也希望成为何老师一样的化学老师。

东莞市第一中学 2021 届　　姚懿玲

点　　评

生活中充满化学。何少萍老师善于挖掘与生活、生产相关的化学知识，并不着痕迹地将这些知识融入课堂，不仅能让课堂变得多姿多彩、贴近生活，也能让学生喜欢课堂、热爱化学。热情一旦被点燃，学习就不是一种负担，练习也可以变得有趣。这是一种境界。

广东第二师范学院教授　　闫德明博士

从生活中来，到生活中去

庞达藕（高中化学）

庞达藕（高中化学）

个人简介

庞达藕，女，高中化学高级教师，现就职于东莞市第一中学，东莞市高中化学教学能手。曾主持 2017 年市级课题"微课在高中化学教学中应用的实践研究"，该课题研究方案于 2020 年获广东省年会教育成果评比一等奖。有多篇论文发表，如《在高中化学教学应用微课的成效分析——以电解池应用的工业生产为例》发表在《科教导刊电子版》；也有多篇论文在省、市论文比赛中获奖，如《微课在高中化学教学中应用的实践研究——以选修 4 化学反应原理为例》获 2020 年广东省年会教育成果评比二等奖，《元素周期表和元素周期律的应用》获 2016—2017 年度广东省中学化学核心素养优质课比赛一等奖。2016—2017 年度"第二节 元素周期律"被评为省级"优课"。也曾多次获校级优秀教师、优秀班主任。

一、我的教学风格解读

从生活中来，回到生活中去

在提炼教学风格时，我发现在美国"9·11 恐怖袭击事件"对我的影响非常大。肖志国（中科院稀土硕士研究生）的稀土自发光材料，使处于灾难中的 18000 人在一个半小时内得以安全撤离。肖志国之所以研究自发光材料，是因为其小时候生活的地方没有电灯。夏天的夜晚，年幼的肖志国常常和同伴把萤火虫装在透明的瓶子里，带回家照明。萤光持续不了多久，亮度就渐渐减弱。虽然，当时的他并不知晓其中的原理，但对"光"的渴望，却成了播种在他心里的一粒理想的种子。因为幼年时对"光"的这份无比渴望，让他考进中国科学院攻读发光材料专业硕士研究生，并且去挑战蓄光型自发光材料。这是个让国外科学家们困惑了半个多世纪却久攻不下的世界性难题。这种影响体现在我的教学过程中，我会在课堂上使用很多生活中的化学情境，最初的想法是：假如我的学生中有一个在学习中对某一生活场景存下研究的理想，并为之持之以恒进行研究，那将会再开启一个研究领域的新时代。在提炼教学风格时，我发现学校的教学新理念对我的教学风格影响也很大。东莞一中的教学新理念是"办一所让人幸福成长的学校"，并为此确立了"适性求是，成人幸福"的实践路径。"适性"，就是要顺应天性、发展个性（包括适个人之性、适群体之性、适学校之性、适社会之性、适文化之性等）；"求是"，是求实的发展，是面对真实的教育环境（人、物、事）求合适目标，求真实的效果（求真知、做真人）。"成人幸福"，就是成就小我、成就大我、成就他人、成就群体，就是立己达人（包括正幸福观念、知幸福奥秘、具幸福能力、享幸福快乐）。在这两者的影响下，我慢慢摸索出自己的教学风格——从生活中来，回到生活中去。

（一）从生活中来

"从生活中来"——获得结论，获得规律。它融合了情境教学的教学理念，在课堂中有目的地引入或创设生动具体的场景，以引起学生一定的态度体验，从而让学生产生浓厚的深入探究兴趣，进而加以行动实践，最后获得新知识、新方法，甚至更高一层次的理论。"从生活中来"的情景绝不仅限于引入新课，它更是贯穿整节课，是整节课的主线，所有课堂的探究活动、实践活动都是围绕它进行的，也切合"适性求是"的教学理念实践路径。

（二）回到生活中去

"回到生活中去"——应用结论，应用规律，甚至创造性解决生活生产中的新问题。它体现了教学的追求——知识的迁移能力和创造能力。最简单的迁移能力可以完成高中化学课程的教学目标，更高层次的迁移能力可以解决以后在生产、生活中我们遇到的一些化学问题，避免要交高额"智商税"。更进一步则要培养学生的"科学精神与社会责任"素养，达到培养学生化学学科素养的高层次要求。最后有可能达到我的最初想法：树立学生的化学学科学习目标——更深入研究化学，为化学创造美好生活而努力进入更深层次的学习，进而成为"化学回到生活中"的年轻一代主力军，切合"成人幸福"的教学理念实践路径。

二、我的成长历程

（一）时代不幸与家庭之幸，造就我曲折而饱满的求学生涯

我出生在二十世纪七十年代末的广东农村。虽然家庭联产承包制度的落实，已经脱离了吃不饱穿不暖的六七十年代，但是，广东的偏远农村还是很穷，大多数学生都会在读完初中甚至没读完初中就出来工作。这是我所处时代的不幸。但是，幸运的是，我的家庭从祖父那一代起就重视学习、重视文化。我的祖父是村里唯一读过很多年私塾的人，他毛笔字写得很好，村里过年的对联大多数是他写的。我父亲也是他那个年代为数不多的高中毕业生。1995 年，我初中毕业。作为家里的老大，为了减轻家庭负担，我主动报考了中师。我以高出分数线五十分的成绩，考上师范学校。不幸的是，在后来的体检中，我因为近视而被师范学校

拒之门外。在那个年代，左邻右舍都劝我父亲让我直接打工去，不要再读书了。父亲平时不强势，或者说有点懦弱。但那次，他带着我的中考成绩条，敲开了市第一中学校长办公室的大门。在交了 12000 元的择校费后，我成为了市重点中学的高中生。

我知道那读书的日子来之不易，高中三年的时光，我过得十分充实。1998 年高中毕业，我考取了华南师范大学。在大学四年的光阴里，我更是对学习充满热情，努力吸收各种知识，锻炼各种教师技能。普通话不好，我便买了复读机跟读，对比跟标准读音的差别，进行苦练；粉笔字不好，我就常常躲在系楼的课室黑板上练。最后，我以优异的成绩完成大学学业，取得教师资格证，走向我的职业生涯。

毫无疑问，因为家庭对文化的重视，求学阶段的我是幸运的，虽然我的求学道路有点波折，但他们并没有让我放弃学业。这让我的求学生涯走得坚实，充满活力，也为我的职业生涯奠定了坚实的知识基础。

（二）时代机遇与个人努力，造就我丰富而向上的职业生涯

2002 年大学毕业之后，我首先在东莞茶山中学担任了两年高中化学教师和班主任。在那里，我遇到的都是基础比较差的学生，大部分学生读高中只是因为不够工作年龄，希望"混"个高中毕业证。作为一个通过努力考上大学改变自己命运的大学毕业生，我当时的想法是：不能让我的学生这样浑浑噩噩地度过他们最美好的求学生涯。怎么才能让我的学生爱上学习，努力向上？我思索了很长一段时间，确立一个小目标：学以致用，提高学生的学科认同感。因此，我开始在我的化学课堂上使用大量与生活相关的小知识，如国内外自来水消毒的试剂、方法有何区别并进行优劣比较；布料的成分以及性能；食品添加剂的性能与危害；海水淡化的方法与途径；洗涤剂的分类与功能；等等。好长一段时间，我的课堂口头禅都变成了：你不一定以后要在化学方面深造，但作为一名有知识、有文化的未来大学生，你必须要懂得一些化学知识，以免要交高额"智商税"。如此一来，学生开始对化学这门学科感兴趣，课堂的注意力也变得集中，潜移默化间，更多的学生对学习上心了。学生的化学学科成绩在市统考中表现优异。

2004 年，东莞的高中开始扩招，因此，我调动到了现在的东莞市第一中学工作。这所学校与茶山中学不同，学生素质比较高，几乎 100% 都能进入大学就读。我的教学目标就此发生了转变，不再是仅仅为让学生能对化学感兴趣，而是向如何能让学生学习效率更高的方面进行研究。在教学中，我坚持使用"学以致用"原则。当然，使用的角度跟以前不一样。现在再将化学与生活联系，绝对不仅限于与生活联系，更多的还有与生产联系、与现在最新研究进展联系，让学生在提高学习化学的兴趣之余，能提高学习效率，提升化学素养，未来成为在化学方面表现优异的人才。此外，我在东莞市慕课平台还开设了一门相关课程"化学与生活"，以宣传化学在生活中所创造的美。2017 年我的课题"微课在高中化学

教学中应用的实践研究"在市里立项成功，其中的课前微课都是由化学情境引入。2023 年，我又申请了一个市立项课题"基于情境的高中化学探究式教学实践研究"，决定深入研究化学情境融入教学的框架、方法以及实验的结果和评价方法。

在我二十年的教学生涯中，时代给予了很多的机遇，如伴随我们的社会越来越重视教育，学生素质越来越高，教师的地位也越来越高，我们可以全身心投入到教学以及教育研究中。国家思想越来越开放，我们接受到的各国的教育理念、教育研究方法越来越多，我们教师的教学能力以及研究水平也越来越高，让我们对教学有更高的兴趣，教育研究更加有目标、有方法。这造就了我的职业生涯：教学的研究更丰富，职业追求更加向上。

三、我的教学实录（高三化学一轮复习）

（一）课题

一元强酸（碱）与一元弱酸（弱碱）的比较。

（二）教学设计简析

本课例重点是电离平衡的规律应用，可以创设弱电解质电离在生产、生活实践中应用的情境，让学生围绕情境探索规律，应用规律解决相关问题，从而很好地体现我的教学风格"从生活中来，回到生活中去"。

（三）教学策略

情境探究式教学：发现现象（实验室情境）；学生根据现象，通过思考、分析、探索得出规律，总结归纳出一元强酸（碱）与一元弱酸（弱碱）的区别与规律——从生活中来。能用动态平衡观点分析化学变化（培养变化观念和平衡思想），并进一步上升为模型，再利用该模型解决同类型的问题（培养证据推理与模型认知的学科素养）；更深入地应用规律解决实际问题（培养科学精神和社会责任）——回到生活中去。

（四）教学过程

环节 1：学习方法引入

师：自然学科的研究方法和学习过程跟牛顿当年发现苹果落地的研究方法和过程一样。第一步是慧眼发现现象（苹果落地），第二步是思考、探索现象的规律（为什么苹果是落地，而不是飞上天），第三步是得出结论（万有引力规律），第四步是应用规律（关于重力的分析）。化学作为一门自然科学，它的研究与学习也是如此。下面，我们用这样的研究方法与过程研究课题"一元强酸（碱）与一元弱酸（弱碱）的比较"。同时体现"适性"就是要顺应天性、发展个性，包括适个人之性、适群体之性、适学校之性、适社会之性、适文化之性等。

环节 2：慧眼发现问题或现象 1

展示情景：小明无所事事，不小心把 pH 值为 3 的 HCl 水溶液与 CH₃COOH 溶液稀释了 10 倍，发现了令他觉得奇怪的一幕；然后，他在这基础上又稀释了 10 倍，还是发现了一样的问题。他记录下了数值。（见图 21 – 1）

pH=3 的 HCl、HAc 溶液　　　pH=3 的 HCl、HAc 溶液稀释 10 倍　　　pH=3 的 HCl、HAc 溶液稀释 100 倍

图 21 – 1　情景展示

生：把发现的现象转化为立体图像。（见图 21 – 2）

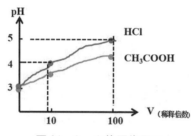

图 21 – 2　立体图像展示

环节 3：思考、探索规律

生：（学生根据所学的知识，给出解析）盐酸是一元强酸，完全电离；醋酸是一元弱酸，电离不完全。pH = 3 的盐酸稀释 10 倍，体积增大到原来 10 倍，H^+ 浓度即降低 10 倍，pH = 4；pH = 3 的醋酸，现在溶液中的 H^+ 浓度为 10^{-3} mol/L，但是它没完全电离，溶液中还有大量醋酸分子，加水稀释的过程中，主要微粒浓度降低，电离平衡正向移动，H^+ 会增多，稀释 10 倍，H^+ 浓度没有降低 10 倍，所以 pH = 3.30 左右。稀释 100 倍的解析也如此。

生：（得出规律）

（1）pH 值相同的一元强酸与一元弱酸，c（弱酸）远远大于 c（强酸）；

（2）pH 值相同的一元强酸与一元弱酸稀释相同的倍数，强酸的 pH 变化大，若稀释 10 倍，强酸 pH 升高 1 单位，弱酸升高 <1 单位；无限稀释，只能接近 7，不能等于或大于 7。

（3）若想再一次达到 pH 相等，弱酸稀释体积更大，即加水量多。

同时体现"求是"，即面对真实的教育环境（人、物、事），求合适定位提出真实可行的方法，求合适结果取得真实的效果（求真知、做真人），最终顺其所是，求其所是，成其所是。

环节4：慧眼发现问题或现象2

展示关联的新情景：小明又灵机一动，把 pH 值为 11 的氨水与 NaOH 溶液稀释了 10 倍，也有了发现，然后又稀释了 10 倍，并记录了下来数值，而且把发现的现象转化为图像（见图 21 – 3）。

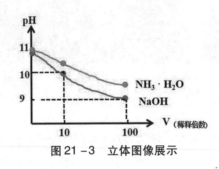

图 21 – 3　立体图像展示

环节5：思考、探索规律

生：（学生根据所学的知识，给出解析）NaOH 是一元强碱，完全电离；$NH_3 \cdot H_2O$ 是一元弱碱，电离不完全。pH = 11 的 NaOH 溶液稀释 10 倍，体积增大到原来 10 倍，OH^- 浓度即降低 10 倍，pH = 10；pH = 11 的氨水，现在溶液中的 OH^- 浓度为 10^{-3} mol/L，但是它没完全电离，溶液中还有大量 $NH_3 \cdot H_2O$ 分子，加水稀释的过程中，主要微粒浓度降低，电离平衡正向移动，OH^- 会增多，稀释 10 倍，OH^- 浓度没有降低 10 倍，所以 pH = 10.7 左右。稀释 100 倍的解析也如此。

生：（得出规律）

（1）pH 值相同的一元强碱与一元弱碱，c（弱碱）远远大于 c（强碱）；

（2）pH 值相同的一元强碱与一元弱碱稀释相同的倍数，强碱的 pH 变化大，若稀释 10 倍，强碱 pH 降低 1 单位，弱碱降低 <1 单位；无限稀释，只能接近 7，不能等于或小于 7。

（3）若想再一次达到 pH 相等，弱碱稀释体积更大，即加水量多。

同时体现"求是"的教育理念实践路径。

环节6：应用规律解决问题

生：完成练习，并分享。

例 1 问题思考：在一定温度下，有等 pH 等体积的

a. 盐酸　b. 醋酸 c. 硫酸三种酸：

（1）均加水稀释至原来的 100 倍后，c（H^+）由大到小的顺序是_____。

（2）这三种酸的浓度大小关系为_____。

（3）中和 NaOH 的能力由大到小的顺序是_____。

（4）同时加入形状、密度、质量完全相同的锌，则开始时反应速率的大小关系为_____。

环节7：精炼规律

生：在应用规律的过程中，精炼规律。（见表21-1、表21-2）

表21-1　相同物质的量浓度、相同体积的一元强酸与一元弱酸的比较总结

比较项目	$c(H^+)$	pH	中和碱的能力	与活泼金属产生 H_2 的量	开始与金属反应的速率
一元强酸	大	小	相同	相同	大
一元弱酸	小	大			小

表21-2　相同pH、相同体积的一元强酸与一元弱酸的比较总结

比较项目	$c(H^+)$	$c(酸)$	中和碱的能力	与活泼金属产生 H_2 的量	开始与金属反应的速率
一元强酸	相同	小	小	少	相同
一元弱酸		大	大	多	

注：一元强碱与一元弱碱的比较规律与以上类似。

环节8：知识的延伸——解决实际应用问题

师：掌握了规律后，如何用你掌握的规律应用到生产生活或实验研究中？请解决下面的实验问题。如果让你设计实验：如何证明 HNO_2 为弱酸？如何鉴别同学的设计方案是否正确？

生：鉴别同学的设计方案是否正确，规律应用得到进一步深化。

同时体现"成人幸福"就是成就小我、成就大我、成就他人、成就群体、就是立己达人（包括正幸福观念、知幸福奥秘、具幸福能力、享幸福快乐）。

四、我的教学主张

化学就是生活

化学是从炼金术和化学工艺中发展而来的。人类学会了在熊熊的烈火中由黏土制造出陶器，由矿石烧出金属，由谷物酿造出酒，由植物提取汁液给丝麻染上

颜色。这些都是人类在实践经验的启发下经长期摸索而得到的最早的化学知识和工艺，当然那个时候还不能称之为化学，充其量只是它的萌芽。但谁也不可否认，化学是从生活实践中发展壮大，最终成为自然科学的一个分支。也正是因为它来自生活实践，在得到深入研究并发展壮大后，最终的目标就是回到生活实践中去，以提高我们的生活水平，创造更美好的生活。所以，化学教学最终的目标就是要回到生活中去。人的智力发展是多元化的，也是各有所长的，教育的本质就是要培养人，"适性求是，成人幸福"就是要顺应各人天性、发展个性；是面对真实的教育环境求合适定位，顺其所是，求其所是，成其所是；是成就小我，立己达人，知幸福奥秘，具幸福能力，享幸福快乐。因此我的教学中主张：不同的学生在"回到生活中去"的目标中分三个层次。

（一）初级目标：增长学生的见识，少交"智商税"

贯彻"化学从生活中来，回到生活中去"的教学主张，我在课堂上使用了大量与生活相关的小知识，如国内外自来水消毒的试剂、方法的区别和优劣；布料的成分以及性能；食品添加剂的性能与危害；海水淡化的方法与途径；洗涤剂的分类与功能；等等。给学生贯彻一种态度：虽然你以后不一定在化学方面深造，但作为一名有知识、有文化的未来大学生，你必须要懂得一些化学知识，以免交高额"智商税"——绝对不可以出现如几年前，日本核泄漏事件中，去超市抢购食盐的情景，或被他人用黄铜当黄金给骗了等情景。提倡学以致用，增长学生的见识，提高学生的公民素养。适个人之性，成就小我，具幸福能力。

（二）中级目标：锻炼学生的化学思维，培养化学学科素养

化学源于生活实践，造就化学是一门以实验为基础的科学。加上基于培养学生的化学学科素养要求，我的教学经常由创设情境与实验设计相结合来锻炼学生的化学思维。学生带着解决生活中问题的迫切心情，参与到实验设计中去，当问题解决后，成就感油然而生。在创设情境与实验结合的教学探究中直接培养学生的"科学探究与创新意识"素养，这个过程也可以间接培养学生"证据推理与模型认知""变化观念与平衡思想"等素养，更进一步培养学生"科学精神与社会责任"的素养，达到培养学生化学学科素养要求。适个人之性，求其所是，成就小我，具幸福能力。

（三）高级目标：树立学生化学学科目标，为化学创造美好生活贡献力量

在2012—2013学年度的高二，我除了带理科班的化学，还带了2个文科班的化学学业水平课程。文科班教学任务不重，而且授课内容是化学与生活，我就更加"放飞自我"，在课堂中插入更多与生活相关的知识：在果汁、奶茶、糖果等学生最爱的食品中可以添加的食品添加剂有哪些种类；常见各种药物的使用禁忌；各类维生素的功能以及何种食物中富含某种维生素等。结果突然有一天，有位女生跑过来跟我说："老师，为什么你高一的时候不是这样上课的？

你要是这样上课的话，我肯定就选理科，读化学。"我一愣，回头深入思考：我为什么在文科班上这么贴近生活地讲课，引起学生对化学的兴趣，甚至使学生树立化学学科的学习目标——更深入研究化学？因为我狭隘地认为，教学任务轻，可以多让学生了解化学服务生活、服务社会的实际情境。为什么不将教学任务与之有机地结合在一起呢？如此一来，学生既能掌握化学知识，应对各种考试，又能从心底对化学这门学科感兴趣。潜移默化间，学生树立化学学科目标，为创造美好生活而努力进入更高层次的学习，进而成为"让化学回到生活中"的年轻一代生力军。因此，我一直在这条道路中探究将两者有机结合的教学方法。几年以来积累了相对丰富的教学案例，为此2023年申请市立项课题"基于情境的高中化学探究式教学实践研究"，决定深入研究化学情境融入教学的框架、方法以及实验的结果和评价方法。希望能将其推广，培养更多的化学研究生力军。适个人之性、社会之性，成就小我，立己达人，具幸福能力，享幸福快乐。

五、他人眼中的我

（一）同行眼中的我

"藕" 有三心

庞达藕是我唯一一位名字里有"藕"字的朋友。她是一位善良又热心的宝藏老师：不仅在理论教学上独树一帜——擅长将创设情境与实验设计有机结合，在教学实践上也颇有心得。

1. 对待教学——用心

用心教学一直是她的原则。庞老师有一种"特异功能"，总能把千丝万缕的小知识点梳理得井井有条。这用心是由背后的留心、细心、费心交织而成的。

2. 对待学生——耐心

不同学生在接受一个新知识点的时候往往接受能力会有很大的差异。一教就懂、一点就会是所有老师的梦想，但实际上，那仅仅是梦想。最后能行之有效给予学生帮助的往往不是渊博的知识，而是不急不躁的耐心。庞老师就擅长和风细雨般对学生进行循循诱导，总是从不同的角度、用不同的方式耐心地向学生们解释同一个知识点。

3. 对待同事——真心

在庞老师的带领下，2021届的高三化学科组各组员之间关系十分融洽。周测，庞老师会提前加班加点把试卷做成课件，给全组老师上课使用，提醒大家哪个题错误率高，应该特别强调什么方面的知识点。带领全备课组齐头并进。没有私心，没有偏心，只留真心和关心，相处就自然开心、省心。

教师这个职业就是那么简单又有意义，我相信庞老师能继续在教书育人的道路上寻找属于她自己的人生价值。

东莞市第一中学　　何少萍

（二）学生眼中的我

高中毕业多年，大学也没有选择化学专业，很多化学知识都忘了。但是在有人向我推销某些产品的时候，我总会下意识想想，有这个功能吗？我是不是又要交"智商税"？庞老师所教知识可能已经忘了，但是素养还在！

东莞市第一中学 2014 届毕业生

高中毕业时，很多人让我不要选择化学，更不能选择材料专业，但是我还是义无反顾的踩进了这个"坑"。我想虽然我暂时无法像庞老师所说的那样在某个领域中创造出新的奇迹，但我也可以试着去做一点儿基础研究，哪怕是改良一点儿也是好的。

东莞市第一中学 2015 届毕业生

点　评

"从生活中来，回到生活中去"，这既是化学学科的来龙去脉，也是庞达藕老师课堂教学的指导思想和独特风格。庞老师用心对待教学，耐心对待学生，真心对待同事。所选教学实例简洁剖析自己的教学主张分三个层次目标，很好地体现了自己的教学风格，让人眼前一亮。

广东第二师范学院教授　　闫德明博士

研究事物之理，培养有用之才

邢星（高中物理）

📝 **个人简介**

邢星，男，硕士研究生学历，东莞市第一中学物理科组长，中学高级教师，东莞市物理教学研究会（第九届）理事，东莞市第二批高中物理教学能手，东莞市第五批高中物理学科带头人。曾获教育部"一师一优课、一课一名师"活动部级优课、广东省中学物理教研论文评选一等奖、东莞市物理教师教学大赛一等奖、东莞市高中物理优课评选一等奖等奖励，在学术刊物上公开发表多篇有关中学物理教学研究的论文。

一、我的教学风格解读

研究事物之理，培养有用之才

物理是一门以实验为基础的自然科学，大到浩瀚宇宙，小到基本粒子，都在物理学科的研究之列。研究事物之理，是作为物理老师需要从事并引导学生去做的事情，并在研究事物的产生原因、工作原理等过程中增长物理知识，提升科学素养。党的十八大提出，"把立德树人作为教育的根本任务，培养德智体美全面发展的社会主义建设者和接班人"。培养有用之才，是教师的职责所在，我们要培养社会主义建设者和接班人。

认识物理原理、解释物理现象及解决物理问题的过程是锻炼和提高学习者思维能力的过程，也是学习者认识世间万物、建立正确世界观的过程。在给学生讲解牛顿第二定律、动能定理、动量定理等物理规律时，我会让他们在认识这些规律表达式的同时，引导他们体会其中的因果关系。因为物体受到力的作用，物体才能获得加速度；因为外力对物体做功，物体的动能才能改变；因为外力对物体有冲量，物体的动量才会改变。在给学生讲解这些物理原理的时候，我会让学生在物理原理的学习中体会因果关系，培养物理思维。同时，我也会适时联系学生的成长过程，在潜移默化中让他们体会到，如同做正功可以增加物体的动能一样，付出努力一定会有回报。同样的道理，我们为国家做出越多贡献，国家也会越强大。作为老师，我们需要紧跟时代发展，关心学生的健康成长，努力将学生

培养成中国特色社会主义需要的有用之才。

二、我的成长历程

（一）模仿和学习：努力学习，积极参加各项活动

参加工作的最初几年，我虽然对教师工作有着满腔热情，但教学经验非常有限，能基本讲明白物理知识，但很难将物理知识、方法与众多事物联系起来，也难以从更高层次来提炼其本质。科组内有些老师的课很受学生欢迎，教学内容很有深度。于是，我经常在上课前先去听他们的课，听完课后我也依葫芦画瓢，讲解过程就更容易被学生接受。这些年，我还听了语文、数学、英语、生物、历史、综合实践等课程，现在讲课时往往不知不觉就参考了同行们的讲课方法，有时已难以分辨出哪些是我从别人身上学来的方法。

前些年，能参加的各种比赛我几乎都参加了，例如，省论文比赛、市优质课比赛、市优课微课比赛、市论文比赛、校青年教师基本功大赛、校班主任专业能力比赛、校班主任工作论文征集比赛等。参加各种比赛也是不小的挑战，但这种挑战正好可以鞭策我奋力前行。

总结前些年的工作，我从经验丰富的同事身上学习物理教学设计，学习板书书写，学习谦逊的处世和做学问的态度，学习如何做班级管理；从很多年轻同事身上学习各种新技术的应用以及更为注重品质的生活态度；我也从外校老师的公开课、比赛课、发表在学术刊物上的论文中学习各种新的教学和研究方法，让自己不断提高。

（二）积累和提升：认真研究，提升教学专业水平

在物理课堂教学方面，为了让学生能够更专注、更高效地学习物理，我会总结同一类型的物理问题，引导学生分析这些看似完全不同的题目，从中找出关键知识或方法的相同本质，从而触类旁通，举一反三，现在很多高考物理题并非难在计算过程，而是难在如何将题中给出的实际情景转化成物理模型，简单点说，即学生要能透过纷繁复杂的表象看出其本质。

在教学测试命题方面，为了让教学测试更具有检测价值和方向指导作用，在轮到我出题时，我会在组好题之后，一边解题，一边检查可能出现的文字错误、题目实际解答难度过大、配图不够清晰等各种问题，修改替换之后再去印刷，如果时间充裕我还会先打印出来，检查之后再去正式印刷。

在课堂教学之余，我也会记录一些教学工作心得，撰写物理教学方面的论文。我曾经对实验探究、高效课堂、问题解决等课题比较感兴趣，便花时间专门研究了这些问题，并结合教育学理论撰写论文并投稿，公开发表在物理教学类刊物上。在撰写论文的过程中，由于要学习各种教育心理学知识以及其他人已经做过的相关研究，所以，我也学到了更多的理论知识和实践经验，同时，我也会应

用这些知识来指导学生学习。

（三）沉淀和升华：做好教育，重视学生核心素养

参加工作的最初几年，我更关注自己的教学基本功，努力将课讲好，希望学生喜欢听我的课，能听懂我的课；之后几年更关注学生的物理专业素养，希望在我的指导下，学生的物理知识和解题能力能得到高效提升；如今我更关注学生的综合素养，希望学生能成为社会有用之才。

"立德树人"是教育的根本任务，我们需要培养德、智、体、美、劳全面发展的社会主义建设者和接班人。学生不仅要学会物理知识，能解释身边物理现象，解决物理问题，还要提高科学素养，建立正确的价值观和人生观。《普通高中物理课程标准（2017 年版）》实施以来，物理学科核心素养逐步深入人心。如今，我在讲解物理知识的同时，也会更注重培养他们物理观念、科学思维、科学探究、科学态度和责任四个方面的素养，"为学生的终身发展奠定基础，促进人类科学事业的传承与社会的发展"。

三、我的教学实例

探究安培力

（一）教学设计总体思路

探究安培力内容主要包括探究安培力的方向、探究安培力的大小这两部分。教学内容始于学生对"隔空拳"的疑问与好奇，探究过程立足教材但不局限于教材，发散学生思维，让学生从更广阔的视野中解决实验中的问题，我与学生在实验探究过程中一起设计、改进实验方案，得出实验结论，并根据实验结论思考安培力在电磁炮这种新型武器中的拓展应用。

（二）教学目标

基于本节课的教学设计思路分析，实验探究过程，特别是实验设计和改进的思考、探索过程是该节课的主题，我将教学目标设置如下：

（1）通过实验认识安培力的方向与什么有关，能应用左手定则判断安培力的方向。

（2）通过观察安培力大小的演示实验，了解定性、定量研究安培力大小的方法。

（3）理解教材中的实验设计思路，并自主思考、探索和设计实验改进方案。

（4）从授课老师和其他研究者们的实验方案中体会探索的乐趣和困难，体会安培力在生活和科技上的应用，认识安培力知识的意义和价值，培养参与科学研究的志趣。

（三）教学重难点

重点：左手定则，设计实验并改进实验方案。

难点：设计实验并改进实验方案。

（四）课前准备

查阅搜索物理教学和实验研究类刊物，了解教育研究者们对本节课的各种创新设计，通过文章了解他们在实施课堂教学和设计实验方案时所经历的困难以及解决方法。

（五）教学过程

1. 引入新课

从生活中一种神奇的"武术"引入新课：教师表演"隔空拳"，先用拳头直接隔空"打"悬吊于空中的通电线框，线框静止不动；然后趁学生不注意，将一强磁铁藏于拳头之中，再用拳头隔空"打"通电线框，线框立刻摆动起来。让学生在对此现象感到惊奇的过程中，产生探究安培力的强烈兴趣，从而引入新课。

师：大家听说过"隔空拳"吗？

生：听过，但没见过。

师：今天我给大家表演一下"隔空拳"。呃，线框怎么没动？

生：（哄笑）

师：可能刚才力气不够，我伸展一下胳膊，再来试试。（线框向前运动了）

生：（惊叹）

2. 新课讲解

（1）探究安培力的方向。

①实验探究。

师：安培力的方向与哪些因素有关？如何设计实验？实验中如何改变磁场的方向和电流的方向？

学生结合思考讨论。

为简化问题，仅探究当导体棒与磁场方向垂直情况下安培力与磁场及电流方向的关系。

为获得更明显的实验效果，我使用实验器材——安培力演示仪（见图22-1），通电后导体棒可以在安培力的作用下向左或向右滑下轨道，虽然安培力小，但实验效果非常显著。

学生思考如何改变磁场方向和电流方向，并提供实验操作方法，教师动手操作演示。

师：如何改变磁场方向？

生：将图示N极、S极对调。

师：如何改变电流方向？

生：将两接线柱连接的导线对调。

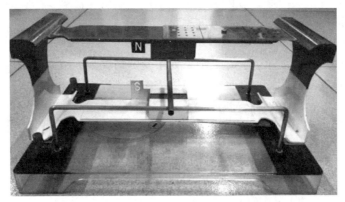

图 22 - 1　安培力演示仪

通过更换正负极接线和改变磁场方向，可以得到四种组合方式，做四次实验，分别操作得到实验结果（见表 22 - 1），结果表明安培力的方向与磁场方向和电流方向有关，安培力的方向既垂直于磁场方向，也垂直于电流方向。

表 22 - 1　实验结果

磁场方向	直导线电流方向	安培力方向
竖直向下	垂直于纸面向外	水平向右
竖直向下	垂直于纸面向里	水平向左
竖直向上	垂直于纸面向里	水平向右
竖直向上	垂直于纸面向外	水平向左

②左手定则。

学生阅读书本上有关左手定则的内容，阅读完成后，教师提问学生对左手定则的理解，让他们拿出左手展示判断方法，教师纠正或完善学生认识的不足之处，典型的问题有：左手没有完全展开，大拇指与其余四指不垂直，大拇指与其余四指不在同一平面以内等。

学生根据教材中提供的四种情形，使用左手定则去判断安培力的方向，熟悉左手定则。教师还可以建议学生比较左手定则与刚才的探究实验结果，加深对左手定则正确性的认识。

（2）探究安培力的大小。

师：安培力的大小可能与哪些因素有关？

生：电流的大小、通电导线的长度、磁场的强弱、磁场方向与电流方向关系等。

仍然使用安培力演示仪来做实验，思考如何改变电流的大小和通电导线的长度，由学生设计实验方案，教师引导学生采用控制变量法做实验设计。为简化问题，探究实验仅关注磁场与电流方向垂直的情况。

①定性研究。

仍然使用安培力演示仪，在其他条件不变的情况下，改变输出电压或者改变电路中的滑动变阻器阻值，从而改变导体棒中的电流大小，演示实验，得到实验结果：同样从静止开始加速等长距离，电流加大以后，导体棒获得更大的速度。实验结果表明，在其他条件不变的情况下，电流越大，导体棒所受的安培力就越大。

师：如何改变通电导体棒在磁场中的有效长度？

生：改变两导轨间距。

师：如果实验装置可以进一步改进，还有什么办法可以改变通电导体棒在磁场中的有效长度？

生：增加磁铁的个数。

②定量研究。

对于定量研究，教材中未给出明确的实验方案，教师可以引导学生自行设计实验方案。例如用弹簧测力计悬吊起一通电矩形线框，矩形线框下端置于 U 形磁铁的磁场中，线框受到的安培力在竖直方向上，因此便于用弹簧测力计测出线框所受拉力，通过计算可以得到安培力大小，实验中改变电流大小和线框的绕线匝数，分别得到安培力大小与电流大小和导体长度的关系。

师：此实验方案也存在一些不足，比如电流小、磁场弱，导致安培力过小，弹簧测力计难以达到实验精度的要求。如何改进？

生：测电流的仪器可以换成电流传感器，弹簧测力计可以换成力传感器。

引导学生继续思考，若不测拉力，是否还有其他合适的方案，学生可能会在教师的启发下想到用台秤来测量导体棒对秤盘的压力，或者是磁铁对秤盘的压力等方法来设计实验方案。

（3）课堂练习。请判断图 22-2 中各电流所受安培力方向。

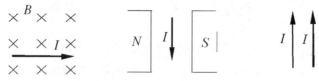

图 22-2　各电流所受安培力方向

（4）拓展应用。

拓展应用 1（面向所有学生）：依据磁场对电流会产生作用力的原理，可制造一种新型武器——电磁炮，请你分别从动力学和功能关系这两种角度解释电磁炮的工作原理，并思考如何使炮弹飞出时获得更大的速度。

拓展应用2（面向对此问题有兴趣的学生）：上网搜集电磁炮的研究进展资料，谈谈你对电磁炮改进设计的想法，写一篇小论文。

（六）课后总结与反思

本节课，我首先通过"隔空拳"激发学生对安培力的探究兴趣，然后，我与学生一起设计实验方案、改进实验方案、得到实验结果。在探究实验的过程中，引导学生采用控制变量法，让他们体验定性研究、定量研究这两种研究方法；在定量研究中，引导学生思考如何改进实验方案以获得更准确的实验结果；在设计和改进实验方案时，引导学生体会科学研究中发现问题、解决问题的探索过程，体验探究的乐趣；在对左手定则的教学中，纠正学生对左手定则理解的不完善甚至是错误之处，通过实例巩固强化；在电磁炮的拓展应用中，引导学生认识安培力知识对科技发展的贡献和意义所在。学生在设计与改进实验中掌握科学探究的方法是我本节课教学的着力点。

四、我的教学主张

教学相长，快乐成长

在班级管理方面，刚开始做班主任时，常想着要管理好班级纪律，跟好每一个学生，让他们认真听讲，努力考取好成绩。感觉很多时候自己就像是在催促，甚至逼着学生赶紧学习一般，想尽办法让他们不要浪费大好时光，为了心中的理想而努力奋斗。工作了几年之后，我开始反思自己的教育管理方式，我不应该只是督促孩子们学习的人，更应该成为孩子们成长路途上的一位保持适当距离的朋友：当他们感觉迷茫时，我要给他们指明道路；当他们感觉开心时，我为他们祝福；当他们感觉失落时，我帮忙开导；当他们偶有犯错时，我给予包容和提醒。我不再只是劝他们努力学习，而是让他们做好自己，为以后的人生做好准备，培养顽强的意志力、乐观的心态。在人的成长历程中，培养这些优良品质比知识的增长更重要。

在物理专业方面，我注重对学生学习兴趣和科学态度的培养。物理科目和生活实际联系紧密，例如讲解牛顿第三定律时，我会通过各种趣味实验来激发学生的学习兴趣，之后引导学生先后通过定性实验、常规定量实验和传感器定量实验来研究作用力和反作用力的大小关系。在这个过程中，学生不仅会被物理的魅力所吸引，而且还能在研究过程中培养科学态度。教师需要具备足够的专业知识，才能教授学生掌握这些知识。在新课程改革已实施多年的今天，教师只依靠储备足够的知识来教学生恐怕还不够，教师需要和学生一起学习，一起探究，在获取知识的过程中，培养学生的科学态度和科学探究能力。

五、他人眼中的我

（一）专家眼中的我

邢星老师，专业精湛，所教的物理课深受同学们的喜爱；凝聚力强，带领学校的物理教师一起努力奋斗，将物理教研组建设成为东莞市品牌科组；甘为人梯，助力学校青年物理教师在专业上快速成长，站稳讲台；勤于研究，发表多篇学术论文，开展学术讲座和课题研究；乐于助人，热心为同事排忧解难，为同事们辨析网络上流传的不科学言论。

广东省高中物理正高级教师　　张峰

（二）同行眼中的我

邢老师求真务实，能胜任物理科组长，在他的带领下我们科组氛围和谐，多次被评为优秀科组。在日常工作和生活中，邢老师性格温和、乐于助人，是我的良师益友。

东莞市第一中学物理教师　　王笑天

（三）学生眼中的我

邢星老师是一位治学严谨、平易近人的老师。课堂上，每当遇到情境复杂的物理问题时，老师总会运用无实物演示或图像结合的方式让我们将问题分析得更加透彻；课后，他也总会十分有耐心且有针对性地为同学解答问题。最让人触动的是每次大考后，老师总会主动提出可以去找他分析考试时出现的问题及薄弱点。所以，在我眼中，邢星老师就是这么一位认真负责、关怀同学、幽默风趣而又可亲可敬的老师。

东莞市第一中学 2023 届毕业生　　朱林香

邢星老师已经教导我三年，他的教学风格新颖独特。他善于搭建抽象的虚拟模型，让学生跟着老师一同思考探索问题，让枯燥的物理课多了几分趣味。邢星老师不仅教学好，而且拥有良好的品格。面对大家提出的问题，他总会耐心指导，并主动帮助物理基础薄弱的学子，是为人师表的好老师。

东莞市第一中学 2023 届毕业生　　吴宏杰

点　评

在同事们的眼中，邢星老师专业精湛，勤于研究，而且凝聚力强，甘为人梯。在学生眼中，他治学严谨又平易近人，严格要求又耐心指导。"究事物之理，育有用之才"是邢老师教学风格的生动写照。

广东第二师范学院教授　　闫德明博士

为思想寻方法，为方法觅归宿

欧品质（高中生物）

个人简介

欧品质，男，中共党员，高中生物一级教师，东莞市高中生物教学能手，东莞市高中生物竞赛优秀指导老师，华南师范大学和伊犁师范大学硕士研究生实践导师，市中生会中心组成员，东莞市高中生物学创新实验比赛和实验精品课评审专家。曾获省青赛东莞赛区第二名，获命题比赛、实验说课和微课比赛市一等奖。有八篇教学论文在省、市获奖，其中，《科学设问成就高效生物课堂》获省一等奖、国家二等奖；在专业期刊发表专业论文五篇，其中，《基于模型构建的生物学"实验思路"突破策略》发表在核心期刊《中学生物教学》；参编专著一部；参与市级课题四个。教学案例曾获省一等奖，并收录于《广东省基础教育优秀在线教学案例集》；实验教学课例获评省级实验精品课。

一、我的教学风格解读

基于真实情境的问题导学

2009 年，带着无限憧憬，信步迈入东莞市第一中学的大门，开启我的教师职业生涯，与学生风雨同舟，努力为思想寻方法，为方法觅归宿。经过近十四载的探索和沉淀，从忐忑登台到站稳讲台，再到站好讲台，逐渐形成自己的教学风格——依托真实情境，运用问题导学，促成深度学习。

生物学课堂不应该是干瘪又简单地传授生命现象和生命活动规律，而应该是有血有肉、生动活泼地生成概念、形成观念，切实提高学生发现问题、分析问题和解决问题的能力，发展其核心素养。如何让生物学课堂生动活泼起来？一个有效的方法是将人类已有的社会实践成果转化为教学材料，将知识具体化和活动化。将知识具体化、活动化的手段之一是赋予知识以诞生、实证和应用的贯穿性情境，让学生简单重历科学发现的关键环节，进行项目式学习。从来源上看，情境可为科学史情境，亦可为学生的生活情境，亦或是现代科技前沿情境。学生学完生物学课程后，知晓知识、方法与技能的产生、发展、完善和应用的相关内涵，即赋予知识以意义，生物学课堂自然变得有血有肉、生动活泼。

建构主义理论认为，学习不是一个被动接受的过程，而是一个主动地自我建构的过程。建构知识不是无序的放任自流，而是需要科学地引导。问题导学法是一个很好的引导方法。通过角度多元、问法多样、层次分明、逻辑递进的问题串，辅助学生建构概念，发展观念，进而形成信念。

更为多见的课堂模式是将生物学现象和规律传授给学生，然后再举例说明，最后以习题巩固。此类教学模式为浅层教学，学生仅能获得简单的陈述性和程序性知识，不能有效发展学生核心素养，更不能转化为学生解决现实问题的能力。我认为，知识固然重要，但人类获取知识的方法更重要。学生只有同时拥有知识和发现知识的方法，才具有创新能力，才能面对未来的未知挑战，解决新问题，推动人类进步。所以我推崇拓展学生视野、加强学科关联和发展高阶思维的深度学习，这样的教学方式才能在贴切学生已有知识、经验、技能和认知能力的基础上，切实提高学生分析问题、形成方案和解决问题的能力，最终实现立德树人的教育宗旨。

二、我的成长历程

由表及里，由浅入深：恋形—迷技—崇真

时光荏苒，如白马过隙，刚离开大学的情景还历历在目，蓦然回首，我已在高中生物教师岗位耕耘十四载，华发渐生。经过十四年的磨炼，我日趋成熟。回顾过往，我将自己的成长历程总结为三个阶段：恋形、迷技和崇真。

（一）恋形

2009年6月，离别西南大学，走上新的岗位，成了东莞市第一中学的一名生物教师兼班主任。走上教学岗位之初，紧张、忐忑而茫然。在班级管理上，我采用"偷师学艺"与"拜师学艺"相结合的办法，默默观察隔壁班班主任的一举一动，经验丰富的教师做什么我就效仿什么，有迷惑就向他们请教，效果良好，第一届学生顺利毕业。教学方面，我虽初出茅庐，但深知"亲其师，信其道"的道理，首先考虑让学生亲师，即想办法吸引学生。为了达到亲师目的，我在穿衣打扮上尽量端庄得体；在工作态度上，精心备好每一节课；课堂上，尽量幽默、激情、深入浅出，让学生在轻松愉悦的氛围中学好生物，成绩突出，爱上生物学；情感上，多走近学生，关爱他们，充满亲和力；以"拿来主义"为指导，勤听优秀教师的课，努力模仿其教学方法，体悟其教学理念。经过以上的努力，我个人的教学风格深得学生喜欢且教学成绩优异。这一阶段迷恋模仿，浅得其形却未深入其髓。

（二）迷技

反思第一阶段的得失我发现：班主任工作虽能平稳过渡，但事无巨细，躬身

为之，并不轻松，不具有可持续发展性；教学工作方面，我虽受学生喜欢，教学效果很好，但取得好成绩的原因是大部分学生喜欢自己而投入大量时间学习生物换来的，这种高投入、高产出的模式不是我想要的，不利于学生综合实力的提升。为了高效管理班级，我阅读了《班主任兵法》等大量关于班级管理方面的书籍，学习各种管理技巧，提高班级管理能力。简政放权，努力构建学生自主管理机制，放过自己的同时，促进学生成长。在教学方面，我努力听课，听本校老师的、听外校老师的、听专家的课，重点集中在听教学思路，听各环节的处理技巧。阅读各种文献，学习各种教学技巧。在众多教学法中遨游，欣赏它们，学习它们，不断提高教学技巧。在本阶段，为展示自我学习成果，评价自己能力发展情况，我积极承担大量公开课，获师生好评，教育技术和教学艺术不断得到提高。本阶段，我还参加很多教育教学比赛，获很多荣誉和表彰，更重要的是，形成了自己的教学风格——基于真实情境的问题导学法。明明白白教书，并且不断建立自信。

（三）崇真

教育的本真是促进学生发展，使学生获得知识和技能，发展学生的思维能力，同时，使学生获得成就感、自我价值感和幸福感。对此，可通过真实发生的学习来促进学生的发展，进而立德树人，为国育才。我努力将德智体美劳渗透生物课堂中，并不断提高学生的自主发展力。学生的发展以教师的发展为前提，为提高教学和育人能力，我开始做大量教育教学研究，期待发现教育教学的本质规律。竭力将良好的教育教学效果转化为优秀教学成果，并发表推广，努力成了一个学者型教师。正如"独乐乐不如众乐乐"一样，一个人成长不如带动大家一起成长。

教育的本真还在于追求平衡，我们需要在教育与教学、工作与家庭、教学与教研之间努力追求平衡，唯有平衡的教育才是幸福的教育，也只有平衡的人生才是幸福的人生。

三、我的教学实例

（一）教学目标

（1）通过 DNA 和 RNA 物理模型结构来建构核酸是由核苷酸组成的长链的概念模型，发展学生模型与建模和归纳与概括的科学思维。

（2）通过分析核酸结构与功能的关系，发展学生的结构与功能观。

（3）通过鉴别核酸广告真伪和比较古现代亲子鉴定方法的科学性，批判伪科学，宣扬科学的保健知识，发展学生社会责任核心素养。

（二）教学重难点

（1）核酸是由核苷酸连接而成的长链概念模型和物理模型构建。

（2）DNA 和 RNA 的区别与联系。

（三）教学过程

1. 课前准备

教师活动：教师准备分别代表磷酸、核糖、脱氧核糖、含氮碱基和化学键的圆形、五边形、长方形和小条带彩色纸片。提前制作 PPT 课件，指导学生进行课前预习和分组。

学生活动：课前预习，课前对班级学生进行分组，每组 4 人，将组员的桌椅并在一起方便小组合作学习。

设计意图：课前准备，节约课堂时间，提高课堂效率。

2. 导入

教师活动：播放古代亲子鉴定方法（滴血认亲）视频，然后 PPT 介绍现代亲子鉴定技术（DNA 分子杂交技术）。问学生哪个更科学？为什么？告诉学生答案暂时不揭晓，学完本课内容后，大家便会明白。

学生活动：学生小组讨论两种亲自鉴定的科学性，并组织语言回答。

设计意图：亲子鉴定是学生特别感兴趣的话题，以学生感兴趣的情境导入新课，可提高学生的学习兴趣，从而提高课堂参与度。同时，发展学生辨别伪科学的社会责任核心素养。最后设置悬念，激发学生进一步学习的动力，顺利导入新课。

3. 核酸的种类和分布

教师活动：教师提问：现代亲子鉴定技术与核酸有关，那核酸是什么呢？请学生自主阅读人教版生物学必修 1《分子与细胞》（2019 版）34 页第二自然段内容，了解核酸的种类和分布。

学生活动：自主阅读课本，总结核酸的种类和分布。

设计意图：提高学生自主学习能力，为终身学习打基础。

4. 核酸是由核苷酸连接而成的长链

教师活动：教师提问：广告中说饮食补充特定核酸可治疗基因缺陷疾病。补充特定核酸真的有用吗？我们正常人有必要从保健品中获取核酸吗？

教师提问：食物中的核酸是如何转变成我们细胞中的核酸呢？首先食物核酸在消化道中初步水解成什么？然后再彻底水解成什么？

教师提问：细胞吸收磷酸、五碳糖和含氮碱基后如何利用它们合成我们细胞的核酸呢？在细胞中合成的核酸和食物中的核酸相同吗？给学生信息：DNA 水解的过程可以看成 DNA 合成的逆过程。让学生用教师提供的材料（彩色纸片制作的磷酸、脱氧核糖、核糖、含氮碱基和化学键）分组分别制作 DNA 单链和 RNA 单链物理模型。在该过程中，引导学生一起分析发现 DNA 是由脱氧核苷酸组成的长链和 RNA 是由核糖核苷酸组成的长链，然后归纳概括出核酸是由核苷酸连接而成的长链的概念。

学生活动：学生只需简单思考就能回答：不需要。

学生思考核酸在消化道中初步水解和彻底水解的产物是什么。结合 PPT 信息，发现核酸（DNA 和 RNA）初步水解成核苷酸，然后彻底水解为磷酸、五碳糖和含氮碱基。在学习过程中形成核酸的体内合成可能是水解的逆过程的初步意识。小组合作制作 DNA 和 RNA 物理模型（见图 23 - 1）。归纳概括出核酸是由核苷酸连接而成的长链的概念。

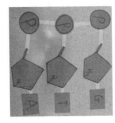

图 23 - 1

回答：食物中的核酸与人体合成的核酸不同。

设计意图：设疑生趣，发展学生识别伪科学、宣传正确科学知识的社会责任。

通过运用问题导学法，科学设置问题串，让学生在完成一个个任务的过程中，发现核酸在消化道水解的过程和在细胞中合成的过程，注重与学生现实生活的联系，使学生有亲临其境的感觉。通过核酸物理模型的制作和进一步归纳与概括出核酸概念模型的过程，发展学生的科学思维。

5. 核酸是遗传信息携带者

教师提问：利用老师提供的材料，同学们最多可以制作出多少种由 5 个核苷酸组成的 DNA 和 RNA 单链？

教师提问：这 4^5 种 DNA 或 RNA 之间的区别是什么？提供两种片段，引导学生逐一比较，引导学生发现是碱基排列顺序不同。告知学生这就是遗传信息，遗传信息就在 DNA 和 RNA 上，所以核酸是遗传信息携带者。

现在，同学们知道为什么 DNA 分子杂交技术比滴血认亲科学了吧。

学生活动：学生小组合作，思考并尝试制作多种 DNA 和 RNA 单链模型后，发现都可以得到 4^5 种。

学生发现是碱基排列顺序不同。

请学生回答。

设计意图：通过问题串引导，发现核酸是遗传信息携带者的事实，并发现核酸的多样性和特异性，辨别滴血认亲的伪科学和 DNA 指纹技术进行亲子鉴定的科学性，发展学生辨别科学与伪科学、宣传科学文化知识的社会责任。

6. DNA 和 RNA 的比较

教师活动：教师在 PPT 中呈现 DNA 和 RNA 对比的表格，教师逐个提问，请学生回答 DNA 和 RNA 在中文名称、基本组成单位、五碳糖、含氮碱基、携带遗传信息与否和链的条数等方面的区别和联系。

学生活动：主动回答 PPT 表格中 DNA 和 RNA 比较的相关知识。

设计意图：通过师生互动的方式对学生进行学习效果评价，促进学生的发展，建立自信人格。

7. 课堂小结

教师活动：带领学生一起总结：元素—磷酸、五碳糖和碱基—核苷酸—核酸的层次关系，最终得到核酸是遗传信息携带者的概念。

课后活动：利用教师提供材料，课后制作多种核酸单链模型。

学生活动：和教师一起总结本课主要内容。

设计意图：总结课堂，加深知识的理解和记忆。总结的过程也是进一步评价学习效果的过程。通过课外的进一步探究，深入理解 DNA 结构的多样性和特异性，为后续学习打基础。

（四）教学反思

在深度学习的理论指导下，通过创设贴近学生生活的真实情境——食物中核酸大分子在消化道内逐步水解为小分子，以及这些小分子进入细胞后逐步合成自身核酸大分子的双向真实情境，通过物理模型的构建，形成 DNA 是由脱氧核苷酸组成的长链和 RNA 是由核糖核苷酸组成的长链的概念，进而运用归纳和概括方法，生成核酸是由核苷酸组成的长链的重要概念。再通过 DNA 物理模型多样性构建活动，发现 DNA 的核苷酸排列顺序与遗传信息的关系，领悟 DNA 的多样性和遗传信息的丰富性的关系，生成核酸是遗传信息携带者的概念。

本课较好地发展了学生模型与建模、归纳与概括的能力以及批判性思维等科学思维；通过对核酸结构和功能的分析，发展学生的结构功能观；通过运用本课知识辨别核酸广告，培养学生辨别伪科学和宣传正确科学知识方面的社会责任。

四、我的教学主张

让深度学习真实发生的有效教学

经过十四年的实践、积累和沉淀，我逐渐明确了"让深度学习真实发生的有效教学"的教学主张。有效教学既注重学习的效率，也兼顾学习过程的情感体验。让有效教学真实发生的实践策略：通过创设科学情境、生活情境、科学史情境等生物学情境，以逻辑递进的问题串为引导来开展教学活动，促进生物学概念的生成，推进高阶思维不断发展，发展学生生物学核心素养。

（一）精创情境，确定课堂主线

生物学课堂是"生物"课堂，而不是"死物"课堂，要想生物学课堂富有生命力，必须创设生物课堂情境，让核心素养拥有滋生的土壤。生物学情境通常有科学史情境、生物科技情境和生活情境，这些情境均能让生物课堂变得有血有肉，充满生命色彩。好的科学史教学不是简单讲解科学家所做试验和结论，应该让学生亲临其境，重历科学家的心路历程，使学生像科学家一样思考问题、提出假说、设计实验、分析结果和得出结论。现代科技情境指的是反应生物科技进步的前沿成果。生物课堂若以科学史、前沿科技成果和贴近学生生活的真实情境为线索，使零散的概念由一条主绳牵引，将实现课堂浑然一体、生动多彩的效果，有利于聚集学生精神来参与课堂活动，同时还使生物学知识在学生脑中结构化，驱动知识体系的完整和完善。情境化、结构化、任务化、活动化的教学才是深度教学。

（二）精设问题串，促进概念建构

枯燥单调的讲授式教学难以俘获学生的心，这样的课堂通常被学生弃之如敝履。而将知识问题化能激活学生思维，激发学生兴趣，是深受学生欢迎的教学方法之一。通过精心设置问法多样、层层递进、逻辑合理、梯度适当、螺旋上升的问题串来引导教学，可让学生进入心流状态，并有效提高学生的思维能力。好的问题能促进学生思维由低阶向高阶的进阶，能让学生积极主动参与课堂活动，建构概念、发展能力和体悟价值。基于真实情境的问题能切实促进生物学概念的建构，进而形成观念。问题导学法是落实生命观念、科学思维、科学探究和社会责任核心素养的利器，唯有巧妙利用才能真正地提高学生的关键能力和必备品格。

（三）精组活动，提高学生兴趣

提高课堂参与度是一线教师孜孜不倦的追求，也是一个永恒的课题。如何在高中生物学教学中提高学生参与课堂的广度和深度？方法很多，问题导学法就是其中一种，除此之外，还有一种很好的教学法——体验式教学。实践研究表明，教师讲比不上学生说，学生说又不如学生做，学生做又不如学生指导别人做来得深刻。在教学中设置一些探究性和体验性活动能激发学生兴趣，提高学生参与课堂的广度，进而提高学生内化知识、概念和观念的水平。在教学的重点和难点环节，设置一些体验活动，能有效突出重点和突破难点。活动也是评价学生知识和能力发展水平的重要载体和手段。例如，在进行"蛋白质是生命活动的主要承担者"一节的教学时，开展学生利用球棍模型工具制作氨基酸结构模型的活动并演示氨基酸之间的脱水缩合过程，要求学生边演示边给同学们解说，能很好地突出重点和突破难点。喜欢玩、爱活动是孩子的天性，高中生也是孩子，通过活动让学生爱上生物课，增强学科情感，为将来进入生物学领域从事科学研究奠定基础。

（四）精研命题，提高学生解决问题能力

命题能力是高中生物学教师必备能力之一。一套好的试题要体现最新课程标准要求，促进学生发展，并体现国家意志。教师命制的试题能较好地反映该教师的教学理念和教研水平。目前的现状是社会更加重视教师教学能力的培养，而对培养命题能力的重视程度则相对不足，很多教师都是自己在黑暗中摸爬滚打，从而逐渐提高命题能力的。教师应该通过深入研究命题纲领性文件《中国高考评价体系》和高考真题，并进行对照研究，体悟高考试题落实课程标准的方法和技

术，体悟试题育人理念的落地方法，然后不断进行命题实践，把握命题方向，提高命题技术水平，造福学生，在提高学生解题能力的同时，提高学生解决问题的能力。

总之，我推崇基于情境的问题导学法，我要将之贯穿到每一节生物学课堂教学实践中，并在实践中不断完善，争取将教材的每一节内容都打造成基于真实情境的问题导学法精品课例。

五、他人眼中的我

（一）专家眼中的我

欧老师的课给我的感受是：他很有激情，教学有创意，善于创设真实情景，引导学生思维，师生互动，张弛有度，语言风趣幽默！在教学中能渗透思想品德，不仅教学而且育人！他的课堂就是品质课堂！

特级教师，东莞市麻涌中学副校长　　王更强

（二）同行眼中的我

欧品质老师，人如其名。他的课堂是真正有品质的课堂。他致力于践行大概念统领下的生物学课堂，课堂中注重情境创设，在真实情境中解决问题，以问题串为引导，在解决问题的过程中促进概念逐级进阶。同时欧老师还非常注重培养学生的科学探究能力，带领学生走进实验室，在课本实验的基础上进行改进创新，带领学生走进大自然，进行生物学研究，所以听他的课经常有耳目一新的感觉，他是一位才华横溢的品质教师。

东莞市第一中学教师　　彭卫

听欧老师的课，感觉东莞之行没有白来。欧老师课堂理念先进、互动充分，活动科学且富于变化。从课堂上学生的表现可以看出：学生和欧老师关系很好，应该很期待上欧老师的课。回校后，我将再次对欧老师的课堂和课件进行认真研究，总结规律并在学校推广。

河源市田家炳实验中学教师　　王超荣

（三）学生眼中的我

欧老师的课堂突出重点，条理清晰，细致入微。有时候老师短短几句话就能将课本的重难点剖析得通俗易懂，一些乏味的知识在他风趣幽默的讲解下更是变得生动有趣。课下的老师更是讨同学们的喜爱，总是三言两语就解决我的满腹疑问。虽然已经毕业了，但是我好想再说一句：老师，我什么时候能再上你的生物课啊！

东莞市第一中学 2021 届学生　　姚婉婷

很喜欢欧老师的课。在课堂上，欧老师讲课通俗易懂、亲切自然、循循善诱。欧老师是一个教学经验丰富且爱岗敬业的优秀教师。在生活中，作为班主任

的欧老师非常关心我们的身心健康。就算在周末时，老师也是一样地耐心，让人感觉如沐春风。总之，欧老师是一个亦师亦友、爱岗敬业的好老师。

东莞市第一中学 2024 届学生　　戈婉清

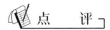 点　　评

欧品质老师的生物课堂有思想有方法，兼顾效率和情感体验，精心创设情境，善于问题导学。他通过情境的创设和逻辑问题串的引导，带领学生不断在最近发展区活动，像科学家一样在思考问题和解决问题中收获知识，提高素养。

广东第二师范学院教授　　闫德明博士

用科学的方法，感知生命的温度

彭卫（高中生物学）

📝 个人简介

　　彭卫，女，中共党员，西南大学生物科学专业，本科学历，东莞市第一中学生物学教师，中学一级教师，东莞市第三批教学能手，东莞市第一中学优秀教师、优秀班主任。曾获东莞市高中生物学品质课堂比赛一等奖，市高中生物学优课比赛一等奖，市高中生物学微课比赛一等奖，市高中生物学实验说课比赛二等奖；先后参与多项市级课题并结题，参与的两项课题分别获东莞市优秀教育教学成果一、二等奖；一节课例被评为省级优课，多篇教学设计获省一、二等奖，多篇论文发表。

一、我的教学风格解读

　　我的教学风格是"用科学的方法，感知生命的温度"。

　　在自然科学还没有充分发展的古代，人们对生物的五光十色、绚丽多彩迷惑不解，他们往往把生命和无生命物质看成截然不同、没有联系的两个领域，认为生命不服从无生命物质的规律，不少人还将各种生命现象归结为一种非物质的力。这些无根据的臆测，随着生物学的发展而逐渐被抛弃，生物学是自然科学中的一门基础学科，是研究生命现象和生命活动规律的学科。

（一）科学的方法

　　地球上的生物具有多种多样的形态结构，它们的生活方式千变万化。从现象到本质、从定性到定量的生物学研究离不开科学思维的方法和科学探究的过程。因此，在教学过程中，我主张让学生主动参与提出问题—获取信息—作出假设—寻找证据—验证假设—发现规律等过程，引导学生通过比较分类、分析综合、归纳演绎、抽象概括等科学思维方法，获得生物学知识，养成科学思维的习惯，掌握科学研究的思路和解决问题的方法。

（二）生命的温度

　　在一万个科学家眼中，有一万种科学之美；在生物学家眼中，生命的起源和人类来到世间的偶然性是为美。费曼如何欣赏一朵花？欣赏它厘米尺度的美，也想象花的细胞和其中复杂的运动，想到演化和昆虫眼里的色彩，科学知识只会增加你对花的兴味、神秘感甚至敬畏，这些不仅不会减损花的美，还会增进花的美。生物就是一切有生命的个体，小到如看不见的病毒，大到如上百吨的蓝鲸，每一种生物都有自己的生存之道，都为地球这个生物圈贡献着不可替代的力量。我认为每种生命都有自己的温度，在教学过程中，我致力于带领学生走进生命，感悟生命之美，探寻生命的奥秘，了解生物学的本质和规律，这一项项都构成了属于每种生命独一无二的温度，在进化的路上温暖前行。

二、我的成长历程

(一) 结缘生物

"十年之前，我不认识你，你不属于我……"提起笔，耳畔就想起了这首歌的旋律，2024 年是我工作的第十三年，不知不觉与教师这一身份的缘分已十年有余。德国哲学家雅斯贝尔斯在《什么是教育》一书中说："教育的本质意味着：一棵树摇动另一棵树，一朵云推动另一朵云，一个灵魂唤醒另一个灵魂。"不记得是从什么时候起，我就想当一名教师。也许就是从报考师范大学那一刻开始吧，也许更早。记得高中时期我的副班主任也是我的生物老师曾经跟我们说过，她觉得当老师是一份可以永葆青春的工作，因为老师每天面对的都是最单纯的孩子。也是因为我的生物老师，让我在填报志愿时毫不犹豫地选择了生物作为第一志愿，后来我如愿成为一名生物老师。

(二) 幸遇名师

"师者，所以传道授业解惑也。"教师这个行业的专业技能是硬核。进入一中，我的身份是老师，也是学生，首先要学习如何上好一堂课。自古名师出高徒。虽然我不是高徒，但我的师傅们却是名副其实的名师。付春梅老师是我的亲师傅，付老师课堂组织能力极强，知识传授如春风化雨，深受学生喜爱，很荣幸能跟付老师完成高一到高三的第一次大循环。她的每一节新课我都会去听，我就是她班级里的第 N 号学生，从付老师那里，我学会了上好一堂课需要充分的课前准备，需要详略得当的知识呈现，需要关注学生的状态并及时调整课堂节奏。这个阶段组织课堂教学，我更多的是模仿，模仿优秀的教师如何组织每一节常规课，这一阶段我没有特别突出的教学风格，课堂侧重追求知识的完整性、全面性。

另一位对我影响深远的是王更强老师。入职第四年才与王老师同在一个年级，作为科组长的他非常关心我们年轻人的专业成长。我第一次承担校外公开课便是在王老师的指导下完成的，还记得当时确定的课题是"观察根尖组织细胞的有丝分裂"。在磨课过程中王老师提出了几个核心问题，根据以往经验，这个实验时间紧、成功率低，学生无法观察到实验现象，体验感比较差，因此建议改进实验方案，调整课程内容，将知识准备放在课前，课堂时间留给实验本身，让学生有足够的时间一步步完成实验操作、观察实验现象。经过多次调整和打磨，最终课堂效果比较理想，也获得了听课老师的认同。王老师看问题总是高屋建瓴，注重思维引导、主张培养学生主动生成知识的能力。在他的影响下，我认识到上好一堂课除了传授知识本身以外，更应注重培养学生核心素养，课堂教学要立足于培养学生解决问题的能力，将课堂还给学生，让学生在课堂上充分发挥主体作用，汲取知识、解决问题、培养能力。

（三）追求真我

"世界上没有相同的两片树叶"。我的独特风格到底是什么呢？对于如何上好一堂课，我一直在不断地探索，在前辈的引领下，在自己十几年的实践中，我的体会也在不断变化，公开课也许是最好的成长印记。还记得第一次上公开课的情景，从教学思路到课堂落实，每一个环节都是在科组老师的帮助下完成的，上完课后我如释重负，但回头再看当时的课堂设计，我发现这个课不是自己的，缺少自己的风格和灵魂，这一节课也反应了这一阶段的我，完整但无趣。在第二轮教学循环时，我开始有意识地践行自己的教学理念，主要体现在让学生通过各种课堂活动主动生成知识，将课堂的主导权还给学生，这个阶段我的学生更爱生物课了。记得当时上的一节"果胶酶在果汁生产中的作用"的公开课，后来在"一师一优课"活动中被评为省级优课。直到现在，我都坚持每学期上一次公开课，以公开课为契机，将符合时代发展的教学理念融入课堂，结合自己的教学方法，用心打磨、精益求精，再把这种思路引入每一节常规课堂，属于我的教学风格渐渐形成。

生命不息，学习不止，成长向上。从以教师为主体到以学生为中心，从教好知识发展为培养好能力，从教人求知到教人求真……回望自己的工作生涯，还有许多需要成长的地方，不断学习专业知识、更新教学理念、精进教学技能、凝炼教学风格，认识自己的不足是成长的开始，我的成长在路上。非常感恩这一路走来有前辈们的引领、同事的陪伴、学生的爱戴，在这样的一中教学，我很幸福。

三、我的教学实例

"探究植物细胞的吸水和失水"教学案例

（一）教学过程

1. 提出问题，作出假设

教师引导：展示生活情境，引导学生讨论：

小实验：三杯萝卜条，一杯加浓盐水，一杯加淡盐水，一杯加清水，观察一段时间后萝卜条出现什么现象。

学生活动：通过小组讨论，提出问题。

如"植物细胞相当于一个渗透系统吗？""植物细胞发生吸水和失水的条件是么？"并针对问题作出假设。

教学意图：通过生活情境提出问题，将探究实验与生活现象相联系，体现探究的意义。

2. 初步探究

（1）设计实验方案。

教师引导：

探究"植物细胞吸水和失水的条件"。

利用学案，设置问题串，引导学生思考：

①假设植物细胞相当于一个渗透系统，什么条件下细胞会失水？

②植物细胞失水后会发生什么现象？

③什么条件下细胞会吸水？由于植物细胞壁的伸缩性较小吸水后体积变化不大，如何判断植物细胞吸水。

学生活动：分组讨论，完成问题，设计实验方案：

①细胞处于高浓度外界溶液中会失水，比如 0.3 g/mL 的蔗糖溶液。

②质壁分离现象。

③细胞处于低浓度外界溶液中比如清水会吸水，可以先将植物细胞置于高浓度的外界溶液中，发生质壁分离现象后，再将其置于清水，这时如果细胞吸水，就会发生质壁分离复原现象。

教学意图：这一系列问题串体现了前后对照原则，学生通过观察细胞的质壁分离及复原现象，判断细胞是否发生吸水和失水，逐步引导学生完成实验方案设计。

（2）进行实验。

教师引导：①通过微课指导学生制作临时装片、添加外界溶液。

②引导学生观察实验现象，并记录。

学生活动：①学生动手操作：

a．制作临时装片。

b．用滴管在盖玻片一侧滴入相应浓度的蔗糖溶液，在盖玻片的另一侧用吸水纸吸引，这样重复几次低倍显微镜下观察；用滴管在盖玻片一侧滴入清水，在盖玻片的另一侧用吸水纸吸引，这样重复几次低倍显微镜下观察。

②学生认真观察、记录。

教学意图：通过实验操作，理解实验原理，体验实验流程，发现问题，为改进方案提供依据。

3. 发现问题，交流讨论

教师引导：学生分析实验结果：

（1）你观察到的现象是什么？与预期结果是否一致？

（2）画出细胞发生质壁分离后的形态。植物细胞发生质壁分离时，液泡体

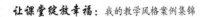

积如何变化，细胞液颜色如何变化，细胞液浓度如何变化？

（3）根据实验结果得出什么结论？

（4）根据实验结果能不能判断植物细胞中充当半透膜的是细胞壁还是原生质层？如果不能，应如何改进实验方案，进一步探究？

（5）提供实验材料、试剂供学生选择。

①材料：紫色的洋葱鳞片叶内表皮；菠菜叶；有色花瓣；黑藻叶片。

②试剂：胭脂红，胭脂红为大分子物质，溶于水呈红色。

学生活动：交流讨论，回答问题：

（1）实验结果与预期结果基本一致，大部分同学看到相应实验现象。

（2）植物细胞发生质壁分离时，液泡体积变小，细胞液颜色变浅，细胞液浓度升高。

（3）植物细胞在高浓度的外界溶液中失水发生质壁分离现象，在低浓度的外界溶液中吸水。

（4）根据实验结果只能推测细胞壁具有全透性，原生质层具有选择透过性。因为不能直接观察到蔗糖分子穿过细胞壁，而没有穿过原生质层。

学生分组进行激烈的讨论分析，应该如何设计实验，直观证明这一点？还有同学提出没有观察到原生质层这一结构，如果改用其他实验材料是否能够看见？

（5）部分同学提出：

①可选择较薄的黑藻叶片作为实验材料，一方面制作临时装片操作简便，另一方面可以观察到原生质层呈现绿色。

②在无色的蔗糖溶液中添加大分子色素，即可直接观察到其是否穿过了细胞壁和原生质层。

教学意图：本环节启发学生在讨论交流中生成问题，利用问题驱动学生进一步探究。

这种"递进式"探究符合认知规律，有利于学生形成探究思维。

4. 再次探究

（1）改进方案

（2）进行实验

探究"植物细胞中充当半透膜的是细胞壁还是原生质层"（见表24-1）

表24-1　植物细胞中充当半透膜的是细胞壁还是原生质层

实验材料	实验试剂	实验步骤
黑藻叶	0.3 g/mL 蔗糖溶液+胭脂红	1. 用滴管在洁净的载玻片上滴一滴清水； 2. 用滴管在盖玻片一侧滴入 0.3 g/ml 加入胭脂红的蔗糖溶液，在盖玻片的另一侧用吸水纸吸引； 3. 低倍显微镜下观察

教师引导：引导学生观察细胞发生质壁分离后，细胞壁和原生质层之间的溶液颜色，细胞液的颜色。

学生活动：制作临时装片，观察记录实验结果。

教学意图：通过操作并观察，理解设计意图。

5. 得出实验结论

教师引导：引导学生分析实验现象，得出实验结论。

学生活动：观察到细胞发生质壁分离后，细胞壁和原生质层之间的溶液呈红色，原生质层收缩呈现绿色，说明含有胭脂红的蔗糖溶液能够穿过细胞壁而不能穿过原生质层，进一步说明细胞壁具有全透性，而原生质层具有选择透过性，相当于一层半透膜。

教学意图：通过直观的实验现象，得出植物细胞中原生质层相当于一层半透膜这一结论，帮助学生构建植物细胞相当于一个渗透系统这一概念。

6. 进一步探究

教师引导：提出问题：欲探究植物细胞液的浓度，应如何设计实验方案。

学生活动：设计方案："在 0.3 g/ml 附近设置一系列等浓度梯度的蔗糖溶液"观察植物细胞在该条件下质壁分离的情况。

教学意图：在已解决问题的基础上发现新问题，拓展探究深度。运用本节课学习的方法解决新问题，体现知识迁移。

（二）教学反思

（1）本实验通过制作学案、制作微课等方式帮助学生解决初次进行实验设计和实验操作中的难点，学生能较好地体验探究性实验的一般方法和步骤。

（2）通过改进实验，两次探究，学生不仅能观察到植物细胞失水、吸水后发生的现象，还能通过观察细胞发生质壁分离后，细胞壁和原生质层之间的溶液呈红色，原生质层收缩呈现绿色，证明细胞壁具有全透性，原生质层具有选择透过性，构建出成熟的植物细胞相当于一个渗透系统这一知识。两次探究过程较好地提高了学生的科学探究能力，培养了科学探究思维。

四、我的教学主张

（一）用理科的思维方法进行生物学教学

在很长一段时间内，高中阶段的生物学与物理、化学合并为理科综合，但是，许多学生在学习过程中将生物学视为理科中的文科，学习时常用"背多分"这种机械的方法提高分数，这显然是对生物学科学属性的错误认识，不利于发展学生的科学素养，也不能实现生物学学科的育人价值。

我一直认为对学生来说能从一门课程中学习什么知识、掌握什么技能、发展什么素养，很大程度取决于老师教了什么、怎么教的。生物学是一门研究生命现

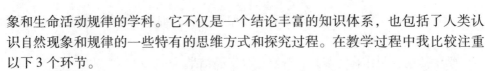

象和生命活动规律的学科。它不仅是一个结论丰富的知识体系，也包括了人类认识自然现象和规律的一些特有的思维方式和探究过程。在教学过程中我比较注重以下 3 个环节。

1. 创设真实情境

新课标中提出："生物学学科素养是学生在生物学课程学习过程中逐渐发展起来的，在解决真实情境中的实际问题时所表现出来的价值观念、必备品格和关键能力。"真实情境来源于生活，这既能拉近知识与生活的距离，也能激发学习的兴趣和动力。

2. 重视科学探究的方法和过程

在传统的教学模式中理论式教学仍占主导地位，这就容易导致学生出现"一问都会，一做就废"的现象，不利于培养学生的科学探究精神。尽可能创造条件让学生参与实验，让学生走进实验室亲自进行实验操作，受条件限制时可进行演示实验或进行实验设计。其中，设计实验方案为探究的思路，实施方案为探究过程，前者培养学生的思维能力，后者锻炼学生的动手实践能力。

3. 注重科学思维的培养

高中生物学涵盖的内容十分丰富，对高中学生来说，学习生物最大的感受就是知识点特别多且零碎，而学生惯用的做法是死记硬背，究其原因，还是学生运用科学思维解决问题的能力不足，不会对相关知识进行归纳、概括，不会进行知识迁移，演绎推理能力较弱。科学思维能力的培养和发展能很好地解决这一问题，但科学思维的培养不是一蹴而就的，需要长期训练、日积月累才能形成一定的能力，因此，我在教学中将培养学生科学思维的能力作为教学的重要目标，渗透在课堂教学的点点滴滴中，学生掌握了科学探究方法，形成了学科思维习惯，那么解决问题时就不会局限于死记硬背、生搬硬套。

（二）将生物学教出生命的温度

高中生物学涵盖了植物学、动物学、微生物学、生态学、动植物生理学、免疫学等知识，主要是探讨、阐释生命现象及规律，审视或论证生物学社会议题。因此生物学最大的特点是研究对象有无生命属性。在教学过程中不难发现，许多孩子从小生活在城市，与大自然的接触相对较少，对生物的了解多限于电视、电脑等电子产品，因此，缺乏一些真实的生命温度。所以在教学中，我比较主张学生回归自然、观察生命、感悟生命的温度。例如，在春夏秋冬四季变换时，我鼓励学生走进大自然，观察生物的特征、生态系统的风貌，并提出相应的生物学问题，在寒暑假时这些问题可作为综合实践的课题来开展研究；高中教材中涉及许多实验材料，例如，洋葱、豌豆、果蝇等，我都尽可能将完整的生物体带给同学们观察，这样，学生就不用对着课本死记硬背，洋葱的根为白色、鳞片叶内表皮无色外表皮为紫色、管状叶为绿色，这些特征在见过实物之后便一目了然，永远不会忘记。充分利用学校的各种活动和资源，带领学生体验生物学的乐趣，如科技文化节、校本课程、研学活动等，让学生将掌握的知识和学到的方法用于解决实际生活中的问题，让生物学真正"活"起来，让学生能够感知属于每一种生命的温度，也让学生感觉到学习是一件令人愉悦、幸福的事情。

五、他人眼中的我

（一）专家眼中的我

彭卫老师是一位人美心善的好老师，在教学上善于激发学生的学习热情，创设问题引导思考，课堂充实有趣，积极引导学生开展各种科技活动，在做中学，在学中思，深受学生喜欢！

广东省特级教师　　王更强

（二）同行眼中的我

借用学生对彭老师的一句话评价就是"人美心善技术高"。首先说"人美"，彭老师不但长得很美，而且课堂教态、板书、语言、课件设计都充满美感。其次是"心善"，彭老师与学生说话，声音温柔，态度真诚，总有春风化雨般的感觉。彭老师不但对学生好，对同事也经常热心地提供帮助。最后是"技术高"，彭老师的课堂教学设计新颖，活动丰富，理念先进。她注重创设情境，善于设计逻辑性问题串来发展学生的高阶思维，促成学生深度学习，进而深度育人。

东莞市第一中学教师　　欧品质

（三）学生眼中的我

彭卫老师是一位教学方式风趣、教学方法新颖、教学思路严谨的老师，她以一种严谨而风趣的方式给学生以教育，从课前的轻松一笑提神醒脑，到课堂知识的归纳总结，以及课后作业的评讲、拓展，她都可以做到井井有条。老师始终保持着一颗平和与包容的心，不仅授人以知识，更是授人以爱与价值观。

东莞市第一中学 2021 届学生　　刘雪娇

☑ 点　评

学生评价彭卫老师"人美心善技术高"。的确，她善于运用科学的思维方法，设计逻辑严谨的问题串来发展学生高阶思维，促成学生深度学习。她的课堂教学理念先进，活动丰富，情境育人，令人向往。

广东第二师范学院教授　　闫德明博士

与美交融，快乐发展

何岸龙（高中美术）

个人简介

何岸龙，男，东莞市第一中学教师，中学美术高级教师。东莞市教学能手，校优秀教师；2016—2020年，连续四年开设线上慕课教学，被评为课程研发先进教师；2018—2020年，连续三篇教学论文获市二等奖，一篇论文在省级刊物公开发表；我以编委的身份参与编写了普通高中教科书《美术》的配用书套《雕塑（选择性必修）教师教学用书》。参与或主持市级课题两项，其中一项已结题；2019年，我参加东莞市中小学美术教师"微课制作""现场模拟教学"比赛均获中学组一等奖，"三笔字"比赛获中学组二等奖；所带或参与执教的美术特长班在高考中结出了丰硕的果实，其中，2011届学生彭小和以优异的成绩考上清华大学；在近五年的美术高考中，一本率保持在60%以上。

一、我的教学风格解读

美术教育的意义在于培养学生正确的审美观，提高学生感受美、欣赏美、创造美的能力，而美术课是对学生进行审美教育的主要途径，因此，我的教学风格概括为"与美交融，快乐发展"。

"与美交融"指的是学生与美术课完美的融合。心理学研究表明：在和谐的课堂教学中，学生的思维处于积极的状态，情绪是高涨的，思维是活跃的，和谐使每一位学生成课堂的主人。高中美术学科与其他学科不同，没有高考任务，周课时少，容易被学生忽视，但在其他学科的高压之下，学生的情绪必须得到释放，美术教师要善于抓住机会让学生爱上美术课，利用新颖手段，营造宽松课堂，抓住兴趣所在，增强学生的表现欲望，让美术课成为学生心悦神怡、如沐春风的港湾。"快乐发展"是指通过教师的愉快教学，使学生保持专注力和盎然的学习兴趣，从而消除学习过程中的焦虑感和疲倦感，在愉快的感受中做学习的主人。

二、我的成长历程

有一种成长，叫作经历。我走上工作岗位已有二十一个年头，回顾我的职业生涯，作为美术教师的成长可以分成三个阶段。

（一）适应期（2002 年 7 月—2004 年 8 月）

我常常觉得自己是一个幸运儿，从小到大，我总能在正确的时间遇到我的"伯乐"，凡事都能"逢凶化吉"。

首先是我人生的启蒙老师——我的父亲。父亲是一名农村小学语文老师，虽然他只是略懂一些书法和绘画，却是我从事美术之路的领路人。他从小教我画画，鼓励我参加比赛，甚至还送我到十几千米以外的美术培训班进行学习。父亲在我年少的心里种下了美术教育这颗闪亮的种子。

2002 年，我大学毕业，来到广东省佛山市禅城区佛山市第十中学任教。在佛山这片崇文重教的热土上，我遇到了指引扶持我的恩师——陈加宁老师，她教学经验丰富，为人和蔼可亲，不但在生活上帮助我，还在撰写教案、课堂教学及管理学生等方面给予我充分的指导，使我较快地适应了高中美术日常教学。

（二）学习加强期（2004 年 9 月—2008 年 12 月）

2004 年 9 月，我辗转来到东莞市第一中学任教，这是一所有着悠久历史、办学经验丰富的重点高中。来到一个新的环境，我要求自己从零开始，在研修中不断提高美术教学水平，加强自己的业务能力，提高自己的综合素质。现从以下三个方面做出总结。

1. 不断提高业务水平

在新的环境，我要求自己不断学习新知识，探索教育教学新规律，钻研教材。2004 年 9 月，恰逢高中美术新课程改革。在课余时间，我积极参加新课标培训，认真学习研究高中美术新课标，写好每一个教案，上好每一堂课；在教学中，针对美术专业本身实践性很强的特点，采取多角度、多渠道、多种形式实践教学法，大胆创新，摸索出适合高中美术鉴赏课和高中美术特长班的教学方法。

在教学中，树立"以人为本"的教育理念，形成自己的特色，课后多些反思，积极撰写论文。2004 年，我第一次撰写的论文《要抓住学生的兴趣所在》获市三等奖，并在"2005 中国教育系统（基础教育）年度论文评选"活动中荣获二等奖；2003 学年度，我所上的"商业设计"一课在"佛山市第十中学青年教师优质课"评比中获优秀奖；2006 年 12 月，我所上的"中国民间美术——剪纸"一课在"东莞市第一中学青年教师优质课"竞赛中获一等奖；2007 年 6 月，我执教的美术课"分析理解美术作品的创作意图"在市优质课比赛中获优秀奖。在 2006 年艺术节及 2007 年五十周年校庆，我连续两年主编设计的《东莞市第一中学师生美术作品集》一书，得到了学校领导、老师及校友们的一致好评。另

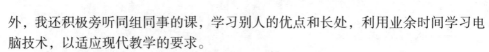

外，我还积极旁听同组同事的课，学习别人的优点和长处，利用业余时间学习电脑技术，以适应现代教学的要求。

2. 从"方方面面"切实抓好美术类高考

我认为，抓好美术类高考是每一位中学美术教师的基本职责。在几年高中美术特长班的教学过程中，我所带的或参与执教的美术特长班在高考美术考试中结出了丰硕的果实。在佛山十中任职时，我所带的首届美术特长班在2004年高考中取得了不错的成绩：全班48人参加高考，上省联考本科人数32人，其中，进入广州美院的有9人，禅城区美术总分排名前10名中，有7位是我班学生，总成绩名列佛山市禅城区第一名。在东莞一中任职至今，我参与执教了每一届的高三美术类高考：2005—2008年，本科率一直在60%以上，众多学子考入广州美术学院、华南师范大学、华南农业大学等重点本科院校。

3. 因材施教，鼓励学生各展所长

我常在艺术节举办摄影、插花、漫画写生等项目比赛，为各种身怀绝技的学生创设平台，让他们在这个平台上尽情释放自我才能。此外，我有时组织和辅导个别优秀学生参加省、市区大赛，让他们通过大赛锻炼自我，如学生孙晓茵在"第二届广东省青少年书法大赛东莞市现场选拔赛"中荣获二等奖，并在省中小学书法现场比赛中获优秀奖；学生黎子宇在2008年"东莞市中小学书法、绘画现场比赛中"获高中组书法比赛一等奖。

由于出色的教学业绩，2008年12月，我晋升为中学美术中级教师。

（三）积极上升期（2009年1月至今）

1. 教学科研工作

在此期间，我继续致力于做好教学研究工作，坚持科研促教，在教学实践中不断增强科研意识，不断提高科研能力，积极撰写教育教学论文。2011年，我撰写的论文《学生独创性思维的培养》在第五届全国少年儿童美术教育理论研讨会中获二等奖，2018—2020年，连续三篇教学论文获市二等奖，一篇论文在省级刊物公开发表。2016年至今，我主动承担过十一节公开课，其中，五节是学校对外开放日公开课；2016—2020年，我连续四年开设线上慕课教学，"手绘风景速写教程"一课在"2018线上慕课开设"活动中被评为二等奖，同时，我被评为课程研发先进教师；2018年至今，我连续四年开设校本课程，并取得了不俗的成绩。此外，我参与编写了普通高中教科书《美术》的配套用书《雕塑（选择性必修）教师教学用书》；还参与或主持市级课题两项，其中一项已结题。

2. 积极向名师学习

我积极参加各级各类培训，珍惜和把握与名师亲近、学习的机会，认真聆听了尹少淳、周凤甫、房尚昆、邓子平等名师的讲座，获益良多，与时俱进，努力提高教育教学水平。在学习路上，要特别感谢众多恩师，是他们为我的成长创造了条件，如东莞市美术教研员詹逸然老师多次为我提供学习的平台，我还有幸参

与东莞市名师黄旭穰工作室、王柴慧工作室开展的各种教研活动，多次得到东莞市美术特级教师廖妙新老师的点评和指导，自己也逐渐成为高中美术的中坚力量。

3. 积极参加各类比赛，提升自己专业能力

为提升专业能力，我积极参加本学科相关的比赛，2017 年和 2019 年参加校青年基本功比赛获二、一等奖；2019 年，我参加东莞市高中美术第三批教学能手评定"微课制作""模拟教学"比赛，均获中学组一等奖，并在"三笔字"比赛获中学组二等奖，三项总分获高中组第一名，并荣获第三批教学能手称号。

4. 教育教学与效果

从任现职至今，我所带的或参与执教的美术特长班在高考美术考试中结出了丰硕的果实，其中，最喜人的成绩是 2011 届学生彭小和以优异成绩考上清华大学。在近五年的美术高考中，一共有二十位考生参与美术高考，有十二位同学考上一本，重本率为 60%，邝建充、王朵、吴伟立、莫晓琳、卢玉冰等一大批学生考入天津美术学院、苏州大学、广州美术学院、北京工商大学和江南大学等。

2020 年 12 月，我晋升为高中美术高级教师，然而，学科教学探索的道路是没有终点的，在做好自己本职教学工作的同时，我会继续负重前行，砥砺奋进，为高中美术教学贡献自己的一份力量。

三、我的教学实例

课题：《走进具象艺术》（普通高中美术鉴赏）人民教育出版社。

理念：发现生活中的美，调动学生积极性，乐教乐学。

（一）问题情境

师：同学们，看了这些精彩的照片你有什么感受？请问照片的主要功能是什么？

生齐答：记录生活，记录瞬间。

师：那美术作品能不能像照片一样记录生活、记录瞬间呢？

导入新课：这一节课，我们一起来学习"如实地再现客观世界——走进具象艺术"（板书课题：走进具象艺术）。

【设计意图】从世界经典摄影到学生生活照片，以学生熟悉的事物入手，可激活学生的学习兴趣。

（二）探究学习

教师：如果把下面两幅照片画成油画作品效果会怎样呢？

学生：高度写实，非常逼真。

师：回答正确，所以具象艺术第一特点就是：视觉真实性。

【设计意图】以忻东旺作品《大白菜》和冷军作品《柿子》作为代表，吸引

学生注意力，把他们带进一个贴近生活的情景中，学生由此主动思考、发现、表达观点，教师在肯定学生所见的基础上适时归纳。

师：超写实主义绘画不只出现在今天，在中国古代也有，展示五代时期黄荃作品《写生珍禽图》。

将作品中的蚱蜢和鹡鸰与实物照片进行对比分析，请问它如何阐释具象艺术的视觉真实性？请小组合作完成以下表格内容（表25－1）。

表25－1　《写生珍禽图》合作探究学习

项目	造型	点、线	色彩	其他
蚱蜢	生动、准确	精确细微	淡墨轻色	双翅呈透明状
鹡鸰	透视精准	疏密有致	墨色有浓淡	爪子有力、逼真
其他	有学生会利用课文的典故来阐释画面逼真；有学生引用"黄家富贵"来形容其风格写实而华丽、倍受日后各朝代宫廷画师所标榜的特点			

【设计意图】学生分组观察、比较、分析、讨论、交流、解决问题，培养学生的"图像识读"和"审美判断"素养。

师：所以，具象艺术就是指艺术形象与自然形象基本相似或极为相似的艺术。

展示照片《何应钦受降仪式》。

问题一：请问，照片中两位人物是谁，他们正在做什么？

学生反应热烈，各抒己见，各种答案都有。

师：国民党司令官何应钦将军正在接受日军司令官冈村宁次递交投降文件。

问题二：请两位学生来模仿一下递交文件的动作。

问题三：请认真观察陈坚先生作品《公元一千九百四十五年九月九日九时·南京》与照片《何应钦受降仪式》有什么不同？

生：动作不一样，何应钦将军挺直胸膛，冈村宁次及其下属深鞠一躬递交文件，但照片中却没有这样的情形。

问题四：陈坚先生这幅巨作是如何真实地还原历史的，是一味地照搬、照抄照片吗？

生：陈坚先生的这幅巨作画面气势磅礴，庄严肃穆，是真实性和艺术性的完美统一，但并非一味地照搬历史，如大礼堂的人物、桌椅布局稍有改动，军校大礼堂外的罗马柱从室外"搬到"室内等。

师：说得非常好，同学们都很善于观察和思考；艺术家要按照创作需要和美的规律与法则，对现实生活进行抽离、概括和综合的艺术处理。西方伟大的"现代艺术之父"塞尚也说过："画画并不意味着盲目地复制现实。"这就是具象艺术的第二特点：艺术典型性。

【设计意图】这是课文的一个难点，老师要由浅入深，层层递进，不断创设问题情境，倡导探究式学习，要让学生亲身参与其中，才能使学生潜能不断得到激发，"图像识读"和"审美判断"等素养得以体现。

师：接下来，老师要给大家讲个故事：十七世纪中期，在意大利罗马皇宫大厅里，放着一幅与真人等身大的肖像作品，一天，当教皇的下属进来后，急忙脱帽行礼——以为真的教皇坐在那里。请问同学们，这个故事告诉我们什么？

生：肯定画得非常逼真，而且把人物性格特点刻画得恰到好处。

师：非常正确，观察西班牙画家委拉斯凯兹的作品《教皇英诺森十世》，虽然当时教皇已经七十六岁，但画面上的教皇精神饱满、眼神坚定，作者抓住了教皇人物形象最典型的一瞬间，把最具代表性一面展现给观众，连教皇本人看了后都惊叹："太像了！太像了！"

探索拓展：了解不同地域、不同文化背景下的具象艺术的典型特征有哪些区别？

生评述：通过展示印度佛造像、中国麦积山石窟彩塑、古希腊雕塑《掷铁饼者》、丢勒的《野兔》和崔白的《双喜图》，进行局部对比分析，说明具象艺术受到不同地域、民族和文化差异的影响，作画工具与材料选择不同，造型手法不同，呈现的艺术特征也不同。

【设计意图】以学生为主体，帮助学生提高"审美判断"和"文化理解"的素养。

师：具象艺术的第三特点：情节性，又称叙事性，欣赏具象美术作品就像读小说一样，从中"读"出已经发生、正在发生和将要发生的故事。

师：这是《清明上河图》中最精彩的部分：汴河两岸人烟稠密，高楼林立，粮船云集，画面结构严谨，繁而不乱，已成为人们认识宋代社会、服饰、风俗、建筑、市场等的第一手资料。那么，同学们，请认真观察，看哪个小组能较快找出图中都发生了哪些事？

第一小组代表：商船上场面紧张，有指挥、呼喊、扔缆绳、放桅杆、划桨等。

第二小组代表：虹桥上人潮涌动，有抬轿、买卖、观看、呼喊、闲逛、对骂等。

第三小组代表：虹桥边热火朝天，有赶集、买卖、推车、骑马、运货等。

【设计意图】把小组合作探究活动进行到底，学生热情高涨，把课堂气氛推向了高潮。

师：那么，该如何鉴赏具象艺术呢？

a. 作品集中传达人的神态、气质和精神面貌。

b. 典型形象与典型环境相辅相成。

c. 时间、地点、环境相统一，遵循"三一律"原则。

d. 人物特征只存在于一个人或几个人中。

f. 画面一般以情节性和大场面而著称。

e. 一个时代或一个民族的历史写照。

g. 一个历史人物集中了那个时代的人的共同品质，反映艺术家对那个时代的看法。

问题一：观察作品，辨别哪一幅是肖像类作品？哪一幅是主题类作品？

问题二：请认真观察作品，这两类作品的特点有什么不同，请结合课本内容把方框内答案放到相对应的作品下方。

生：《蒙娜丽莎》属于肖像类作品，特点有：a、d、g；《拿破仑一世加冕》属于主题类作品，特点有：b、c、e、f。

【设计意图】引导学生了解具象艺术的两种类型，让学生学会自主观察，自主完成学习任务。

教师：同学们，最后我们一起来学习具象艺术的意义（见表 25 – 2）。展示作品《货郎图》《占领总统府》，请仔细观察作品，完成下面表格内容。

表 25 – 2　具象艺术的意义

代表作 功能	李嵩《货郎图》中国画 局部 （宋）	陈逸飞、魏景山《占领总统府》 油画 1977
作用或功能	记录功能。对人和社会的记录，照相机发明之前的最基本功能，如《货郎图》里记录的习俗、服饰、南宋百姓的生活方式等	社会干预功能。真实、生动的形象和故事情节影响我们的价值判断，从而产生认识和教育功能，如《占领总统府》中解放军冲上南京总统府大楼，准备升起五星红旗，标志蒋家王朝的灭亡，新中国的诞生。作品有撼人心魄的艺术感染力，也让我们知道今天的幸福来之不易

师：具象艺术就像一面镜子，记录着生活的每一个瞬间，根据美的需要再现客观世界，是人类创造的精神财富，拥有不可替代的美学价值。

【设计意图】这两幅代表作都有其特殊意义，让学生通过鉴赏具象艺术作品，既能了解过去和现在，又能感受今天的幸福生活是先辈们用生命和鲜血换来的，爱国情怀得以升华。

（三）课后拓展

观看短视频《开国大典》，再结合当时的照片，请你谈谈董希文先生的油画作《开国大典》是如何阐述具象艺术的典型性特征的。

（四）结语

通过翻转课堂教学，引导学生在问题情境中对比欣赏、合作探究、交流体验与拓展提升，让他们真正成为课堂的主角。通过实践，学生学习名画、欣赏评述的热情被充分调动起来，生动有趣的教学安排使学生领悟到"名画原来可以这样解读"，从而掌握了欣赏评述的基本方法，锻炼了审美判断素养，树立了正确的审美价值观念。

四、我的教学主张

高中美术鉴赏课的内容涉及绘画、雕塑、建筑、工艺美术、艺术设计等领域，不仅内容丰富，形式也灵活多样，高中美术鉴赏课程的开展和实施，不仅能提高学生的审美鉴赏能力，还能提高学生的艺术修养并陶冶学生的思想情操，开发了学生的智力、潜能，使学生发现生活中的美。

我的教学主张是：让学生发现美，成为课堂的主人。

但在实际教学工作中，不难发现高中美术教学会出现以下三个问题。

（一）学生美术知识匮乏且不系统

记得我第一次给高一年级学生上课，学生竟然不知道什么是三原色，也把美术简单地理解为画画。对结构、色彩的认识更无从谈起。

（二）学生对美术课认识不到位，缺少学习的主动性

在传统应试教育的影响下，学生自然把中考和高考的科目看作重点，并不重视美术课，学生没有主动学习美术的愿望和兴趣，这种错误的认识也不利于学校美育教学工作的开展。

（三）美术课时量太少，审美教育的条件也受到制约

首先，高中美术鉴赏课程的课时普遍为两周一节课，授课时间有限；其次，高中美术鉴赏涉及的内容非常多，对学生美术基础知识的要求也较高；最后，学生平时生活中接触到美术作品的机会较少，基本上没有参观美术展览的机会和条件。

以上问题都是开展高中美术教学的常见问题，所以，我决定立足于课堂，在课堂上培养学生对美术的兴趣，课堂自然就成为我解决问题的主阵地，那如何解决美术鉴赏中存在的问题呢？

1. 提高学生的学习兴趣，改善教学方法

课堂教学的最终目的，不在于教师"教"得如何，而在于学生"学"得如何。以往的"填鸭式"教法，剥夺了学生亲身探究实践的机会，因而不利于学生整体素质的发展。所以，为了更好地实施课堂教学，首先要求教师教学手法多变，积极提高学生的学习兴趣；其次确立学生的主体地位，鼓励学生积极主动地

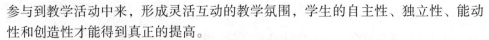
参与到教学活动中来，形成灵活互动的教学氛围，学生的自主性、独立性、能动性和创造性才能得到真正的提高。

2. 要提高教师自身专业知识水平和人格魅力

美术教师作为教育工作者，首先要有过硬的专业基础和能力；其次美术教师就好像是一位杂家，十八般武艺样样精通，要不断学习、不断充电；最后要用自己的人格魅力影响和带动学生，让学生真正喜欢上美术课。

3. 利用校园文化开展美术活动，积极挖掘校本课程

校园活动就是学生接受美育的主战场，美术教师要在艺术节、科技节或一些现场比赛活动中设置一些美术类比赛项目，鼓励学生积极参赛，增加动手机会，让学生接受艺术的熏陶。美术教师还可以是根据课程的需要，结合课本相关知识点，联系实际生活进行延伸和拓展，并且结合地方特色形成校本课程。比如开设一些软硬笔书法教学、马克笔绘画教学、花卉水墨或工笔教学、综合版画教学等。

五、他人眼中的我

（一）专家眼中的我

何老师是一位有想法、肯钻研的老师。作为东莞市高中美术骨干教师，多次承担市级活动，并能圆满完成，同时关注青年教师的成长，乐于分享自己的教学经验。

东莞市高中美术教研员　　黄旭穰

（二）同行眼中的我

何岸龙老师的美术课有以下四个特点：师生间建立真诚、平等的对话关系；课堂自然，不过多雕琢，不矫情不做作，能够显示随堂课的面貌和学生真实的学习状态；教学设计合理，内容轻重有分，时间分配恰到好处；能抓住学生兴趣所在，不断引导学生进行互动，使课堂充满活力，解决问题能深入浅出，贴近生活。

东莞市第一中学美术教师　　张锡坚

何老师在生活中是一个热情的好老师，团结同事，乐于助人。在教学上，精心设计美术课堂，能引导学生参与美术教学，进行探索和合作学习。学生言语、讨论声此起彼伏，时而静谧；学生屏气沉思，点亮思维的火花，时而紧张；同学间的发言、讨论催人奋进，小组间激烈的争论让人兴奋，时而闲适；学生尽情地说，尽情地笑，尽情地想……

东莞市第一中学美术教师　　涂强

（三）学生眼中的我

何老师的课有时非常幽默，有时非常严格，不过还是非常有教授风度的，大家都很喜欢他哦！在教学上，何老师治学严谨，精心准备每一节课，循循善诱，平易近人；注意启发和调动学生的积极性，课堂气氛较为活跃，教学内容设计丰富，细心讲解，不厌其烦，使学生有所收获；最重要的是，何老师能虚心并广泛听取学生的意见和反馈信息，做到及时修正和调整自己的教学。

2023 届高二（16）班　　洪小晓

何岸龙老师是一个平易近人的老师，不管是课堂上还是生活中都非常关心我们，是我们的良师益友。在教学上，认真负责，语言生动，条理清晰，教学内容丰富有效，带领我们遨游艺术的海洋，能够鼓励学生踊跃发言，课堂气氛比较积极热烈，教学过程中尊重学生，有时还有些洋幽默，很受学生欢迎。

2023 届高二（19）班　　吴慧敏

 点　　评

何岸龙教师善于利用新颖手段，营造宽松课堂，抓住学生兴趣所在，增强学生表现欲望，让美术课成为学生心悦神怡、如沐春风的地方。学生情绪高涨，思维活跃，专注力强，兴味盎然。"与美交融，快乐发展"是何老师教学风格的生动写照。

广东第二师范学院教授　　闫德明博士

品质·品格·品味

张锡坚（高中美术）

📝 个人简介

　　张锡坚，男，中学美术一级教师。东莞市第五批高中美术教学能手，2019年获中共东莞市委教育工委"百名优秀共产党员"称号。曾获市微课比赛一等奖，东莞市临书赛教师组二等奖。指导学生参加国家级、省级、市级各类比赛并获奖；曾多次被评为国家、省、市比赛的优秀指导老师。

一、我的教学风格解读

　　走上讲台已经十七年，我的教学风格也由原来的喜欢热热闹闹转向注重格调和品质。回顾十七年的教学，我的课堂教学风格总结为"品质""品格""品味"。

　　我常思考：高中常规美术课到底该如何上？美术课对面临高考的学生有什么价值和意义？我认为课程需要有品质，课堂需要有品格，教学需要有品味。

　　课程需要有品质。学生能在看似无关重要的美术课堂中真真正正学有所得。而这"所得"并不仅是掌握了某个概念，看明白了某张画，认识了某位艺术家，更重要的是，能让学生的眼界得到拓展，审美得到提高，情感得到释放，思想得到升华。

　　课堂需要有品格。美术课堂是素质教育、情感教育和人格教育的综合体，是紧紧围绕立德树人宗旨而开展的教育。美术课堂应该着重学生的感受能力、审美能力、思维能力、认知能力和表达能力的培养，让学生真正进入艺术品中，走进艺术家的世界，去感受作品，与艺术家交流。例如，在高中美术中学习颜真卿时，我们要掌握什么？是学习写好《多宝塔碑》，还是学习写好《麻姑仙坛记》，亦或是写好《祭侄文稿》？是，也不是！最重要的是，学习颜真卿高尚的家国情怀，立朝正色，刚而有礼，尤崇忠孝；学习他的秉性正直，笃实纯厚，有正义感，从不阿于权贵，屈意媚上；学习他的书法方严正大，朴拙雄浑，大气磅礴。这是一种为人的态度，更是一种高尚的品格。

　　教学需要有品味。美术教育要传递美的价值和美的品行，给人以美的享受。不同于高考学科，美术课没有功利性，无关于学生是否听明白、掌握、记牢。美的教学目标不在于你是否听明白，听明白往往只是知识层面上的知晓。对美的教育而言，重要的是需要用心去感受，用心去细细品味。课堂中，有时候只需一幅经典画、一曲古琴曲或一句诗词就能唤醒你内心对美的感知。面对一幅作品，你的内心有时激动不已，有时会潜然泪下，有时会轻松愉悦，甚至一片空白，这些都是心的感知。

二、我的成长历程

在我的成长阶段，有几位老师的教学风格，改变了我人生轨迹。

小学，一节图画课，一位美术老师，一句话，引导我走上了专业的道路。

记忆中，一节寻常的图画课，任务是临摹一个彩陶瓶，我和大家一样，都认真地照着书本里的图片努力地画着。快下课的时候，老师拿着我的作业在讲台上对我表扬了一番。只记得最后一句大意是"你画得很好，希望你以后成为一名画家"。当时，我听了很开心，因为在那个人人都谈远大理想的年代，我好像没有什么讲得出口的理想，但老师对我画作的肯定，让我有了自己的理想。就这样，我的内心埋下了一颗等待发芽的艺术种子。

初中，来了一位刚大学毕业、年轻专业的美术老师，他朝气蓬勃，给人一种充满能量的感觉。那时，我感觉老师特别有本事：素描、国画，书法、篆刻样样精通，于是，我跟着老师学素描和国画。自此，知道了国画有四君子——梅、兰、竹、菊，知道了素描有结构、透视、明暗、空间，知道了书法有篆、隶、草、行、楷。

慢慢地，跟着老师涂涂画画。我那些稚嫩的国画和素描作品也偶有机会在学校的橱窗里面进行展示，当年那颗种子似乎开始发芽了。

高中，来到城市学习。那是一个巨大的转变。环境变了，同学也变了，学习内容也变了。这里的同学都很厉害，他们都是学霸，不仅学习成绩好，而且多才多艺，让我开了眼界。在班里，我也算有兴趣爱好，在原来美术老师的影响下，我画得还不错，班里的每期墙报插图都由我来承包。每次墙报的插图我都用心设计和绘制，效果自然也得到大家的肯定，因此，也获得老师和同学的赞扬。自此，我慢慢地萌生了学习美术的想法，接着就是更系统的专业学习了。

高中阶段，一位老师的一句话一直影响着我。记得高一一次语文练字课，老师巡堂，一路左看右看巡着过来。我旁边的班长，一手漂亮的钢笔字，写得又快又漂亮，还有坐在隔壁组的学习委员，也是一手好字。当老师走到我旁边时，停留了一会儿，看了看我左边，又看了看我右边，语重深长地说了一句："你的画确实不错，但字就不敢恭维了。"当时对于老师的话也没太在意，后来我也如愿考上美术专业，但这句话又在我心里埋下了另一颗种子，静静地等待着合适的时机生根发芽。

毕业后，我当上了一名美术教师。随着工作实践的深入，我越来越觉得大学时学的东西不够用。要当一名合格的中学美术老师，还得不断学习，了解华夏上下五千年文明，中外艺术文化文明，东西方绘画、雕塑、建筑、书法、设计……光能说会道还不行，还得有手上功夫，能在学生面前示范。高中时老师的话一下子蹦了出来，自此我便开始学习书法。起初学书法，我完全凭着自己美术科班生对艺术的感知，自己摸索临习，数年间也略有成效，但后来越学越发现其中之博大精深。现已入不惑之年，却越学越多疑惑，索性外出拜师学艺解惑去……

我相信我的经历影响我的成长，也必定影响我的教学风格。

三、我的教学实例

片段一：万物静观皆自得

通过鉴赏《溪山行旅图》，引导学生思考中国古代画家是用什么样的眼光和态度来看待天地万物，激发学生对自然的敬畏、对生命的尊重和对他人的赞赏，以及对自我的思考。

导入：播放视频《亲近自然——微观世界》。视频播放的是在大自然中，昆虫在鸣叫，小鸟在觅食，花儿在绽放……

师：天地万物间，有很多精彩美好的东西，它们就在那里，只是我们没有发现。关于发现美，罗丹有句名言是？

生：美是到处都有的，对于我们的眼睛，不是缺少美，而是缺少发现。

师：其实，我们不只缺少发现美的眼睛，更缺少发现美的心。我们一起来看看古人是如何用心去发现美和表现美的。请仔细欣赏北宋画家范宽的作品《溪山行旅图》。这张画给同学们的第一感觉是什么？

生：好大、好高的一座山。

师：大家除了看到好大一座山之外，还发现什么？

（学生慢慢观察后……）

生：有树，有石头，有溪流……

生：树林后面有建筑，还有路、骡子和人……

师：在这么大的一个画幅里面，作者画了这么大的一座山，但是，人和建筑画得这么小，以致我们第一眼都没发现，画家想告诉我们什么？

生：大自然是伟大的，人类是渺小的。

师：虽然人相对于大自然是渺小的，但是，我们的生活就像刚才《亲近自然——微观世界》视频里的小生命一样，很精彩。

师：画家把画命名为《溪山行旅图》。画里有溪流和大山，还有山下的路人。中国古代画家会给观者营造一种"可行""可望""可游""可居"的意境。我们现在试着跳进画图里，心随画动，畅游天地之间，或坐于溪流之畔观鱼戏水，或立于高山之巅俯察山下。你会有何感想？

生：很惬意，游山玩水的感觉。有高山、流水、树林、建筑、行人。就像听到风声、流水声、鸟鸣声的感觉，让人很放松，很舒适。

师：大家再思考一下：当山前这一队行者走过前面的山，慢慢走出你的视线后，画中还留下了什么？

生：路、山、树、瀑布、溪流……

师：其实画家还告诉我们：人在大自然前面不仅渺小，而且仅仅是一匆匆过客。人走过后，山还是那座山，溪流还是那条溪，而人在大自然面前只是匆匆走过而已。但是，我们还是要用心走好这一段路，因为这一路上有让我们感到精彩和美好的事物：比如，撩动着茂林修竹的风声、徜徉于小桥石涧的溪流声、回荡于山间云雾中的鸟鸣声……

师：画面中还有一个很有意思的地方：画家把自己的名字落款写得极小且隐藏在茂密的树叶丛中。大家找找在哪里？这个落款自画完成以来，画史的所有资料都没有任何记载，直到1958年，才被前台北故宫博物院院长李霖灿先生发现。从北宋时期到1958年，画家用他的行动来告诉我们，只要我们安静下来用心去做好一件事，即使已经过了千年，总会有人发现和欣赏。

小结：有这么一句话经典语录：我们走得太快，灵魂都跟不上了。现代科技的发展，给生活带来了不少便捷，现代人几小时的距离也许是古人数月的路程，甚至是数年的路程，但我们不一定过得比古人幸福。古人用自己的脚步丈量这个世界，用心去感知天地间的万物。而我们，生于快时代，一切都在追求高效率，我们一直在和时间赛跑，在我们赢得了很多东西的同时，也失去了很多东西。有时候，我们需要慢下来、坐下来、静下来，让灵魂稍作休息。所谓"万物静观皆自得"，一颗浮躁不安的心绝对发现不了身边的美好，甚至会觉得一切都是丑陋的。但当我们安静下来的时候，也许你会发现，身边的花在开，鸟在叫，每天的日出日落都那么精彩。

片段二：心性的表达

通过欣赏颜真卿的书法作品《祭侄文稿》，树立正确的书法审美意识，感受一件经典的好作品到底好在哪里。

师：同学们认为什么样的字才是好的字呢？

生：工整、整洁、整齐……

师：没错，这样一定是好的字、好的作业，但不一定是好的书法。当然，我们是从艺术的角度来看。

师：很多时候，我们面对一件书法作品，往往都是从读它的内容开始，读得懂的、字都认识的、写得工整的就是好作品，看不懂写什么内容的、写得"潦草"的，就不是好作品，譬如这张作品如何？

（《祭侄文稿》中一个比较潦草的、涂改比较多的局部）

学生哄堂大笑……

生：写得好丑！好乱！

生：这样，我也可以。

师：没错！按照大家的标准，这肯定不是好作品。其实大家的标准就是高考阅卷老师的标准，或者是实用性的标准，但不是艺术的标准。

（展示作品全貌）

大部分学生不知道这件作品的来头，只看得出很多印章，能判断出是一件来头不小的作品，具体是谁的作品，写的什么内容，大多数同学一无所知。

师：天下第二行书——颜真卿的《祭侄文稿》，现存行书作品中最珍贵的一张墨迹原作。

（顿时安静了下来）

生：最好的不是《兰亭序》吗？

师：同学们都知道天下第一行书《兰亭序》，却不知天下第二行书、天下第三行书。现存的《兰亭序》其实都是唐代或者唐代以后的摹本，或临本，或刻本，都不是王羲之的墨迹。而《祭侄文稿》却是颜真卿亲手所写的真迹。既然大家喜欢《兰亭序》，我们就从《兰亭序》讲起。

师：大家为何喜欢《兰亭序》啊？

生：漂亮、好看。

师：大家想一想，王羲之是在怎样的心情和状态下写出《兰亭序》的？

生：心情非常好，喝得有点醉的状态下写的（高中语文有此课文内容）。

师：大家再细细品读一下里面的内容："崇山峻岭""茂林修竹""清流急湍""曲水流觞""天朗气清""惠风和畅"……

师：王羲之在这样优美的环境下和一群志同道合的朋友约会、喝酒、赋诗，心情大好，乘着酒意，拿起笔一挥而下，成就了千古名作。但是，颜真卿的《祭侄文稿》呢？我们都知道唐代最著名的一次叛乱是？

生：安史之乱。

师：没错！这次叛乱，安禄山从北京起兵，率领在北方边疆常年征战的军队长驱直入，直指长安，整个华北几乎没有遇到抵抗，直至遇到镇守常山郡的颜杲卿和镇守平原郡的颜真卿。后来，守常山的颜杲卿父子兵败被俘，在洛阳被安禄山杀害，整个家族三十余人被屠杀。安史之乱平定以后，颜真卿找到了一些颜杲卿父子的残骸准备安葬，而《祭侄文稿》就是颜真卿面对亲人的残骸写下的一篇祭文。

师：大家想一想，颜真卿在写祭文的时候能有像王羲之写《兰亭序》时那样的心情吗？

生：不会！

师：颜真卿当时是何种状态？心情如何呢？

生沉默……

师：大家一起认真看看我们认为写得"很差""很乱""很烂"的作品。

师：颜真卿想起死去的侄子"阶庭兰玉，每慰人心"；想起关爱自己哥哥

"尔父竭诚""仁兄爱我";想起孤立无援"贼臣不救,孤城围逼,父陷子死,巢倾卵覆";最后一声长叹"呜呼哀哉"。

师:试想一下,颜真卿当时是怎样的样子?

生:悲痛欲绝!

生:悲愤交加,情不自禁……

师:对啦!我们熟悉的颜真卿是写楷书写得最好的其中一个,但他最好的作品却是这件被很多人认为写得"极差"的草稿。试想一下,颜真卿当时能写出工整的楷书吗?如果我们把《祭侄文稿》的内容变成工整规范的楷书,又会是怎样的效果呢?

生:很工整、很清晰,但没什么感觉。

师:对啦!这件作品伟大之处,在于作者本人家国情怀的伟大人格,在慷慨澎湃的情绪下,情感自然流露,把精妙绝伦的书法技法和情感融合一起,达到笔我两忘的境界,一气呵成此稿。

小结:书写工整、整洁、整齐主要是技术上要求,虽然技术的高度也会影响艺术的高度,但是,技术的高度绝对不等同于艺术的高度。艺术最可贵的地方还是作者最诚挚的情感表达。高超的技法融合自然流露的情感才是最动人的。其实不仅是书法,还有美术、音乐、电影等,情感的表达才是最终的目的。托尔斯泰曾说过:"艺术起源于一个人为了把自己体验过的情感传给别人。"我们应用心欣赏一张书法或一张绘画,用心聆听一首音乐或看一部电影,与书家对话,与画家对话,与音乐家对话,与导演对话,感受作者的感受,感受作品的魅力和意蕴表达与情感表现,从而获得审美的愉悦和精神的满足。没有艺术相伴,我们当然可以生活,但是,一定会缺失许多趣味。

四、我的教学主张

(一) 修心

罗丹说过:"美是到处都有的,对于我们的眼睛,不是缺少美,而是缺少发现。"

我觉得,不仅缺少发现美的眼睛,更重要的是缺少发现美的心。真正的美,很多时候没法说给别人听,如果没有发现美的心,即使说了也理解不到。庄子说"天地有大美而不言",唯有用心感受。

现在,我们已经变得越来越现实和功利,做任何事都讲求效益。比如上完一节课,学到了什么,做完多少道题,解决了什么问题,能在考试里面获得多少分……而像艺术这种实效性不明确的科目,学生往往把它归类为"无用学科",觉得浪费时间,于是,在艺术课堂光明正大地忙着刷各种考试学科的题。

如果我们过于看重功利,就会丢失发现美的心;若学生过于看重成绩,也就丢失了感受美的心。

感受美虽然不能实实在在地直接让我们很快看到收益，但在我们生活中却不可缺少。就像《金刚经》里说：法，如筏喻者；法尚应舍，何况非法。它就像一艘船，它把我们渡过去了，船即可以忘掉了。美虽不能解决我们的温饱，也不能直接提高我们的成绩，但能使我们的灵魂更有温度，使我们的人格更有魅力。

（二）静观

很多时候，我们提倡热烈的师生互动、小组探究等活跃的课堂形式，让每一位学生成为课堂的主角，让学生在探究、讨论中主动学习。但我更喜欢的美术课堂是静观，让学生独自去感知美、感受美，而不是用逻辑去解剖美、讨论美。因为美的感知是独立的、私有的，不接受强加的输入。就像我们进入美术馆、展览馆，要有一个安静的氛围才能走进作品的世界，感受艺术家的内心。我们每个人的经历不同，感受能力也不同，对美的理解也就存在很大的差异。对于美，不需要过多的解释，也无法解释，只需要你静静地感受即可。一如江上渔者，一叶扁舟，随波漂荡，无论身处何方，不问荡向何处，隐于苍茫天地之间，沐江上之清风，观山间之明月，完全摆脱物质世界和现实社会的烦扰，静静地感受天地之大美。

一幅画作、几句诗、一段音乐，让学生静下来、慢下来，引学生入画、入诗、入境，暂且放下繁重的学习重担，忘却生活中的种种琐事，唤醒内心早已沉睡的感知力，感受画之美、诗之美、境之美，释放压力，调节心理，这才是美术课的意义。

最后，我想用一句话作为结束语：艺术远不及生活重要，但是，如果没有艺术，生活就非常贫乏了！

五、他人眼中的我

（一）专家眼中的我

初识张老师，给我印象最深的是他的内敛与沉着。张老师在工作上，对自己要求甚高，一是在工作规划和流程方面，严谨有序；二是在工作统筹和管理方面，沉着冷静。

再识张老师，已是来年的初春时节。在一次他们学校举办的美术作品展上，我看到了张老师的另一面：一是尽全力为孩子们搭建展示平台，对孩子们点点滴滴的进步如数家珍，这是张老师的细心和耐心的最好体现；二是善于发现学生的闪光点，挖掘孩子们的艺术才华，积极沟通引导，树立孩子们的信心，这是张老师火热的工作激情使然。

一位优秀的美术教师，不单是在课堂教学上着力发展，做出成绩；而且要营造良好的校园文化育人氛围，陶冶情操，培养孩子们的健康人格，促进孩子们快乐成长。一位优秀的美术教师，应该是一位多面手，具备综合能力，参与到学校多项工作当中去。我想，张老师就是这样一位教师。

东莞市教育局美术教研员　　黄旭穰

（二）学生眼中的我

课堂生动有趣，即使听上去枯燥的书法课堂也能让学生乐在其中，并且喜欢上书法。课堂既欢快有趣又不失严谨，当我们参加实践体验时，会给予我们指导示范。课外平易近人，与学生友好相处。张老师有很高的艺术素养，同时注重培养学生的审美意识，提高学生的审美水平，让学生在感受视觉美的同时，更能领会作品中的意蕴美、情感美。张老师乐观豁达，课堂上非常儒雅，我们在张老师的课堂中深受裨益。对书法独到的见解和领会也能生动巧妙地传递给学生，寓教于乐，感谢老师对我们的谆谆教导。

东莞市第一中学 2022 届高二（9）班学生　　李旭雯

这个学期，我选修了张老师的软笔书法，对于我们这些只知道有"书法"这个名词的学生，张老师从毛笔的选取和保养讲起，给我们欣赏、讲述了历朝历代各种名人书画，体会蕴含在作品中的情感。书法体验的过程并不是枯燥的，在我们用心体验、临摹学习的同时，张老师还会给我们播放古琴音乐，课堂气氛活跃，也让我们一下子就找到了与古人对话的窗口。老师还会在课堂上穿插一些艺术专业的小视频，让整节课变得生动有趣。

东莞市第一中学 2022 届高二（12）班学生　　林羽曦

点　评

高中常规美术课到底该如何上？美术课对马上面临高考的学生有什么价值和意义？张锡坚老师觉得，课程需要有品质，课堂需要有品格，教学需要有品味。教育是面向未来培育人的事业。人的成长，是一个春风化雨的过程。让学生欣赏美、发现美、创造美，张老师一直在思中行，在行中思。

广东第二师范学院教授　　闫德明博士

温柔而坚定，幸福而高效

孟雪（高中体育）

 个人简介

　　孟雪，女，优秀共产党员，硕士研究生，东莞市第一中学体育教师，东莞市优秀教师，东莞市中小学第一批体育与健康教学能手，优秀社团指导老师。三次参加东莞市中小学体育教师专业技能大赛并获奖，在省市教案评比、论文评比、录像课评比中获多个奖项。国家健美操、啦啦操一级教练员和一级裁判员，多次带队参加省、市级别的健美操、啦啦操比赛，并获第一名和团体总分第一名，被评为广东省优秀教练员。多篇论文在省级以上刊物发表，参与两项市级课题的研究，其中一项已结题。

一、我的教学风格解读

　　从事体育教学二十年来，我逐步形成了自己的教学风格，可以概括为：温柔而坚定，幸福而高效，用对学生的"三心"（爱心、耐心、责任心）来构筑我的教学观。

（一）春风化雨，做温柔而坚定的体育老师

　　体育老师一般给人高大威严的印象，也许是性格和性别使然，我是一名不太一样的体育老师。尤其是刚刚大学毕业教比我小几岁的学生，感觉我更像他们的朋友。至今我从教二十年了，感觉学生更像我的孩子一样。他们课后和我无话不说，有想法都会跟我讲，学生对我的评价就是温柔和亲切。我不需要他们的惧怕，我也从不带有色眼镜看学生，无论学习好坏、身体素质好坏我都会一视同仁，我相信每个学生都值得温柔以待。青春期的孩子是非常要面子的，对于一些犯小错误的学生，我用一个坚定的眼神提醒就够了，不需要当众让他们难堪，如果有需要纠正的地方，下课后我会私下单独找学生聊天，进行思想教育。

（二）幸福而高效，课堂注重参与感和体验感

　　体育运动是一件非常美妙和快乐的事情，我努力改变学生喜欢体育，而不喜欢体育课的现象，着力打造幸福而高效的体育课堂。从学生兴趣点切入课堂，学练赛评精心设计并创新教学的各个环节，提升课堂氛围和学习效果，注重学生的

参与感和体验感，让他们在愉悦中学会技术、锻炼身体、锻造品格，进而在达成课程目标中获得成就感，学生和教师在教学活动中都能感受到幸福。幸福是人一生的追求，作为体育教师应引导学生把体育的健康观上升到幸福观，让学生幸福成长，终生受益。

（三）粗中有细，给学生充分的关爱和耐心

作为女教师，我属于粗中有细的类型。课堂上我会细心观察学生的身体和心理变化，对于状态不对和情绪不对的孩子我会私下询问并开导，让学生感受到我的关爱和关注。有一届高三，我注意到一个男生总拿着毛绒玩偶来上课，猜到他应该是从小就依恋这个玩偶，于是我并没有评价太多，只是跟他说，把你的朋友放到侧面的柱子旁边，让他看着你上体育课好吗？他也很好地配合我，我很好地保护了他的自尊，抵挡了很多同学异样的目光。

在我教健美操的过程中，经常会有一些协调性差的学生，我会一遍又一遍地讲解并且示范，教他们怎样发力，怎样手脚配合，直到教会为止。在学生取得一点点进步的时候，我会及时并由衷地表扬他们，让他们有学习的动力。在学生做不准确的时候，我会鼓励他们不要放弃，陪伴他们一起努力。

二、我的成长历程

（一）初为人师，摸索前行

2003年我大学毕业，来到东莞市第一中学任教。刚刚踏入职场的我对于当好一名体育老师心里没有底，好在学校为我们新教师进行了岗前培训，并提供了第一次系统学习新课程改革的机会，为我们搭建了很好的学习成长平台。我深感自己的不足，体育科组很多优秀的老教师是我学习的榜样，我经常听老教师上课，学习他们的教态语言、讲解示范和课堂组织。初为人师的我面对学生、面对课堂，既兴奋又充满了忐忑，对于自己不太熟悉的教材内容，会焦虑和不自信，好在学生非常给力，他们很信任我，也愿意跟我亲近，经常跟我交流，我更加觉得自己有责任做一个德才兼备、专业精湛的好老师。我在课前认真备课，尽量在内容安排、组织形式和学习方式上做到合理并有所创新。课后，我还会针对上课时出现的问题进行改进，我很感谢当时的自己，习惯在课后写总结和反思，在实践中不断摸索前行。口才和表达是我的短板，记得入职第二年参加青年教师说课比赛，由于过分紧张，脱稿说课显得很不顺畅，赛后我难过得哭了，科组老师都安慰和帮助我，经过几年的磨练，我的教态和表达更加沉稳。我不算是悟性很高的人，通过学习和摸索我逐渐成长，并且积累了一些做体育老师的经验和心得。

（二）恩师引领，渐入佳境

在专业成长的路上，我的师父毛贵林老师给了我很大的帮助。她专业水平高、教学能力强，是当时科组少数的高级教师之一。她上课的热情和投入程度令

我钦佩，学生在她课堂的参与积极性很高，这些都深深地影响了我以后的教学生涯。她在教学、训练、学术上都手把手教我，给予我指导，使我在入职的前六年里迅速成长。2004年，我在东莞市中小学青年体育教师说课比赛中获二等奖；2006年在东莞市第一届体育教师基本功大赛中获个人二等奖，同年获东莞市优秀教师称号；2009年参加东莞市第二届体育教师专业技能大赛获个人一等奖。六年间多次获录像课评比、教案评比、论文评比省市奖项。通过各项比赛的磨砺，在专业方面我逐渐成长。在健美操教学中，我和毛老师一起探索把教学和比赛相结合，以赛促练，学期末给学生展示的平台，并在2010年举办了第一届校园健美操比赛。教学、训练、高三考前跳健美操调整放松形成了校园健美操联动体系，逐渐凸显东莞市第一中学的健美操特色，一中健美操队连续参加了两届中日健身操交流活动。在工作上取得了一些成绩后，我找到了自信和成就感，虽偶尔会有些小懈怠，好在师父总是在后面不断地鞭策和鼓励我，让我不断前行。

（三）教学能手，教研结合

从教十年后，我对课堂的掌控会更加自信和游刃有余，逐渐形成了自己的教学风格——温柔而坚定，幸福而高效。我认为体育课应该是充满活力、笑声、汗水的，让每个学生都积极参与体育课，从中学到技术、锻炼身体、培养品德。另外，我很推崇体育课的高效课堂，体现在目标和内容制定的合理、教学方法和组织设计的精妙，让练习密度和强度大起来，快乐和高效的体育课堂成了我在教学中的追求。在2014年东莞市第一届教学能手评比中，我荣获了"准备活动和放松运动创编"一等奖，获"示范讲解与组织教学""说课"二等奖，并且被评为东莞市中小学第一批高中体育与健康"教学能手"称号。另外，我也重视继续教育再深造，2016年我考取广州体育学院体育教学在职研究生，2019年拿到体育硕士学位。2015年以后，我把更多的精力放在带队训练和比赛上面，在专业和训练方法上深耕，带队参加省市级健美操啦啦操比赛，多次获团体总分第一名和单项第一名，被评为省市级优秀教练员。在教学和训练上有一定的经验积累之后，我逐渐把实践上升为理论，把教学和训练的心得写成论文，所撰写的论文多篇在东莞市获奖。论文《东莞一中校园健美操比赛开展模式的研究》发表在省级刊物上；论文《广东省中学生花球啦啦操竞赛制胜要素分析》发表在国家级刊物上；论文《广东省中学生花球啦啦操比赛制胜要素的提高策略》获得东莞市论文评比二等奖，省"一师一优课"优秀教案成果评选二等奖。我还在2021年高中体育"品质课堂"教学能力大赛中获得活力组二等奖。近几年，我对于体育教育教学各方面有了更深层次的认识和思考，更希望自己做一名研究型教师，于是参与黄川岗老师主持的市级课题"建立高中健美操教学与课外体育锻炼联动机制的研究"，并于2021年顺利结题。

二十年教学生涯弹指一挥，很多教学、比赛的场景历历在目，感觉非常充实而且有成就感，但是觉得跟自己内心的卓越体育教师的标准相比还有一定的距离。新时代对于教师提出了更高的要求，包括学习新的教学理念、教学与多媒体融合、创新教学方法和学习方式等等，我要继续不忘初心，砥砺前行。

三、我的教学实例

高中（水平五）田径模块《4×100米接力》（第二次课）

（一）教材分析

4×100米接力跑是田径比赛的集体项目，比赛竞争激烈且观赏性强。借校运会的契机，对高一的学生进行4×100米接力跑教学，让他们学会4×100米接力跑的技术动作和规则，能在校运会取得好成绩。本节课是4×100米接力跑的第二次课，在上节课学会原地下压式交接棒的基础上，重点教会学生在接力区交接棒，跑动中顺利地交接棒是比赛取胜的关键，另外，此教材对培养学生的团队合作精神和探究精神具有重要意义。

（二）教学目标

（1）认知目标：掌握4×100米接力跑的基本知识和技术原理，了解比赛规则，认识到本项目团队合作的重要性。

（2）技能目标：通过学习，大部分学生掌握4×100米接力交接棒技术，并能在练习中较好运用。

（3）体能目标：发展学生奔跑能力，提高速度和爆发力。

（4）情感目标：培养学生团结合作与吃苦耐劳精神，提高学生的思考和探究能力。

（三）教学重难点

接力区跑动中交接棒的时机与配合。

（四）教学流程

1. 热身导入：游戏抢棒

师：同学们，我们一起玩一个抢棒游戏来热身并且活跃气氛，你们绕圈跑，听哨音抢放在圈上的接力棒，没抢到的同学奖励五次高抬腿练习。

学生积极参与到游戏中，抢棒的瞬间大家很兴奋，抢到棒的人非常得意。游戏结束学生在老师的带领下围圈做热身操。

2. 4×100米接力跑教学

（1）学习接力区交接棒。

师：同学们，你们知道4×100米的世界纪录是多少吗？

学生踊跃发言，大多数回答四十多秒。

师：最新的世界纪录是牙买加队在伦敦奥运会创造的三十六秒八十四，大家思考一个问题，为什么这个记录比这四名运动员百米成绩加起来要更快呢?

学生思考，有几个同学提出了自己的见解，说他们是跑起来交接棒的。

师：同学们说得对，后面三棒是提前预跑，他们在保持高速的状态下完成交接，所以，跑动中交接棒是我们这节课的重难点（播放 4×100 米接力视频）。

教师讲解示范，接棒队员采用半蹲式起跑，在交棒队员距接棒队员约 5 米左右开始起跑，接近接棒人时发出"接"的信号，接棒人手臂向后伸出，采用下压式完成交接棒。讲解接力区，强调必须在接力区内完成交接棒。

学生认真学习，并进行四人一组的跑动中交接棒的集体练习和自主练习，反复练习跑动中交接棒的配合，教师巡回指导。

（2）4×100 米接力全程分组分道比赛。

师：同学们，练习了这么久，下面我们开始 4×100 米接力全程比赛，同学们自己分配棒次，一般第一棒安排起跑反应快加速能力强的，第二棒交接技术好、速度相对弱点的，第三棒安排弯道技术好的，第四棒安排速度最快、冲刺能力强的同学。

学生跃跃欲试，自主商量分配好棒次，按照老师分配的道次去到各自的接力区域，教师发令进行 4×100 米接力全程的比赛，并计时。同学们都尽全力奔跑，并努力顺利完美地交接棒，在第四棒冲刺的时候大家不停呐喊鼓劲，气氛异常活跃，最终第四道以最快的速度冲过了终点。

3．放松与总结

（1）教师带领学生在音乐的伴奏下进行瑜伽拉伸放松。

（2）师生围坐在一起交流，总结本节课。

师：同学们，刚刚我们学习了 4×100 米接力并进行了比赛，大家结合刚刚的比赛说一说你们在这个过程的感受。

生 1：老师，这个项目太刺激了，跑得很爽。

生 2：老师，我们在交接棒的时候感觉还是会减速，有点卡，不够顺畅。

生 3：老师，刚刚我太激动，预跑得太快了，后面老追不上我，接棒的时候快出接力区了，又不得不减速来接棒。

师：大家说得很好，并能提出一些问题，说明你们认真思考，力求完美，交接棒在掌握正确的技术的同时需要同组交接棒的同学不断练习配合，大家要加油练，争取在校运会取得好成绩。

（五）课后反思

4×100 米接力跑作为校运会项目，学生都有为班级争光的愿望，他们的学习兴趣高、主动性很强，学习过程中积极思考和探究怎样才能更快地交接棒，4×100 米全程的比赛操作难度比较大，由于四组同学相隔较远，要在出发之前把所有的情景都预设好，才能保证比赛顺利进行。高中生是善于合作和竞争的，最后的全程比赛学生比较兴奋并竭尽全力，课的强度也在这时达到一个高潮。值得反思的是跑动中的交接棒技术还有待优化，很少有同学能够做到在高速中交接棒，需要一段时间的反复配合。

四、我的教学主张

体育——身心合一的体验，全方位的育人

体育是一门基础性、实践性的学科，是一门以身体练习为主的学科。体育课大多数都是在室外接近大自然的环境中进行的，它区别于其他以知识型、记忆型或者思维型的学科，它以人的身体本身作为载体，人的其他方面的发展都是建立在身体健康的基础上。上一轮新课程改革把"体育课"改为"体育与健康课"，它强调身体健康和心理健康的共同发展，身心合一。每个个体在体育的学习和发展过程中，通过不断提高运动的技术，从而感知体育带来的身体上的变化及心理上的愉悦和成就感。

（一）体育中的身体体验

体育教学首先要让学生用身体去感知。在我的课堂中，我秉承精讲多练的原则，讲清楚原理和主要技术要点即可，多让学生练习和体会。在技术动作方面，知道正确的技术动作只是一方面，更重要的是根据本体感觉的体验，通过一定的练习量的积累来达到正确的肌肉记忆，不断改进和强化形成稳定的技术动作，从而体会熟能生巧、技高一筹的奥妙。在发展体能方面，通过锻炼使身体各项机能、身体素质得到提高，并在量化目标中得到体现，例如，跳得更高、跑得更快、更加灵活、更加柔软等等。学生只有先认识和感知自己的身体，才能逐步发展和运用。

（二）体育中的心理体验

体育活动过程中除了身体感知，还伴随着大量的心理活动和心理体验。例如，克服恐惧和害怕失误的心理、在艰苦中坚持等，让学生学会去体验和面对不管是积极的还是消极的心理状态，引导他们学会思考，学会自我纠正。我始终坚信在运动中的良好体验，能够激发他们体育学习的内在动力，例如，肆意的奔跑带来的快感，完成一场马拉松带来的成就感，打完一场比赛的酣畅淋漓。教师应尽量在教学的每一个阶段中多提供比赛的情境，让学生体验比赛带来的乐趣、胜利带来的喜悦，用体育来改变他们的心理状态。

我认为最好的体育课既有好的体验感和获得感，又有良好的教学效果。中等的体育课有好的锻炼效果，但学生没有好的体验。差的体育课既没有好的体验感，学生的体能技能亦没有好的发展。我不太赞成体育课实施偏军事化的管理，只要能实现全方位的课程目标，学生可得到良好的体验和发展的课都是好课。上好一节体育课并不容易，体育老师都在追求卓越的路上不断前行。

（三）全方位的育人功能

体育学科由于其特殊性，在体育活动中包含了诸多的心理因素，如合作和竞争、自卑和自信、失败和成功、坚持和放弃等等，体育老师要深挖体育的全方位育人功能，及时把握好教育的时机。除了体育教学，课外体育活动、体育比赛都具有很强的教育意义，能对学生产生深远的影响。很多学生日后回忆起高中生活，印象颇为深刻的大多是校运会和校健美操比赛，那种班级合作的荣誉感和一起奋斗拼搏的振奋感让人难忘。

体育除了强身健体的基本功能外，还能延伸到社会的各个方面，如遇到紧急情况的避险、逃生、救人、防身，关键时候良好的身体素质能发挥重要作用。另外具备体育健康知识，能够欣赏专业比赛，都是具备良好体育核心素养的表现。

（四）人的体育发展的三阶段

在东莞一中二十年的体育教学工作中，我带领一届又一届的学生毕业，通过观察并结合他们的体育发展历程，我总结了人的体育发展分为以下三个阶段：

（1）在体验和参与中建立体育学习的兴趣和信心。学生感受到自己的进步——越来越快、越来越强、更加灵活协调，体验到学会某项技术的成就感，他们的自信心会增强。这个阶段的学生更多地关注自己，老师要鼓励他们跟自己比，不断超越自我。

（2）在兴趣的基础上，学生深刻感受到某个项目的魅力，自觉参加和希望提高。处于这个阶段的学生会去主动寻求帮助，通过询问老师、查阅资料、与三两个志同道合的好友开展课外练习等，从而提高自身的技术。

（3）形成了稳定的爱好和习惯的体育项目会伴随终身、受益终身。能够影响和带动周围的人一起参与其中，形成一个强大的群体。

在学生学习的路上，教师是引路人，是慈祥的旁观者，看着学生的不断进步和成长是很幸福的事情。有时候他们会和你分享他们上了大学之后参加了什么体育比赛，获得了什么成绩，非常感谢老师当年的发掘与引导。他们有的在从事体育专业的工作，并把体育当成了一生的事业。我们处在一个最好的时代，现在国家对于学校体育、对于中国学生的健康体质有着前所未有的重视，体育的价值会越来越大，希望我们的下一代会更强，走上体育强国之路。

五、他人眼中的我

（一）同行眼中的我

孟雪老师温雅、平和、踏实、细致、漂亮。作为一名党员教师，她能够发挥党员的先锋模范带头作用，带头参与各种政治学习，她尊敬领导、尊重同事、待人真诚、关爱学生，人际关系和谐融洽，是老师们的好榜样。作为一名体育教师，她忠实履行自己的职责，贯彻健康第一的指导思想，为了上好课，看教参、查资料、找实例……乐在其中。她尊重学生，能够按照中学生的兴趣点进行教学，她的课堂气氛活跃，学生积极主动。她是一名深受学生喜爱的好教师。

南粤优秀教师、东莞市第一中学体育科组长　　黄川岗

孟雪老师在教学上严谨求真，在育人上宽严相济，在做人上讲究原则，在工作上不计得失，处处展现一位优秀教师的应有风范，恰如革命一块砖，哪里需要哪里搬，顾全大局，任劳任怨，心怀大爱。她工作态度认真细致，教学育人成果突出，是我们科组的一块宝。

东莞市教学能手、东莞市第一中学体育教师　　王春明

（二）学生眼中的我

孟老师是我高中的健美操老师，也是我人生中最爱最重要的两个导师之一，虽然毕业十五年，也因生活各种忙碌而极少回去探望，但心里却一直惦记着！

刚进一中第一眼我就爱上了孟老师，因为她年轻漂亮，更因她心地善良、和蔼可亲，总给我一种很亲切的感觉，所以特别喜欢。后面也因参加广东省青少年运动夏令营，孟老师担任我的主教练，在训练中的磨合，更让我深爱这个老师。她认真、专注、温柔、耐心、亲切、用心、超强责任心，把我们六个完全没基本功的人训练成很不错的健美操选手，那段日子真心难忘，也衷心感激孟老师对我的栽培！

除了在健美操上的指导，孟老师的亲切让我直接把她当姐姐，高中三年，我们课上课下在生活上也有很多交流，她真的是我人生很重要的指导老师，心里一直爱着……

毕业后，我也一直关注着孟老师的一切动态，看着她带出一批又一批优秀的学生，优秀的健美操队伍，取得一个个优异的成绩，为孟老师感到骄傲，感觉比自己获奖还开心……

孟老师在专业、育人、品德等方面，真的是一个非常优秀的老师，真心为自己拥有这样的老师而感到自豪！也真心感谢孟老师一直以来对我的指导和人生的启迪！

东莞市第一中学 2007 届学生　　陈转隐

如向日葵般向阳，如夕阳般绚烂，亦如星星般耀眼——在大多数学生心里，孟老师就是此般形象，我也不例外。她好似有股魔力一样，吸引着学生的目光。喜欢她的课堂，只因她上课时的热情生动、传授知识的专注，她希望让学生在快乐中学习。喜欢她的处事风格，只因她关心了解学生的学习与生活，帮助学生解决遇到的问题，她希望快乐地与学生成为朋友；对待工作，她力求尽善尽美，认真负责。喜欢她的为人，只因她积极向上的生活态度，不仅仅让她成为了温暖学生的太阳，更是感染了她身边的每一个人。

东莞市第一中学 2018 届学生　　袁卫雯

孟老师是我的体育老师，也是一位让我敬佩爱戴的好老师。她美丽而自信，

· 267 ·

每次见到她总能看见她的嘴角带着一抹迷人的微笑，那笑容让我感受到她的亲切与友好；她专业而严格，课堂上她总能简洁明了地向我们介绍各种体育知识，在体育训练中总能以认真严谨的态度向我们做好示范并以高标准要求我们，以期我们能从中学习到运动技能和提高锻炼意识；她温柔而有趣，总能细心地观察到我们不经意间出现的消极情绪并及时加以开导，启发并激励我们调整心绪，继续奋斗，她也能以生动有趣的方式与我们交往，同我们形成良好的平等互动关系。孟老师的魅力无穷大，吸引着我们向她靠近，孟老师的桃李满天下，她就是我们的榜样。

东莞市第一中学 2020 届学生　　施润婷

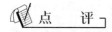 点　评

孟老师在体育教学中，温柔而坚定，让学生如沐春风。她非常重视学生的参与感和体验感，让学生学得轻松而高效。她粗中有细，给学生充分的关爱和耐心。她的体育课，是身心合一的体验，全方位的育人，令人敬佩。

广东第二师范学院教授　　闫德明博士

学做结合，项目为纲

危蔚（高中通用）

个人简介

危蔚，东莞市第一中学高中通用技术教师，2005 年毕业于陕西师范大学计算机科学与技术专业。参加工作十余年来，工作认真、踏实肯干，工作业绩优秀，多次获学校优秀教师和教研积极分子称号，积极参加省、市、校级的各类教学教研比赛，多次获国家、省、市级的奖项，2007 年和 2018 年成为广东省通用技术骨干教师，2014 年被聘为东莞市通用技术理事会委员，2017 年被评为东莞市通用技术第三批教学能手，现担任通用技术备课组长。

一、我的教学风格解读

刚刚工作的时候，我对自己的教学风格，其实没有很清晰的认识。因为我所教授的学科是新兴的学科，再加上该学科和我大学的专业没有本质上的联系，当时，我只是按部就班地备课，找为数不多的教学资源来充实自己。转眼十几年过去了，我也获得了很多的荣誉和奖项，回顾过往，我认真思考了一下我的教学风格的关键词，应该是实践型教学，幽默创新。

（一）实践型教学

可能因为以前求学的经历给我带来的经验，我觉得最好的教育其实就是依托学科教材，再加入实践活动。我经常会基于课本的内容，设计一些学生感兴趣的课堂活动，让学生把从课本学习到的知识学以致用。比如"稳固结构的探析"一课中，我就设计了一个纸承重的课堂活动，让学生们在实践中应用影响结构强度的因素来找到最能承重的纸结构，体验亲自动手测试的乐趣，最终也是很有成效的。

（二）幽默创新

由于自己的个性，我更加喜欢活跃的课堂氛围，所以在课堂设计的时候我会更多地引入一些视频和图片素材，来活跃课堂气氛，尽量配合我的教学主张"做中学，玩中学"，让学生更有兴趣地去完成他们的学习。得益于最近几年关于STEAM 教育的培训，我尝试着根据项目进行多学科融合，也尝试利用项目式学习这种学习方式，让他们去完成合格性考试的实操性测试项目，这可能就是我在教学中最创新的部分。每个课堂都有小任务，整个学期的课程就串起了整个大的项目。并且在这个过程中，学生也很有兴趣参与，他们如果收获到一些成功的喜悦感，也会更有动力地去做整个项目。

二、我的成长历程

2006年，初出茅庐的我怀着对教师的向往踏入了东莞一中的校门。本以为会顺理成章地继续我计算机技术学科的教学，当时的陈副校长却给我了一本书，问有没有兴趣教通用技术这个学科，从此打开了我新世界的大门，可以说是一中给了我这个接触新学科的机会。

作为一名新老师，而且是副科老师，平时和学生接触的时间比较少，所以对学生的了解也不多。而且由于课程的特殊性，我们也没有办法做班主任，那么只有在课堂上慢慢地教育学生，培养他们的创新能力、动手能力以及良好的习惯，这就是我在教育中主要着手的方向。

首先，在通用技术课上，我常常会设计一些课堂讨论，调动学生的积极性、主动性和创造性，使学生从传统观念、守旧、盲目迷信权威的枷锁中解脱出来。在讨论中，我会激励学生好问、好说、敢做、敢为的个性，鼓励学生发表自己的见解。我觉得"师云亦云"是不会培养出具有丰富想象力和开拓精神的人才的，要让自己做到允许学生说错、做错，错了绝不挖苦、讽刺；允许学生随时改变自己的说法和做法，否定自己一向认为"是"的事物；鼓励学生发表与我不同的见解，不要害怕学生否定自己；允许同我争辩，"唱对台戏"；鼓励学生敢于否定行家"权威"的定论，不怕被定为"谬论"，从而提出自己的见解；允许学生坚持自己的意见；尽量鼓励学生"别出心裁""标新立异"，让学生从各个不同的角度发问，来发现新问题、提出新问题，引发创新思维，包括一些稀奇古怪的问题，然后通过讨论、实验及验证的方法来探索、解决问题，以增长才干，培养创新能力。

其次，我还比较重视学生动手实践能力的培养。比如，刚开始让学生做设计的时候，在我把所有步骤告诉学生后，所有学生给我的反应都是异口同声的说："啊，老师，这么难，都不会做的。"针对这种情况，我就在课程中介绍一些加工方法，让他们了解动手制作都需要哪些步骤。再如，开展一些设计性、探索性的实验操作，以增加学生自己创造性设计的动手能力和创新能力；并且让学生亲自动手检测、分析、判断、处理各种仪器设备的性能参数，亲自动手排除、处理仪器设备的故障，从而得出自己的结论和提出自己的处理方法。我也在适当的时机加以一些启发性的"点拨"，注意不要让学生"照方抓药"，不动脑筋，因为这种做法是不能发挥学生的创造性的，要尽量让学生大胆地搞一些试验性、创造性的课题，而且要鼓励学生"与众不同"地发挥独特见解和创造精神。

除了上面提到的在教学上培养学生的能力之外，我认为在品德上也应该给学生一个正确的引导，改掉他们一些不好的习惯。如上所述，在我们通用技术课堂，常常要用到的一个手段就是课堂讨论，形式就是每个讨论小组要派小组代表上来陈述小组的创意。在一开始的时候，我最常见到的一种现象就是下面的同学自己忙自己的（比如做作业的做作业，继续讨论自己小组的创意的继续讨论），上面的同学不知所措，不知从何说起。在我这个老师的眼里，其实坐在下面的同学的做法是极其不礼貌的，也是个很不好的习惯。为了改掉同学们这种坏习惯，我每次遇到这种事情的时候都会让他们设身处地地想一想："如果你在上面讲，下面没有一个人理你，你们自己心里是什么感觉？"或者干脆让下面的某个同学也上来体会一下，他们后来就渐渐明白了，以后就再也没有出现这种现象。通过这件事情，我觉得作为教师，除了培养学生的能力之外，对学生的品德也要加以规范。

从整体上来说，我可能不是一位优秀的老师，但是我坚信，老师应该是学生的守护神，在学生迷茫的时候，老师应该义不容辞地站出来，帮助他、鼓励他、教导他。在几年的教学工作中，我充分鼓励了学生的好奇心，发现他们的兴趣、爱好及特长，给他们以充分发挥其才能的机会，并加以积极的引导。在课堂上，要善于拓宽学生的想象空间，人的想象活动总是充满创造性的，即使是再造想象也同样包含着人的创新精神，想象是人们进行创造的契机，善于想象往往是创造的前提。"天马行空的想象"是人们预见未来的一种惊奇的思维活动，培养学生大胆地去思考问题，不要只知循规蹈矩、墨守成规，重视学生"异想天开"的想象力，积极地、全方位地培养学生的创新精神，从而充分发挥学生的创造能力，切实把素质教育落到实处，这才是我们这种特殊学科的教师在自己的教学工作中应该要做到的。这十几年间我从一个小白变成了省骨干教师，从懵懵懂懂到成熟稳重，希望我在一中这个大家庭中能够一直保持我的初心，努力开发学生的潜能，让学生能够以此来应对这个技术日新月异的社会，这就是我心目中的幸福教育，让学生感受到上课的幸福，让我自己感受到成长的幸福。

三、我的教学实例

知识产权与查新简介

（一）案例简介

为了让更多喜欢创新、喜欢设计、喜欢发明的学生了解如何保护自己的创新结果，知道知识产权意味着什么，如何申请专利，以及专利如何查新，我在课上特地开设了这样的在线案例。本案例采取了案例提问、插入有趣的小视频以及操作演示视频等方式让学生更加直观的了解关于知识产权和查新的那些事，达到寓教于乐的效果。

（二）教学设计

1. 教学内容

（1）知道什么是知识产权。

（2）了解申请专利的基本过程。

（3）掌握专利查新的步骤。

2. 教学对象

高一学生。

3. 教学目标

（1）让学生了解知识产权的重要性。

（2）了解专利申请的过程。

（3）掌握专利查新的具体方法步骤。

4. 重点难点

本节课的重点是专利查新的具体方法，难点是查新结果为零时的处理方法。

5. 教学方法

讲授法、提问法、演示法。

（三）教学实施

环节一：导入

1. 出示案例

一个作家花了八个月的时间写成了一部小说，准备找出版社出书，结果出版社告知他这本书已经被另外的出版商发行了。如果你是这个小说家，你会做什么？

通过案例提问引入知识产权的概念。

环节二：新授

2. 什么是知识产权？

知识产权是指对从事智力创作或创新活动所产生的知识产品所享有的专有权利，一般只在有限时间内有效。各种智力创造比如发明、外观设计、文学和艺术作品，以及在商业中使用的标志、名称、图像，都可被认为是某一个人或组织所拥有的知识产权。

视频导入：播放趣味视频1，让学生对专利申请有个初步印象，然后详细介绍专利的知识。

3. 专利权及其申请

（1）专利概念。专利是指就一项发明创造向国家审批机关提出专利申请，经依法审查合格后向专利申请人授予的在规定的时间内对该项发明创造享有的专有权。

（2）专利的分类（用图片范例说明三种专利类型）。（见表30 – 1）

表 30 - 1　三种专利类型对比

项目	发明专利	实用新型专利	外观设计专利
授权时限	如顺 1.5—2.5 年	如顺 5—8 个月	如顺 3—6 个月
审查程序	受理、初审、公开、实审、授权	受理、初审、授权	受理、初审、授权
保护时间	20 年（自申请日起）	10 年（自申请日起）	10 年（自申请日起）
稳定程度	经过实审、稳定性强	未实审、稳定性较弱	未实审、稳定性较差
保护内容	既保护方法，又保护产品或物质	只保护产品，不保护方法（有形产品）	保护产品的外形、图案的设计

（3）专利的特点。① 专有性，即具有独占的排他性。非专利权人要想使用他人的专利技术，必须依法征得专利权人的同意或许可。② 地域性，一个国家依照其专利法授予的专利权，仅在该国法律的管辖范围内有效，对其他国家没有任何约束力，外国对其专利权不承担保护的义务，如果一项发明创造只在我国取得专利权，那么专利权人只在我国享有独占权或专有权。③ 时间性，中国的发明专利权期限为二十年，实用新型专利权和外观设计专利权期限为十年，均自申请日起计算。

4. 专利的申请

（1）申请原则：新颖性、创造性、实用性。

（2）申请方式与步骤：①编写专利申请文件；②文件送达及受理；③支付专利申请费；④实质性审查和公布；⑤授权及支付年费。

概念性内容不好理解，观看视频 2 更直观的了解专利申请的方式与步骤。

5. 专利查新的简介和演示（重点）

（1）概念。专利查新就是科研立项和申请专利之前需要检索专利，以免重复研制，侵犯他人专利权，事先检索也可判断该项技术成果是否有可能获得专利权。可以去国家知识产权局的网站进行专利查新检索。

（2）专利查新数据库。国家知识产权局专利检索系统：http：//psssystem. cnipa. gov. cn/sipopublicsearch/portal/uiIndex. shtml；中国知识产权网专利检索平台：http：//search. cnipr. com/

（3）查新操作演示视频（国家知识产权局数据库为例）。

（4）专利查新检索程序：① 提炼主题。② 确定查新重点和检索词。③ 选择一个或者多个数据库进行检索。④ 选择检索策略。⑤ 获取结果。

难点：当检索结果为零时，可能是在检索过程中，由于检索词选择不当或组配不正确，检索工具确定不恰当和检索途径单一等，而导致检索结果的错误，此时需要调整检索词、调整检索策略或者增加待检的检索工具与数据库。

范例：以检索词设置为"一种可以升降的多功能课桌椅"为例，示范如何调整检索词或者调整检索策略，最终能得出有效的检索结果。

（四）教学效果与反思

收到学生反馈，反映视频比较有趣，实际操作的演示视频很实用，但是这个题目其实包含的内容还是比较多的，最好还能再补充一些细节的内容。

四、我的教学主张

历来我们教师教学都是老师主要讲，学生主要听，这个模式直到现在依然这样。这样教学有个最大的问题，就是学生无法从学习的理论知识中真正的把它应用起来。而我们通用技术恰恰是一个立足于实践的学科，这也要求我不能只注重理论知识的教学，而是要始终贯通"做中学，学中做"的教学主张，这才是符合我们通用技术的教学理念的正确做法。具体实施上，每个老师可能做法不同，接下来我详细介绍一下我的教学主张以及我都是怎么做的。

（一）在课堂上加入讨论环节

首先，我在课堂上不仅仅进行理论的讲解，几乎每堂课我都针对新的技术或者新的设计，设置课堂讨论环节，让同学们进行头脑风暴，最后形成自己的想法，讲给全班同学听。不要小看这个小小的设置，通过课堂活动，学生们不仅形成了自己的思考，对老师讲课的内容也有了很深刻的记忆。例如，最近我在讲技术发展史的时候，回顾了我们辉煌的历史，也提出了一个问题让同学们思考，根据李约瑟在《中国科学技术史》中提出著名的李约瑟难题："尽管中国古代对人类科技发展做出了很多重要贡献，但为什么科学和工业革命没有在近代的中国发生？"请同学们分析一下原因。其实这个问题在结合历史和政治的同时，还融合了科学技术发展的内在规律相关考点，需要学生同时运用多学科知识思考。在课堂上，同学们组队展开头脑风暴，最后意想不到的是，同学们一个接一个地自己主动举手来阐述自己的想法。这说明一个问题，其实很多时候我们的学生已经掌握了各个学科相当多的知识，只是平常没有机会把它们结合思考，也没有太多表达自己的机会。所以我们老师要做的就是创造这个机会，并且对他们加以引导。

（二）在课堂上加入活动环节

课堂上的讨论环节起到很好的效果就足够了吗？不，我的教学主张其实核心在于学中做。那怎么体现学中做呢？我思考再三，打算在课堂上加入真正能让学生动手做的活动环节。例如我在《结构设计》这一章节的教学中设置了多个能够在课堂上制作的小活动。其中一个活动就是让学生根据所学的各种结构类型的特点，两两为一组，自己设计并搭建结构，要求这个结构的承重能力越强越好。这一系列活动推出后学生们积极性特别高，而且每次当自己的结构承重能力越来越好的时候，同学们就会发自内心地感受到开心兴奋。甚至很多同学说，老师，下次还有这种类型的活动吗？那么通过这节课的活动，学生收获了什么呢？他们会记得，实体结构是实心的结构，是承重能力最强的结构；而壳体结构能均匀分散受力。因为只有他们懂得了这些，才能够设计出承重能力更强的结构。这才是真正的学中做，做中学。

总之，我们需要在教学中结合自己的学科特点，真正找出属于自己的教学之路。"做中学，学中做"的教学主张其实还暗合了工程思维的思想，不但对于学生的理论增长有实际意义，对于他们将来走进工作也有更长远的意义。我希望自己作为一个通用技术第一线的老师，不单能让他们了解技术，了解设计，还能够自己设计，自己发明新的技术，就算不能发明设计，至少面对将来的工作不至于空有思想，不知如何行动，手足无措。希望未来的自己能够做得更好，能设计让更多学生能真正动手的讨论和活动，让他们能够理论和实践双重发展。

五、他人眼中的我

（一）专家眼中的我

危蔚老师在我名师工作室的学习期间，认真完成工作室的各种教研活动，积极参与教研讨论，热情帮助其他工作室成员，配合我圆满的完成了名师工作室的各项任务，是个认真学习、认真教研的好教师。

东莞市通用技术学科带头人、通用技术名师工作室导师　　郑敏祥

（二）同行眼中的我

危蔚老师课堂活跃，素材丰富，很能调动课堂气氛，活动设计新颖，学生参与课堂积极性高。

通用技术备课组成员　　郭俊杰

（三）学生眼中的我

我们和危老师接触是源自2021年底的第九届广东省青少年科技创新大赛成果实践交流活动，她带领我们两个队伍参加比赛，一直陪伴我们整个实践操作活动。在练习期间，她一直参与承重结构的调试制作过程，每天耐心地指导我们。正式参加比赛后，她还联系去广州的车辆，和主办方对接联系住宿，无微不至的关心和照顾我们，最终我们获得了广东省赛的三等奖，真的很感谢老师对我们的付出。

东莞市第一中学2022届学生　　杨诚

点　　评

　　危蔚老师对学生充满热情，不断用新技术新知识引领学生，始终秉持做中学，学中做的原则，建立起 PBL 学习模式，跨学科地完成一个又一个新奇有趣的项目，深受同行和历届学生的赞赏，令人敬佩。

广东第二师范学院教授　　闫德明博士

跋

教学有风格，教师显境界

一说到教学风格，我马上想到了曾经的大师们。

当年，鲁迅在北大国文系兼课，除了本校学生，外校学生也慕名前来听课，当时听课盛况空前。旁听过鲁迅先生上课的鲁彦回忆道："教室里两人一排的座位上，总是挤坐着四五个人，连门边走道都站满了校内外的正式的、非正式的学生。但鲁迅先生一进门，立刻安静得只剩了呼吸的声音。他讲课时既不威严也不慈和，既不抑扬顿挫，也无慷慨激昂的音调，他的脸上也老是那样冷静，薄薄的肌肉完全是凝定着的。然而，他上课的效果却是出奇的好，教室里经常突然爆发出笑声，笑声里混杂着欢乐与悲哀，爱恋与憎恨，羞惭与愤怒……"何以如此？原来鲁迅先生在课堂上善于用睿智、幽默的语言，引导学生思考广博、深刻的社会问题，其课堂的广度、深度深深吸引着学生。

梁启超先生的课堂也颇具特色，其中最突出的当是其赤子真情。有一次他到清华讲课，开口就两句，头一句是："启超没有什么学问——"眼睛向上一翻，轻轻点一下头："可是也有一点喽！"这开场又谦虚，又自负，真是妙绝！他的声音沉着而有力，有时又是洪亮而激亢；常随口援引古诗文，全能背诵。梁先生讲课，到紧张处，便成为表演。只见他手之舞之足之蹈之，时而掩面，时而顿足，时而狂笑，时而太息。学生在他设置的场景、意境之中浑然忘我，不可自拔。这真是怎一个"情"字了得呀！

两位大师之所以有如此境界，与他们的人格魅力、学识高深、性情真挚密不可分，特别是他们的教育情怀使他们能在教学上呈现出自己独特的魅力，而这种独特魅力正是所谓的"教学风格"，这正是吸引学生的关键。

关于教学风格，百度百科上解释，教学风格是指教学活动的特色，是教师的教育思想、个性特点、教育技巧在教育过程中独特的、和谐的结合和经常性的表现。教学风格的形成是一个教师在教学艺术上趋于成熟的标志。大师们有大学问，他们也是千锤百炼而后自成风格。我们要成为一个成熟的教师，也必须要有独特的教学风格，更需要为之反复磨砺。唯有如此，方能成就自我专业上的成就感和幸福感，方能在教育教学上展现大境界。

我校2020年开始至今，专门开设了卓越教师班。三年里，有专家的理论指导，有老师们的自我研习，有师生的互动，有同行的探讨；老师们经历了摸索、模仿、借鉴、融合、创造的艰辛过程，逐渐从纷繁芜杂中厘清自己的教学特质，初步凝练出自己的教学风格。但这只是一个雏形，还有一个渐趋成熟的过程。要真正成为一个有独特风格的"我"，就要做教学的有心人，要从自身的兴趣与长处入手，挖掘自身的人格魅力，铺就独属于自己的教学之道。因此，要不断积累，使自己有丰厚的积淀；要不断揣摩，找到"我"与"风格"的契合点。还要学习理论，善于提炼；充分了解自身个性，学会在教学中融合。当然，最重要的是要有教育情怀。

我以为，以上这个磨砺成熟的过程就是一个追求教学境界的过程。教师的每一次磨砺，都会逐步趋向这个境界。在这个境界中，老师在讲台上一站，每一句话、每一个手势、每一个面部表情，都洋溢着自身鲜明的个性，蕴含着丰富的文化底蕴。这样的老师不会去刻意追求上课的行云流水，也不会去精心打造某个环节的精巧绝伦，他们的举手投足，就是丰富的课程资源；他们的思想，就在其中碰撞与回响。而学生也能在学习的"场"中的浸染、体验、感悟、沉思，从而达到师生、生生、师生与教材之间的默契与交融。这就是一堂展现教师风格的课，也是一堂有"我即课堂，课堂即我，人课合一"之境界的课。如此，教师有风格，课堂自然显境界。

当然，从教学的终极目标来看，教学风格的修炼之道，是提升"我"，成就"你"。"我"成了"巨人"，"你"便可以站在"我"的肩膀上，眺望远处的绮丽风景。

黄祖庆

2023 年 10 月 3 日